The One-Stop Guide to Jesus

예수님 가이드

THE ONE-STOP Guide to Jesus

예수님 가이드

글쓴이 **마이크 보몽** | 옮긴이 **황대기**

The One-Stop Guide to Jesus

예수님 가이드

교회 인가 | 2024년 8월 30일
1판 1쇄 | 2026년 1월 30일

글쓴이 | 마이크 보몽
옮긴이 | 황대기
펴낸이 | 김사비나
펴낸곳 | 생활성서사
편집인 | 윤혜원
편집 자문 | 허찬욱 **디자인 자문** | 이창우, 최종태, 황순선
편집장 | 박효주 **편집** | 김병수, 안광혁, 이광형
디자인 | 강지원 **제작** | 유재숙 **마케팅** | 노경신 **온라인 홍보** | 박수연
등 록 | 제78호(1983. 4. 13.)
주 소 | 서울특별시 강북구 덕릉로42길 57-4
편 집 | 02)945-5984
영 업 | 서울 본사 02)945-5987 | 호남 지사 062)382-8840
팩 스 | 02)945-5988
온라인 | 신한은행 980-03-000121 재) 까리따스수녀회 생활성서사
인터넷 서점 | **www.biblelife.co.kr**
가톨릭 교회의 모든 도서는 '생활성서사' 인터넷 서점에서 만나실 수 있습니다.

ISBN 978-89-8481-709-8 03230
책값은 뒤표지에 있습니다.

차례

【일러두기】
본문에서 인용한 성경 구절은 직접 인용(“ ”) 표기가 없을 경우, 모두 참조임을 밝힙니다.

들어가는 말

역사상 예수님만큼 사람들을 매료시키고, 많은 사람들에게 영감을 주는 매력을 지녔으면서도, 동시에 사람들을 분노케 한 인물은 없을 것이다. 무력으로 침공한 로마 제국의 지배를 받던 중동, 역사적으로는 고대 근동인 한 작은 나라의 평범한 유다인 가정에서 태어나신 예수님의 삶은 서른 살이 넘도록 드러나지 않았다. 예수님은 하느님을 경배하고 섬기던 성실한 유다인 소년, 청년이셨을 것이며, 그저 우리처럼 일하고, 먹고, 웃고, 쉬면서 지내셨을 것이다.

그러던 어느 날 그때까지의 삶에서 벗어나 돌연 공적 활동의 무대로 뛰어드신 예수님은 "하늘 나라가 가까이 왔다."라고 선포하시면서 철저하게 새로운 삶을 살아야 한다고 사람들에게 촉구하셨다. 그분이 가시는 곳에서는 환영이든 배척이든 언제나 소란이 일었다. 마침내 로마 당국은 더 이상 참지 못해 당대 가장 수치스러운 형벌인 십자가형으로 그분을 처형해 버렸다.

그렇게 모든 것이 끝난 듯이 보였다. 하지만, 이 일은 여느 일들과는 달리 그렇게 끝나지 않았다. 예수님이 돌아가신 지 사흘 만에, 그를 따르는 사람들이 깊은 절망에서 벗어나 '예수님께서 죽음에서 부활하시어 살아 계신다!'라는 소식을 사람들에게 증언하기 시작했다. 그들은 부활하신 예수님이 40일 동안 자신들에게 나타나셨다가 영광 속에 승천하셨으며, 열흘 후 자신들에게 성령을 보내 주셨다고 주장했다.

그 후, 불과 20년 만에 예수님의 제자들은 로마 제국의 모든 주요 도시와 아프리카 등 세상 곳곳으로 예수님의 부활 소식을 전파했다. 그리고 오늘날 예수님을 따르는 이들의 수는 세계 인구의 3분의 1에 해당하는 20억 명이 넘는다. 놀라운 것은 이 모든 일이 고대 근동의 외딴 곳에서 3년이라는 짧은 기간 동안만 활동했던 2천 년 전의 한 남자에게서 시작되었다는 점이다. 그가 책을 쓰거나 TV 프로그램을 진행한 적도 없었는데도 말이다.

어떻게 이런 일이 일어날 수 있었을까? 예수님의 첫 제자들을 변화시킨 것은 무엇이었을까? 만일 예수님의 제자들에게 이에 대해 물어본다면, 그들은 바로 '예수님'이라고 말할 것이다. 그들은 예수님이 지금껏 그들이 만났던 예언자나 종교 지도자와는 비교할 수 없을 만큼 특별한 분이셨으며, 그들이 기다리던 하느님, 바로 그분이셨다고 말할 것이다.

이 책은 바로 그러한 예수님을 성경에서 어떻게 설명하고, 그분에 대해 어떤 주장을 하는지 자세히 살펴보는 책이다. 독자들에게 사전 지식을 요구하지도 않고, 전문적이지도 않은 언어로 이야기를 풀어 나갈 것이다. 그리스도교에 관심을 갖고 알아보려는 사람이나, 그리스도교를 처음 접하는 이들에게 이 책은 매우 적합할 것이다. 또한 성경을 어느 정도 알고 있는 이들에게도, 이 책이 제공하는 접근 방식이나 논증 과정이 신선한 관점으로 다가갈 것이라 믿는다. 이 책을 다 읽은 후 독자들이 예수님에 관한 본질적인 내용에서 편견 없는 생각을 갖게 되기를 바란다.

이 책은 신약 성경이 전하고자 하는 예수님과 예수님에게 부여된 의미를 당시의 시대적 배경과 함께 주제별로 풀어내고 있다. 곧 예수님이 어떻게 말씀하셨고, 무엇을, 왜 하셨는지, 그분은 어떤 사람이셨으며, 스스로 자신이 누구라고 생각하셨는지, 특히 하느님에 대해 무관심하고, 더 나아가 하느님을 알려고조차 하지 않던 사람들에게까지 그분이 얼마나 놀랍도록 다정하셨는지 등을 다룬다. 예수님을 통해 그들은 실제 하느님이 어떤 분이신지 알 수 있었다.

모든 독자에게 이 '예수님을 한눈에 이해하는 안내서'가 예수님에 관한 본질적 질문들을 차분히 성찰할 수 있는 기회가 되고, 우리 가운데 오시어 지금도 함께 계신 친절하시고 은총으로 가득한 하느님을 만나는 소중한 신앙의 여정에 도움이 되기를 바란다.

마이크 보몽

예수님 이야기

예수님을 찾아서

지난 이천 년 동안 사람들은 계속해서 예수님에 대해 이야기해 왔다. 그리스도교에 대한 사람들의 시선과 상관없이, 다양한 시대와 문화에서 사람들은 항상 예수님께 관심을 보였다. 창시자가 없는 운동이나 사상은 존재할 수 있어도, 예수님 없는 그리스도교는 절대로 존재할 수 없었다. 실제로 예수님이 존재하지 않았다는 것이 증명된다면 그리스도교는 무너질 것이다. 왜냐하면 그리스도교는 곧 그리스도이기 때문이다. 따라서 그리스도교의 모든 것은 예수님과 함께한다. 그리스도교는 그저 하나의 가르침에 관한 것이 아니라, 그 가르침을 전한 한 사람에 관한 것이기 때문이다.

우리는 진짜 예수님을 찾을 수 있을까?

아주 오래전에 사셨던 예수님이 어떤 분이셨는지 우리가 정말 알 수 있을까? 진짜 예수님을 찾고, 만날 수 있을까? 이미 잘 알려져 있듯이, 성서학자들은 계몽주의가 촉발한 고대 문서 연구에 대한 관심으로 250여 년 전부터 '역사적 예수'에 대한 연구를 시작했다. 연구 과정 초반에는 '역사적 예수'에 대한 의심이 커져만 갔고, 성서학자들은 복음서에서 초자연적 현상을 일으키는 예수님에 대해 거의 다루지 않게 되었다. 그러나 최근 발견된 쿰란 문서(사해 사본)에 대한 연구가 진행되면서 예수님에 관한 성경 기록이 현재 우리가 알고 있는 1세기 유다교의 삶과 사상, 신앙과 정확하게 일치함이 드러났다. 결국 복음서에 나오는 예수님의 모습은 매우 신뢰할 만하며, 더 나아가 복음서가 예수님에 대한 오늘날의 연구에 확고한 토대가 될 수 있음을 그 어느 시대보다 더욱 확신할 수 있었다.

1세기의 대형 테라 코타 항아리
사해 두루마리가 들어 있던 항아리와 같은 종류의 항아리이다. 1947년 베두인족 양치기들이 우연히 발견한 항아리들에는 900여 종류에 달하는 종교 문서와 구약 성경 사본이 들어 있었다. 그중 구약 성경 사본은 에세네파가 66-70년에 있었던 유다-로마 전쟁 동안 쿰란 근처 동굴에 숨겨 두었던 사본이었다.

예수님의 생애에 대한 증거

예수님의 생애에 대한 주요 증거는 네 복음서와 초기 구전 전승 형태로 남아 있다. 그중 초기 구전으로 전해지던 예수님에 대한 증언이 신약 성경 서간에 부분적으로 기록돼 있다(1코린 15,3-8). 이와 더불어 유다인 역사가 요세푸스(37-100년경)의 기록도 예수님의 생애에 관한 객관적인 증거를 제공한다. 유다 제사장 가문 출신으로 갈릴래아 총독을 지냈던 요세푸스는 66-70년 유다 전쟁 중에 로마군의 포로가 되면서 여생을 베스파시아누스, 티투스, 도미티아누스 황제의 고문이자 역사가로 일했다. 그의 저술에는 비그리스도인이 목격한 1세기 그리스도교에 대한 귀중한 증언이 담겨 있다. 비록 예수님에 대해 다소 부정확한 표현은 있지만, 적어도 그의 기록은 예수님의 역사성을 증명한다.

이해를 돕는 더 큰 그림

예수님 이야기는 구약 성경 이야기와 별개의 이야기가 아니다. 오히려 구약 성경 이야기의 이해를 돕는다. 예수님은 자신과 구약 성경의 이야기 모두를 하느님께서 유다인에게 하신 약속의 실현이자, 모든 민족을 위한 구원 계획이 다음 단계로 접어들었음을 전하는 것이라고 보셨다. 구약 성경은 예수님의 말씀과 행동의 배경을 제공함으로써 우리가 신약 성경을 더 잘 이해할 수 있도록 돕는다. 따라서 구약 성경을 등한시하는 것은 예수님에 대한 잘못된 이해로 이어질 위험이 있다.

"나타나엘은 필립보에게, '나자렛에서 무슨 좋은 것이 나올 수 있겠소?' 하였다. 그러자 필립보가 나타나엘에게 '와서 보시오.' 하고 말하였다."
(요한 1,46)

● 관련 주제
예수님의 전기 작가들: 10-11쪽
예수님의 나라: 16-17쪽
쿰란: 18쪽

예수님에 대한 다양한 증거들

비유다인

- **마라 벤 세라피온**(시리아 철학자, 기원후 73년): "유다인들은 그들의 현명한 임금을 처형함으로써 무엇을 얻었는가? 그 일은 그들의 왕국이 멸망한 직후에 일어났다. … 현명한 임금은 영원히 죽지 않고, 자신이 남긴 가르침 속에 계속 살아 있었다."
- **타키투스**(로마 역사가, 기원후 110년): "그리스도인Christian이라는 이름은 그리스도Christus라는 자에게서 유래했다. 그는 티베리우스 황제 통치 기간에 우리 총독 중 한 명인 본시오 빌라도에 의해 극형에 처해졌다. 이 해로운 미신은 잠시 잠잠해지는 듯하다가, 또다시 악의 근원지인 유다뿐만 아니라 로마에서까지 나타났다."

플라비우스 요세푸스(판화, 존 사테인, 1880년)
"예수를 사람으로 보는 것이 옳다면, 분명 그는 지혜로운 사람일 것이다. 그는 기적을 일으키는 자였고, 진리를 기쁘게 받아들이는 자들의 스승이었기 때문이다. 또한 그는 많은 유다인과 이방인의 마음을 사로잡았다. 사실 그는 그리스도였다. 우리 유다 지도자들의 제안으로 빌라도가 십자가에서 그를 처형했음에도, 예수를 사랑했던 사람들은 그를 버리지 않았다. 예수가 죽은 후 사흘 만에 다시 살아나 그들에게 나타났고, 하느님의 예언자들이 예수의 수난과 부활뿐만 아니라, 수많은 놀라운 일들을 예언했었기 때문이었다. 심지어 그의 이름을 딴 '그리스도' 교라는 종파는 오늘날에도 사라지지 않고 존속하고 있다."(『유다 고대사』).

유다인

- **탈무드**(유다인 율법 학자의 구전과 해설): 라삐들은 "나자렛 예수처럼 이단을 가르치는 아들이나 제자가 없기를" 바랐다.
- **유다인 최고 의회**: "파스카 축제 전날 나자렛 예수를 매달아 죽였으니 … 그가 마술을 부려 이스라엘을 미혹시켰기 때문이다."

쿠란(이슬람교 경전)

- 예수님에 대한 언급이 여러 차례 등장한다.

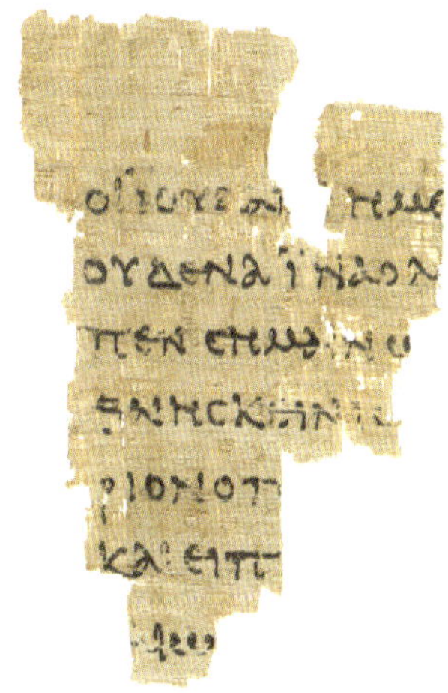

가장 오래된 신약 성경의 문서 조각(단편)
125년경에 쓰인 요한 복음서 18장의 일부이다.

복음서와 고대 문헌 비교

아래 도표는 고대 역사의 다른 어떤 사건보다 예수님 생애에 대한 증거가 훨씬 더 많을 뿐만 아니라, 더 오래 전부터 존재해 왔음을 보여 준다. 복음서 사본의 숫자는 그리스어로 된 신약 성경 사본에만 해당한다. 시리아어, 라틴어, 콥트어, 아람어의 초기 사본까지 더하면 그 수는 모두 24,000여 개에 달한다.

	원본의 집필 시기	가장 오래된 사본의 시기	시간 차	고대 사본의 수
투키디데스 『펠로폰네소스 전쟁사』	기원전 430-400년	기원후 900년	1,300년	8
카이사르 『갈리아 전기』	기원전 52-51년	기원후 850년	900년	10
타키투스 『역사』	기원후 104-109년	기원후 800년	700년	2
4 복음서 (마태오, 마르코, 루카, 요한)	기원후 65-90년	기원후 125년(단편 사본들) 기원후 200년(상당 부분 사본) 기원후 350년(전체 사본)	35년 110-135년 260-285년	약 2,350(복음서) 약 5,500(신약 성경)

핵심 구절
"찾아라, 너희가 얻을 것이다."(마태 7,7)

예수님의 전기 작가들

예수님에 대한 설명

복음서 저자들을 예수님의 전기 작가로 보는 것은 적절치 않다. 전기 작가라면 당연히 기록해야 했을 예수님의 외모나 그분이 받았던 양육과 교육, 직업 등이 복음서에서는 일체 다뤄지지 않기 때문이다. 또한 복음서는 예수님의 생애 마지막 한 주에 지나치게 집중되어 있다. 마르코 복음서의 3분의 1, 요한 복음서의 절반가량이 그러하다. 그것은 복음서 저자들의 저술 목적이 단순히 이야기를 전달하는 것이 아니었기 때문이다. 그들이 복음서를 집필한 이유는 바로 복음, 곧 기쁜 소식 그 자체를 전하기 위함이었다.

4 복음서 상징 부조(클뤼니 박물관, 파리)

각 복음서의 특징을 잘 보여 주는 이 부조는 왼쪽 위부터 시계 방향으로 마태오, 요한, 루카, 마르코 복음서를 나타낸다. 마태오는 예수님의 인성을 상징하는 인간의 모습, 요한은 성령으로 기름부음받으신 예수님을 상징하는 독수리, 루카는 예수님의 희생을 상징하는 소, 마르코는 예수님의 왕권을 상징하는 사자로 표현했다.

복음

27권의 신약 성경 중 4권은 '복음서'이다. 여기서 '복음'은 그리스어 '에우앙겔리온εὐαγγέλιον'을 번역한 말이다. 오늘날 복음은 종교적 언어로 사용되지만, 당시에는 황제의 전령 등을 가리키는 세속적 용어였다.

'복음서'는 새로운 문학 장르였다. 기존의 역사, 전기, 회고록, 명언 등의 문학 장르로는 예수님에 대해서 충분히 담을 수 없다고 느꼈던 복음사가들은 자신들의 복음서가 사람들에게 충분히 읽을 만한 가치가 있음을 느끼게 하면서, 동시에 자신들이 열정적으로 선포할 예수님에 대한 '기쁜 소식'임을 보여 주기 위해 '복음서'라는 새로운 장르를 만들어 냈다. 복음사가들은 사실에 근거를 두지 않은 기쁜 소식은 의미가 없음을 잘 알았기에, 예수님에게 실제로 일어났던 일을 정확하게 전달하는 데에도 주의를 기울였다.

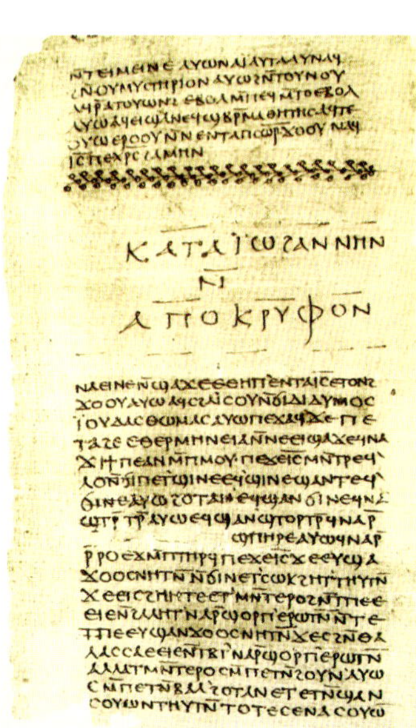

콥트어로 쓰인 외경 사본

1945년 이집트 나그함마디에서 발견된 사본 II의 32쪽 단편이다. 이 사본에는 『요한 외경外經』 끝 부분과 『토마스 복음서』(외경)의 시작 부분이 담겨 있다. 『토마스 복음서』는 설화 형태의 이야기 없이, '살아 계신 예수님이 하신 비밀 말씀'을 담고 있다고 주장할 뿐만 아니라, 예수님의 동정녀 탄생과 부활을 단순히 사람들이 잘못 이해한 것으로 보았다. 『토마스 복음서』의 표현 중 일부는 예수님에게서 유래한 것일 수도 있지만, '비밀'을 강조하는 이 문헌의 특징은 2세기 영지주의 집단의 영향으로 추정된다. 이 책을 포함해 초기 저작물들 중에서 그리스도교의 정통 가르침과 다른 내용을 담은 책들은 모두 공인된 성경인 정경 목록에서 제외되었다.

복음서는 어떻게 기록되었는가?

- 예수님의 부활 사건 이후, '복음'은 입에서 입으로 전해졌다. 당시 여건에서 이는 최선의 방법이었다. 짧은 이야기와 삽화처럼 느껴지는 예수님의 가르침은 구전으로 전달하기에 아주 적합했다.
- 예수님의 메시지가 널리 전파되면서, 신앙생활을 위한 실질적인 지침이 필요해졌다. 그 결과 바오로 사도가 먼저 (복음서가 집필되기 전에) 편지(서간)를 쓰게 되었다.
- 예수님의 이야기를 미래 세대에게 전하기 위해 결국 복음서를 기록할 필요가 있다고 느끼게 되었다.

복음서는 믿을 만한 문헌인가?

복음서들이 각자 서로 다른 관점을 가지고 있다고 해서(요한 20,30-31), 복음서를 신뢰할 수 없는 것은 아니다. 실제로 루카 복음사가는 복음서 내용이 목격자들이 전해 준 것을 '그대로 엮은 것'임을 강조하며 그 가르침들이 진실임을 밝힌다(루카 1,1-4).

복음서에 나오는 예수님에 대한 묘사가 단순히 신앙적 열정에 기인한 것이 아닌, 실제로 목격한 객관적 사실에 의한 표현임을 확인할 수 있다. 비록 복음서가 전하는 내용들이 때때로 상반되는 것처럼 보이기도 하지만, 이는 아마도 복음서가 비슷한 가르침을 서로 다른 맥락에서 기록했기 때문일 것이다.

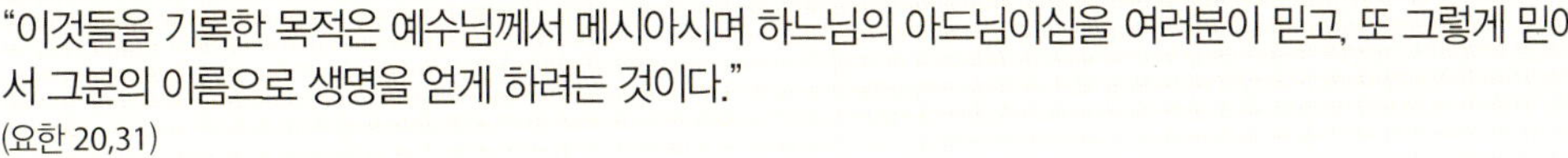

"이것들을 기록한 목적은 예수님께서 메시아시며 하느님의 아드님이심을 여러분이 믿고, 또 그렇게 믿어서 그분의 이름으로 생명을 얻게 하려는 것이다."
(요한 20,31)

● 관련 주제
예수님의 제자들: 34-35쪽
예수님 이야기: 8-9쪽
예수님의 세계: 12-13쪽

복음서의 주요 특징

	마태오	마르코	루카	요한
저자	그리스어, 히브리어, 아람어에 능숙하고, 구약 성경과 유다인들의 전통에 정통한 유다계 그리스도인	그리스어, 히브리어, 아람어를 잘 알고, 유다인과 비유다인의 풍습에 익숙한 해외 유다계 그리스도인	수준 높은 그리스어를 구사하는 그리스계 그리스도인으로, 루카 복음서에 이어 사도행전을 저술함	히브리어, 아람어, 그리스어에 능통한 팔레스티나 출신으로, 그리스어권에서 오랫동안 산 요한계 학파
집필 시기	80년경	70년경	80년경	80-100년 사이
주된 독자	유다인, 비유다인 공존 공동체	비유다계 그리스도인	비유다계 그리스도인	유다인과 비유다인
집필 방식	비슷한 말씀이나 이야기를 주제별로 정리한 긴 설교 집성문이 다섯 개 있음	빠른 전개와 활동이 결합되어 있고, 단순한 언어로 쓰였으며, 갑작스러운 결말로 끝남	이스라엘 시대와 구원 시대를 구분, 구원 시대를 예수님 시대와 교회 시대로 구분함	다른 복음서들의 내용을 선별적으로 선택하고, 긴 가르침과 토론 형태로 서술함
예수님에 대한 묘사	▪ 이스라엘의 희망과 약속을 성취한 메시아 ▪ 하느님의 아들 ▪ 위대한 스승 ▪ 모세보다 더 위대한 분	▪ 우리를 위해 고통받는 사람의 아들 ▪ 악의 세력을 이기는 하느님의 아들 ▪ 약속된 메시아 ▪ 스승이자 라삐	▪ 메시아 ▪ 성령의 사람 ▪ 다윗의 약속된 후손 ▪ 모든 이들을 위한 사람	▪ 세상 창조 이전에 이미 존재하신 말씀 ▪ 사람이 되신 하느님 ▪ 아버지의 하나뿐인 아들 ▪ 메시아
탄생 이야기	있음	없음	있음	우주의 시작
주요 사항	▪ 더 나은 법 ▪ 바리사이에 대한 비판 ▪ 하늘 나라 ▪ 제자됨 ▪ 이스라엘에 내한 심판	▪ 하느님 나라의 현존 ▪ 예수님의 능력 ▪ 제자로 부르심 ▪ 예수님은 다른 차원의 메시아임 ▪ 예수님의 죽음의 필요성	▪ 멸시받고 소외된 사람들에 대한 관심 ▪ 성령 ▪ 치유 ▪ 기도 ▪ 하느님의 새로운 공동체	▪ 일곱 '표징'과 '담화'가 알려주는 예수님 ▪ '나는~이다ἐγώ εἰμι[에고 에이미]' 형식의 담화 ▪ 예수님과 하느님의 관계 ▪ 잘 알려진 성경 구절 포함
유용한 점	예수님이 어떻게 구약 성경의 예언과 약속을 성취한 인물인지를 이해하는 데 도움	처음으로 예수님을 알고자 하는 이들에게 도움	궁핍한 이들에 대한 예수님의 연민이 잘 나타남	예수님에 대한 심화된 성찰

복음서는 왜 네 권인가?

오늘날 어떤 사건에 대해 다양한 매체가 다양한 관점을 제시하는 것처럼, 네 복음서도 마찬가지로, 각각 고유의 관점을 지니고 있다. 마태오 · 마르코 · 루카 복음서는 내용과 순서가 비슷하기 때문에, 이 세 복음서를 함께 비교해 본다는 뜻에서 '공관共觀 복음서'라고 부른다. 그러나 요한 복음서는 표징(기적)과 가르침의 의미에 주목하여, 일부 사건과 말씀을 선별해 다른 복음서들과는 다른 방식으로 전한다.

160년경 신학자이자 변증가인 타티아노는 이 네 가지 문헌을 하나로 요약해 한 권으로 합치려고 시도했지만, 각 복음서가 지닌 고유하고 독특한 관점 때문에 그러한 시도가 무의미함을 깨달았다. 많은 초기 그리스도교 지도자들은 숫자 '4'를 전체성과 보편성을 상징하는 이상적인 수로 여겼던 것으로 보인다.

핵심 구절

"보호자, 곧 아버지께서 내 이름으로 보내실 성령께서 너희에게 모든 것을 가르치시고 내가 너희에게 말한 모든 것을 기억하게 해 주실 것이다."(요한 14,26)

예수님의 세계

삶의 거대한 광장

예수님께서 태어나신 당시의 세상은 수많은 문화와 종교가 뒤섞인 광장과도 같았다. 다신교, 유다교, 그리스 철학 등이 공존했던 로마 제국에는 오늘날 못지않은 각양각색의 신념과 삶의 방식이 존재했다. 놀랍게도 예수님께서는 바로 그 한가운데로 오시어, 자신을 '하느님께 이르는 유일한 길'로 선언하신 것이다.

로마 제국

기원전 753년 로물루스가 건국한 작은 도시 국가 로마는 기원전 509년 선출직 집정관 두 명과 원로원이 통치하는 공화국이 되었다. 기원전 272년 이탈리아 전역을 차지한 로마는 기원전 146년에는 카르타고와 코린토를, 기원전 86년에는 아테네를 무너뜨렸다. 기원전 1세기에 율리우스 카이사르는 갈리아와 브리튼을, 폼페이우스는 시리아와 팔레스티나를 정복했다. 기원전 29년 옥타비아누스는 초대 로마 황제가 되어 '아우구스투스(존엄한 자)'라 불렸다. 루카 복음서는 예수님께서 이 시기에 태어나셨다고 전한다.

신약 성경 시대, 로마 제국은 유럽과 북아프리카, 소아시아를 아우르는 대제국이었다. 로마의 강력한 법과 행정은 제국 전역에 전례 없는 평화와 안정을 가져왔다. 잘 닦인 도로는 제국의 도시들을 핏줄처럼 연결했고, 물을 운반하는 수로도 건설되었다. 무역이 번성했으며 데나리온은 세계 통화가 되었다. '팍스 로마나'(Pax Romana, 로마의 평화)로 불리는 당시의 시대적 배경은 복음이 세상으로 퍼져 나가는 데 훌륭한 길이 되어 주었다. 그 결과, 예수님께서 승천하신 지 불과 20년 만에 로마 제국의 주요 도시마다 교회가 세워졌다.

이탈리아
로마
카르타고

한 분이신 하느님만을 섬기는 유다인들과 달리, 그리스인과 로마인들은 삶의 모든 영역을 관장하는 여러 신을 섬기는 다신론자들이었다. 이처럼 신들의 이름으로 가득 찬 세상에서 '예수님만이 유일하고 참된 하느님이시다.'라고 고백한 초기 그리스도인들은 다신론자인 그리스인과 로마인들뿐만 아니라, 한 분 하느님을 믿으면서도 예수님을 하느님으로 받아들이지 못했던 유다인들에게서도 거센 반대를 받았다.

그리스의 신들과 로마의 신들

그리스식 이름	로마식 이름	영역
제우스	유피테르	최고신
아테나	미네르바	전쟁, 지혜, 예술
아폴론	아폴로	태양, 예언, 시, 음악, 의술
아르테미스	디아나	순결, 사냥, 달
포세이돈	넵투누스	바다, 지진, 말
아프로디테	베누스	사랑, 아름다움
헤르메스	메르쿠리우스	여행, 상업, 연구, 속임수
아레스	마르스	전쟁
데메테르	케레스	농업, 결혼, 비옥함
디오니소스	바쿠스	포도주, 황홀경

아피아 가도Via Appia

기원전 312년부터 건설되기 시작한 아피아 가도는 로마 제국의 주요 도로 중 가장 오래되고 중요한 길 중 하나이다. 로마 제국은 80,500킬로미터가 넘는 포장도로를 건설해 제국 구석구석을 연결했다. 이 도로들 덕분에 이동이 훨씬 수월해졌다. 또한 당시에는 그리스어가 공용어로 사용되었기에, 그리스어를 할 수 있다면 제국 어디서나 소통할 수 있었다. 이러한 교통과 소통의 편리함은 초기 그리스도교가 널리 전파될 수 있는 좋은 토양이 되었다.

칠십인역

유다인들이 세계 곳곳에 흩어져 살면서(디아스포라), 자신들의 언어인 히브리어를 잊어버려 히브리어로 기록된 하느님의 말씀을 읽지 못하는 경우가 생겼다. 그러한 이유로 당시 유다인들이 많이 살았던 알렉산드리아에서는 하느님의 말씀을 세계 언어인 그리스어로 번역하기 시작했다. 기원전 3세기, 70명의 학자들이 번역에 참여했다는 전승에 의해 '칠십인역'(로마 숫자 LXX로도 표기)으로 알려진 구약 성경이 번역되었으며, 칠십인역을 기준으로 오늘날 성경의 순서가 정리되었다.

"지난날 여러분은 오랫동안 이교인들이 즐기는 것을 하면서 지냈습니다."
(1베드 4,3)

● 관련 주제
헤로데: 93쪽
회당: 28쪽
열혈당원: 18쪽

헬레니즘 제국

기원전 336년 알렉산드로스 대왕은 분열되어 있던 그리스를 정복해 통일한 후, 아시아–시리아–이집트–페르시아를 넘어 인도에까지 이르는 대제국을 건설했다. 그러나 그의 꿈은 단순히 대제국을 건설하는 것이 아니라 그리스 문화의 영향을 받는 단일한 삶의 방식을 만드는 것이었다. 이를 '헬레니즘'(그리스를 뜻하는 ''Ελλάς헬라스'에서 유래)이라고 한다. 당시 그리스의 예술과 건축, 관습, 스포츠, 사상은 모두 전성기를 구가하고 있었으며, 그리스어('Ελληνική헬레니케)는 국제 공용어가 되었다. 그리스인들의 인간 중심 사상은 神 중심의 삶을 사는 유다인들과 충돌할 수밖에 없었다. 유다인들은 외설적인 연극이 공연되는 극장과 나체의 선수들이 대결하는 경기장을 특히 불쾌하게 여겼다. 이러한 문화적 차이는 그리스의 다신론과도 맞물려 피할 수 없는 갈등을 낳았다.

아테네의 디오니소스 극장
여기서 디오니소스를 기리는 연극이 공연되었다. 고대 그리스에서는 스포츠 또한 종교에 기반을 둔 활동이었다. 최고신인 제우스를 기리기 위해 열린 올림픽 경기가 대표적이다. 바오로 사도가 아테네에서 목격했듯, 종교는 그리스인들의 삶 전반을 지배하는 중심축이었다(사도 17,16-23). 하지만 이러한 믿음이 점차 약해지면서 많은 이들이 철학으로 눈을 돌리기 시작했다.

알렉산드로스 대왕 사후, 그의 제국은 분열되었다. 그 결과 북아프리카에 기반을 둔 프톨레마이오스 왕조와 서아시아에 기반을 둔 셀레우코스 왕조의 경쟁 구도가 등장했다. 그 사이에 낀 유다 지방은 프톨레마이오스 지배하에서는 관용을 누렸지만, 셀레우코스 왕조가 지배권을 잡자 강제적인 헬레니즘 정책의 영향을 받게 되었다. 기원전 168년 안티오코스 에피파네스 4세가 예루살렘 성전에 제우스 신상을 세우면서 헬레니즘화는 절정에 달했고, 결국 이는 마카베오 항쟁의 도화선이 되었다. 기원전 128년까지 이어진 전쟁의 결과 이스라엘은 자유를 되찾아 독립 국가가 되었다. 그러나 서쪽에서 확장해 오던 로마 제국의 강력한 힘에 헬레니즘 제국은 무릎을 꿇었고, 기원전 86년 아테네가 함락되기에까지 이르렀다. 그러나 헬레니즘의 영향력은 오늘날까지도 이어지고 있다.

유다인 디아스포라

유다인들은 기원전 587년 바빌론으로 유배되었다. 유배가 끝난 뒤 일부는 고향으로 돌아왔지만, 많은 이는 이미 정착한 터라 돌아가기를 원하지 않았다. 또 다른 유다인들은 여러 나라로 흩어져 기원전 200년경에는 모로코에, 기원전 175년경에는 인도에까지 이르렀다. 이렇게 형성된 '디아스포라(흩어짐)'로 인해 예수님 시대에는 지중해 전역에서 유다인 공동체를 볼 수 있었고, 이스라엘보다 해외 거주 유다인이 더 많아지기에 이르렀다. 성전이 없어 희생 제사를 드릴 수 없던 디아스포라 유다인들은 신앙 양식을 토라(하느님의 율법)를 공부하고 회당에 모이는 방식으로 바꾸었다. 그래서 초기 그리스도인들도 복음을 전할 때면 늘 회당에서부터 시작했다(사도 13,5.14; 14,1-3; 17,1-4.10.16-17; 18,1-4.19).

유다

마카베오 항쟁으로 잠시 독립을 누렸던 이스라엘은 로마 제국의 침공으로 유다Judea 속주가 되었다(기원전 63년). 제국이 치안 유지와 세금 징수를 위해 4개 군단을 주둔시키자 정치적 긴장은 극에 달했다. 로마 제국 통치의 이점을 인정하고 받아들이는 이도 있었지만, 대다수는 '하느님을 모르는 불경스러운 이방인'이 자신의 땅을 차지한 현실을 못마땅해했다. 기원전 4년 헤로데 임금이 죽은 뒤 70여 년 동안, '메시아'를 자처하는 이들이 이스라엘을 구원하고 '다윗 왕국'을 회복하여 유다 왕국을 재건하겠다며 여러 차례 봉기를 일으켰다. 예수님이 자신을 '유다인의 임금'이라 주장하신다는 말을 들은 로마 총독 빌라도가 불안해한 것도 어쩌면 당연한 반응이었을 것이다.

핵심 구절
"나는 길이요 진리요 생명이다. 나를 통하지 않고서는 아무도 아버지께 갈 수 없다."
(요한 14,6)

예수님의 땅

약속이 충만하게 실현된 곳

예수님께서 사셨던 땅은 아주 작았다. 남북의 길이는 240킬로미터도 채 되지 않았고, 폭도 40-95킬로미터에 불과했다. 하지만 그 땅은 이스라엘의 시조인 아브라함에게까지 거슬러 올라가는 오랜 역사와 약속들로 가득 차 있었다(창세 12,1-3; 15,12-21; 17,1-8). 예수님께서는 그 약속들이 당신을 통해 이제 막 성취되려 한다고 선포하셨다. 그분께서는 이 작은 땅에 이스라엘에게 약속된 임금으로 오셨고, 이 작은 땅에서 당신의 사랑과 희망의 메시지를 온 세상으로 전파하셨다.

예수님 시대 가옥의 구조

예수님 시대의 집은 대부분 돌이나 흙벽돌을 사용해 지었다. 트인 안뜰을 중심으로 삼면에 방을 두었으며, 바깥 계단이나 사다리로 올라가는 평평한 지붕은 곡식을 말리거나, 저녁의 시원해진 바람을 쐬며 휴식을 취하는 등 다양한 목적으로 사용되었다. 밤에는 가축들을 집 안으로 들여 안전하게 보호했다.

이스라엘에는 2,780종이 넘는 식물과 나무가 자란다. 열대 기후인 예리코의 대추야자 나무도 그중 하나이다. 무화과와 포도, 올리브도 흔한 과일이었다. 무화과는 대추야자처럼 날로 먹거나 말려서 과자로 만들기도 했고, 포도는 건포도를 만들거나 포도주를 담갔으며, 올리브는 열매를 그대로 먹거나 기름을 짜서 사용했다. 빵을 만드는 밀과 보리(보리 빵은 주로 가난한 이들의 몫이었다.)도 흔한 곡물이었다. 아마도 중요한 작물이었다. 예수님은 비유를 들어 말씀하실 때 이와 같은 자연과 일상적인 농경 생활의 장면을 바탕으로 삼으셨다. 그 덕분에 평범한 사람들도 그 뜻을 쉽게 알아들을 수 있었다.

성경 시대의 농경 생활

성경 시대 내내 대부분의 가정은 땅에 의지해 생계를 꾸렸다. 약속의 땅에 들어갈 때는 각 지파가 대대로 물려줄 토지를 분배받았지만, 신약 시대에 이르러서는 그 땅의 상당 부분을 거대한 영지를 소유한 이방인들이 차지하게 되었다. 현지 농부들은 그들에게 땅을 빌려 경작을 했지만, 소작료가 터무니없이 비싼 경우가 많았다. 경작이 어려운 척박한 지역에서는 양이나 염소를 쳤다. 하지만 대부분의 가정에서는 한두 마리의 가축을 집 안에서 기르는 경우가 많았다. 농작물을 기르고 가축을 돌보는 일 외에도 빵을 굽기 위해 곡물을 빻아 가루로 만드는 일, 가까운 우물에서 물을 긷는 일, 가축의 젖을 짜서 치즈나 요구르트를 만드는 일 등 일과로 해야 할 일들이 많았다. 오늘날 세계 여러 곳에서도 볼 수 있듯이, 이러한 일들은 온 가족의 몫이었다.

농경 생활의 연간 주기
①~⑫는 당시 월력의 순서이다.

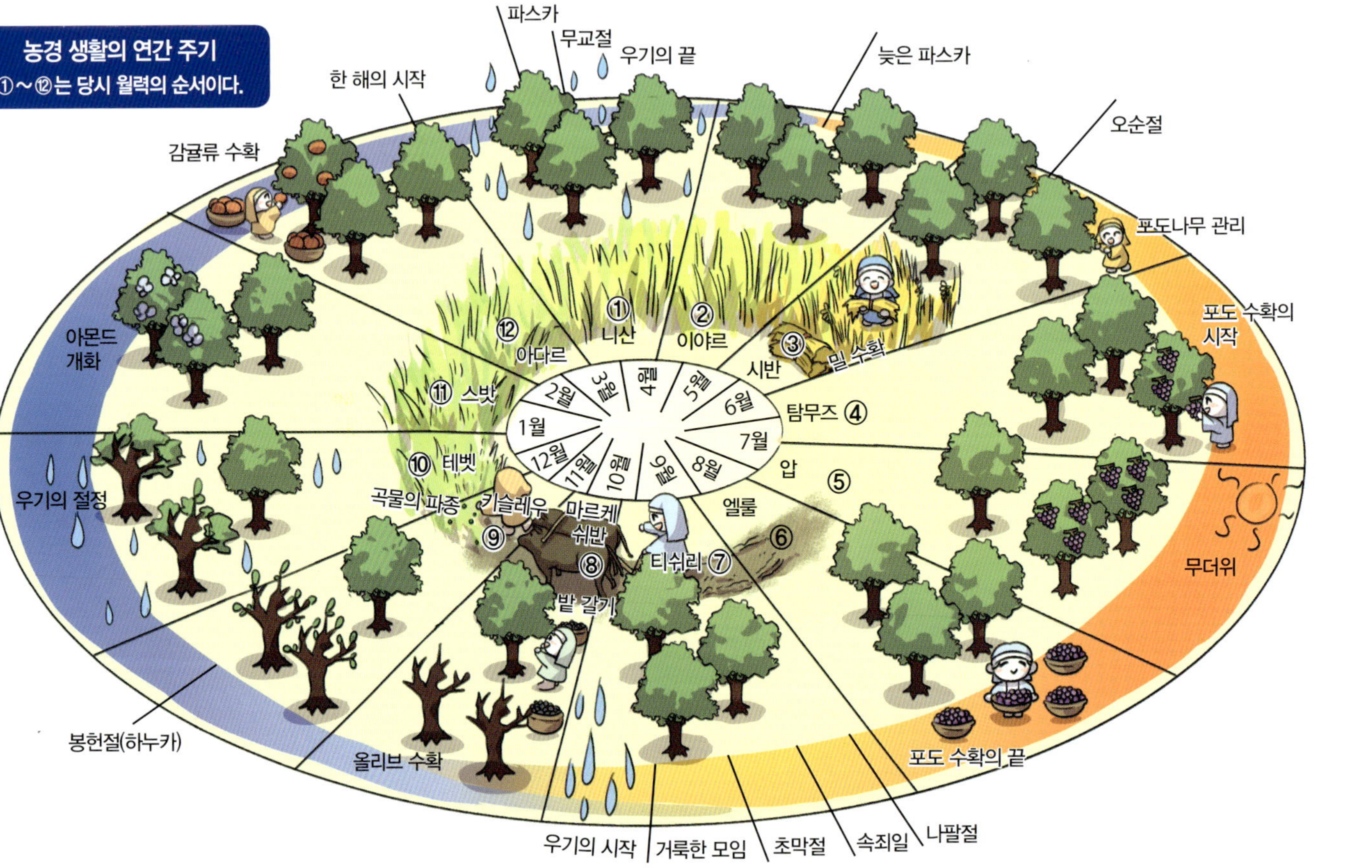

① 니산
② 이야르
③ 시반
④ 탐무즈
⑤ 압
⑥ 엘룰
⑦ 티쉬리
⑧ 마르케쉬반
⑨ 키슬레우
⑩ 테벳
⑪ 스밧
⑫ 아다르

1월
2월
3월
4월
5월
6월
7월
8월
9월
10월
11월
12월

파스카
무교절
우기의 끝
한 해의 시작
늦은 파스카
오순절
감귤류 수확
포도나무 관리
밀 수확
포도 수확의 시작
아몬드 개화
우기의 절정
곡물의 파종
밭 갈기
무더위
봉헌절(하누카)
올리브 수확
포도 수확의 끝
우기의 시작
거룩한 모임
초막절
속죄일
나팔절

"스승님, 스승님은 하느님의 아드님이십니다. 이스라엘의 임금님이십니다."
(요한 1,49)

● 관련 주제
갈릴래아: 26쪽
헤로데: 93쪽
열혈당원: 18쪽

이스라엘의 지형

이스라엘은 다섯 지역으로 구분된다.

❶ **해안 평야:** 남쪽의 사구, 숲, 늪에 비해 북쪽은 매우 비옥한 땅이다. 카르멜산 너머에는 여러 곳에 천연 항구가 있다.

❷ **구릉 지대:** 너비가 약 19-24킬로미터에 달하는 비옥한 산기슭 지대 사이로 네 개의 골짜기가 통로처럼 이어져 있다.

❸ **산지:** 남쪽의 유다 산지에는 수도 예루살렘이 있다. 북쪽의 사마리아 산지와 갈릴래아는 이즈르엘 평야와 므기또 평야로 나뉜다. 이 산지의 서쪽 경사면은 해안을 향해 완만하게 뻗어 있지만, 동쪽 경사면은 요르단 계곡을 향해 가파르게 이어진다. 이곳의 석회암 지대에서 질 좋은 구리가 채굴된다. 이스라엘 남북을 잇는 주요 도로가 므기또 평야를 가로지르고 있어 구약 시대에는 이곳에서 많은 전투가 벌어졌다. 성경에서는 마지막 시대의 전투(하르마겟돈=아마겟돈)가 일어날 장소로 이곳을 지목했다. 비옥한 갈릴래아 구릉 지대를 지나 계속 이어지는 이 도로 덕분에 갈릴래아 지역은 무역으로 번영을 누렸다. 예수님은 생애의 대부분을 갈릴래아에서 보내셨다.

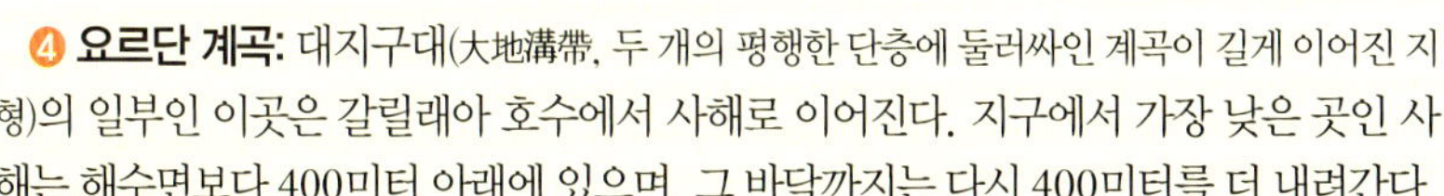

❹ **요르단 계곡:** 대지구대(大地溝帶, 두 개의 평행한 단층에 둘러싸인 계곡이 길게 이어진 지형)의 일부인 이곳은 갈릴래아 호수에서 사해로 이어진다. 지구에서 가장 낮은 곳인 사해는 해수면보다 400미터 아래에 있으며, 그 바닥까지는 다시 400미터를 더 내려간다.

❺ **요르단 동부 지역:** 갈릴래아 동쪽의 해발 580미터 지점부터 사해 남동쪽 2,000미터 지점까지 솟아 있는 산악 지역이다. 강우량이 풍부해 목축에 유리한 초지가 발달했지만, 그 너머에는 사막이 펼쳐져 있다.

갈릴래아 호수(티베리아스 호수)

예수님 공생활의 중심 무대였던 갈릴래아 호수에 대해 유다교 랍비들은 이렇게 말했다 "하느님께서 일곱 바다(호수)를 창조하셨지만, 그중 이 바다(호수)를 당신의 특별한 기쁨으로 삼으셨다." 이 호수에는 68종의 물고기가 서식했으며, 이를 바탕으로 어업이 활발하게 이루어졌다. 예수님의 첫 제자들 중 몇몇은 이 호수에서 물고기를 잡던 어부 출신이었다. 호수의 길이는 약 20킬로미터, 가장 넓은 지점의 너비는 약 13킬로미터에 달한다. 헤르몬산 일대에서 발원한 요르단강은 이 호수를 거쳐 염분 농도가 25퍼센트에 달하는 사해로 흘러들어 간다.

요르단강

요르단강(요르단은 '내려감'이라는 뜻)의 강둑은 다른 곳에 비해 초목이 무성한 편이다. 강폭은 13미터를 넘는 곳이 드물지만, 유속이 느리고 경로가 구불구불해 실제 흐르는 거리는 직선거리의 두 배 가량인 325킬로미터에 달한다. 북쪽 발원지에서 남쪽 사해에 이르는 동안 강의 해발 고도는 725미터나 낮아진다. 요르단강을 이집트의 나일강이나 페르시아의 티그리스강, 유프라테스강처럼 관개용수로 사용할 수 없었던 이유도 강의 해발 고도가 해수면보다 낮기 때문이었다. 이로 인해 이스라엘의 삶은 전적으로 강우에 의존해야 했다. 모세가 묘사한 것처럼 "산과 계곡이 있는 땅, 하늘에서 내리는 비를 마시는 땅"(신명 11,11, 성경 원문 직역)인 셈이다. 지중해에서 불어와 이스라엘의 날씨에 영향을 미치는 서풍은 가장 먼저 중앙 산지(❸)와 부딪혀 비를 뿌리며 상승한다. 산지를 넘어온 바람이 동쪽으로 갈 때에는 습기를 잃어 건조해지기 때문에, 그 너머에는 비가 거의 오지 않는다. 1년 중 강우는 10월, 1월, 4월에 집중되고, 5월 중순부터 10월 중순까지는 비가 전혀 내리지 않는다. 따라서 이스라엘인들에게는 안정적인 물 공급을 위해 우물이나 (지하) 저수조 등이 매우 중요했다.

이스라엘 지형의 단면도

예루살렘은 해발 고도가 높아 겨울 평균 기온이 섭씨 5-10도 정도로 꽤 쌀쌀한 편이다. 반면 사해 남쪽 지역의 여름 기온은 섭씨 50도까지 오른다. 예수님의 고향 갈릴래아 지방의 평균 기온은 섭씨 10도에서 35도 사이의 변화를 보인다.

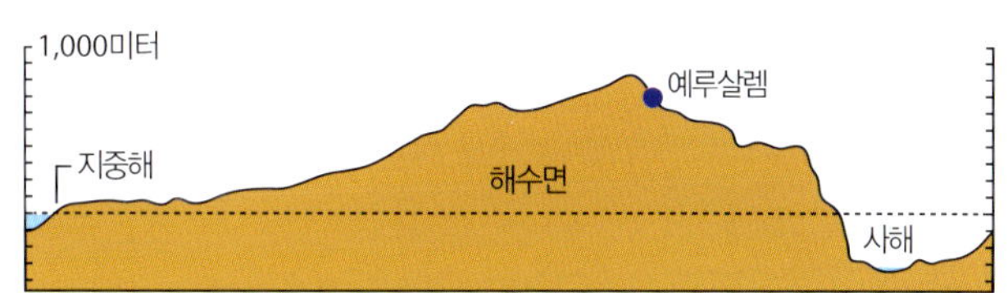

핵심 구절

"행복하여라, 온유한 사람들! 그들은 땅을 차지할 것이다."(마태 5,5)

예수님의 나라

선택된 백성

예수님은 유다인이셨다. 유다인은 하느님의 약속을 받은 선택된 민족이었지만, 그 약속은 더디게 실현되는 듯 보였다. 유배에서 돌아온 지 수 세기가 지났지만, 이들은 여전히 유배 중에 있다고 느끼는 듯했다. 예언자들이 예고한 '새로운 시작'은 일어나지 않았고, 이제는 로마의 지배까지 받게 되었다. 어떤 이들은 로마에 협력했지만, 무력으로 맞선 이들도 있었다. 세상을 등지고 은둔한 이들도 있었다. 하지만 대부분의 사람들은 그저 하루하루를 살아갔다. 예수님께서는 이렇게 희망과 두려움이 뒤섞인 현실 속으로, 하느님의 오랜 약속을 본격적으로 실현하시기 위해 들어오셨다.

예수님 시대의 팔레스티나
기원전 4년 헤로데 임금이 죽은 후, 로마 제국은 그의 왕국을 그의 세 아들에게 나누어 주었다. 그러나 무능했던 아르켈라오스를 대신하여 로마 총독 빌라도가 유다 지역을 통치하게 되었다(기원후 26-36년). 그렇게 해서 빌라도는 예수님의 십자가 처형을 명령하게 되었다.

정치적 환경

기원전 2세기 마카베오 항쟁으로 잠시 독립을 경험했던 이스라엘은 기원전 63년 다시 로마에 정복당했다. 로마군이 주둔하면서 이스라엘 지역의 정치적 분위기는 매우 격앙되어 갔다. 일부 유다인들은 로마 통치가 불러온 평화와 안정을 긍정적으로 평가했지만, 대다수 유다인들은 하느님을 믿지 않는 이방인(비유다인)들이 이스라엘 땅에 있는 것에 분개했다. 에세네파와 같은 일부 사람들은 사막으로 들어가 기도에만 전념하기도 했고, 열혈당원과 같은 이들은 주어진 모든 기회를 이용해 로마 제국에 저항하기도 했다. 실제로 헤로데 사후 70여 년 동안 수많은 이들이 메시아를 자처하며 나타나 민중 봉기를 일으키곤 했다.

언어

예수님 시대 팔레스티나에서는 네 개의 주요 언어가 사용되었다. 유다인의 고대 언어이자 성경 언어인 **히브리어**는 사어死語화되어 주로 종교 의식에만 남아 있었다. 당시 중동 지역의 주요 언어였던 아람어는 유다인들이 일상생활과 시장 거래에서 사용하던 언어였다. 아람어에는 다양한 사투리가 있어, 북부 사투리를 쓰던 베드로는 예수님의 제자임이 발각되기도 했다(마태 26,73). 기원전 332년 알렉산드로스가 이 지역을 정복한 후에는 **그리스어**가 이스라엘 땅에서도 널리 사용되었다. 그리스어는 로마 제국 동부 지역의 주요 언어로 외교와 상업, 문화의 언어였다. **라틴어**는 아마도 로마인들 사이에서나 사용됐을 것이다.

예수님은 아람어(마르 5,41; 7,34; 15,34), 그리스어(마르 7,26; 요한 7,35; 12,20-21), 그리고 적어도 하느님 말씀을 읽을 수 있을 정도의 히브리어(루카 4,16-21)를 아셨을 것이다. 예수님께서 십자가에 못 박히셨을 때, 히브리어와 라틴어, 그리스어로 적은 죄 명패를 달았다고 하는데(요한 19,19-20), 아마도 당시 사람들은 이 언어들을 이해했을 것이다.

예루살렘

사진은 현재 예루살렘 박물관에 있는 1세기의 예루살렘 모습을 구현한 모형이다. 당시 예루살렘 중심에는 약 14만 제곱미터 규모의 성전이 있었다. 성전 위쪽에는 600명으로 구성된 로마 수비대를 수용하는 안토니아 요새(마르쿠스 안토니우스를 기리기 위해 붙인 이름)가 우뚝 솟아 있었다. 서쪽에는 부자들의 집과 헤로데 궁전이 있었고, 그 아래에는 좁은 골목을 따라 가난한 사람들의 집이 모여 있었다. 당시 예루살렘의 인구는 약 3만 명 정도였지만, 축제 때는 그 5배나 되는 사람들이 몰려들었다.

“이는 너희가 주 너희 하느님의 거룩한 백성이며, 주 너희 하느님께서 너희를 선택하시어 땅 위에 있는 모든 민족들 가운데에서 너희를 당신 소유의 백성으로 삼으셨기 때문이다.”
(신명 7,6)

● 관련 주제
성전 정화: 33쪽
예수님의 백성: 18-19쪽
마카베오 항쟁: 16쪽

성전

성전 내부 여러 개의 뜰 중심에 성소를 두었다.

❶ **이방인의 뜰**: 이방인들이 성전에 접근할 수 있던 가장 가까운 공간이었다. 이곳에는 높이 약 15미터에 이르는 기둥들이 늘어선 넓은 주랑이 둘러져 있었으며, 특히 남쪽의 왕의 주랑은 세 개의 통로로 이루어진 웅장한 구조였다. 제사 동물과 환전 시장이 열리던 곳으로, 예수님께서 성전을 정화하시며 분노를 표하신 곳이다.

❷ **여인의 뜰**: 4개의 거대한 촛대가 있던 곳이다. 유다 여인들과 아이들은 이곳까지만 들어갈 수 있었다.

❸ **이스라엘 뜰**: 유다인 남자들이 희생 제물로 바칠 동물을 가져오던 곳이다.

❹ **사제들의 뜰**: 사제들이 제사를 드리던 곳이다.

❺ **성소**: 하느님의 현존을 상징하는 지성소가 있던 곳이다.

이방인의 안뜰 출입을 금하는 그리스어 표지판 모형
“외부인은 성소 주변의 울타리 안으로 들어가지 못한다. 들어가다 잡히는 사람은 누구든지 죽음으로 그 책임을 지게 될 것이다.”라는 경고문이 적혀 있다.

티베리우스 황제 통치(기원후 14-37년) 때 사용된 은전인 데나리온
노동자 한 명의 하루 일당에 해당하는 1데나리온은 가장 흔한 동전이었다. 예수님께서 당신을 모함하려는 이들에게 “황제의 것은 황제에게, 하느님의 것은 하느님께 돌려드려라.”(마르 12,17)라고 하셨을 때의 동전이 바로 이런 동전이었다.
갈릴래아의 통치자 헤로데 안티파스는 신격화된 황제의 이미지가 유다인들을 자극할 수 있었기에, 주화에 황제의 얼굴을 새기는 것을 피했다.

성전을 대하는 태도

성전은 이스라엘 삶의 중심이 되는 상징적인 곳이었다. 그러나 유다인 아닌 이두매아인인 헤로데가 성전을 재건한 것은 자신의 왕권을 합법화하려는 시도였기 때문에 사람들의 반응은 엇갈렸다. 헤로데는 성전 제사를 성직자 가문이 독점하도록 권력을 줬기 때문에 성직자 가문의 귀족들은 헤로데의 성전 건립을 승인했지만, 사실 많은 사람들은 헤로데가 세운 성전을 인정하지 않았다.

- **에세네파**: 성전을 고위 지배층의 권력 기반으로 보았다. 그곳에서 율법이 바르게 해석되지도 않고, 전례적으로도 정결하지 않을 뿐더러, 에제키엘 예언자의 환시와도 일치하지 않기 때문에 예루살렘 성전을 부정적으로 보았다(에제 41,1-47,12).
- **바리사이**: 하느님의 율법을 공부하면 성전을 방문하는 것과 같은 축복을 받는다고 믿었기 때문에 성전의 존재에 큰 의미를 두지 않았다.
- **일반 사람들**: 성전을 자신들을 억압하는 대표적인 상징, 특히 부패한 귀족의 상징으로 여겼다.

예수님께서는 전혀 다른 이유로 성전을 반대하셨다. 성전은 이제 제 기능을 다했기에, 성전의 시대가 끝났다고 보셨던 것이다. 성전은 이스라엘의 모든 잘못된 것을 상징했으며, 따라서 곧 파괴될 것이었다(마르 13,1-2; 14,58). 예수님은 당신 자신을 새로운 성전, 곧 죄를 용서받을 수 있는 유일한 ‘곳’으로 여기셨다.

핵심 구절

“예루살렘아, 예루살렘아! … 암탉이 제 병아리들을 날개 밑으로 모으듯, 내가 몇 번이나 너의 자녀들을 모으려고 하였던가? 그러나 너희는 마다하였다.”(루카 13,34)

예수님의 백성

1세기 유다이즘

1세기 유다인들의 생각을 한마디로 설명하기란 쉽지 않다. 당시 유다교는 거대한 사회적 · 영적 · 정치적 분열로 인해 수많은 분파와 서로 다른 기대들이 뒤섞여 있는 복잡한 현상이었기 때문이다. 그런데 어찌 된 일인지, 예수님께서는 그들의 희망과 기득권에 도전하시며 거의 모든 사람의 심기를 건드리셨다. 하지만 예수님 자신의 뿌리는 바로 이 민족의 역사 속에 깊이 박혀 있었다.

주요 분파들

예수님 시대에는 4개의 주요 분파가 있었는데, 대다수의 사람은 특정 그룹에 속하지 않았다.

- **바리사이들**(분리된 자 또는 "특별한 자들")는 약 6,000명 가량으로 4개의 분파 중 규모가 가장 컸으며 예수님이 살았던 갈릴래아에서 가장 강성했던 분파였다. 바리사이가 된다는 것은 직업이 아니라(대부분 중산층 상인) 모든 일상생활에 엄격하게 하느님의 말씀을 적용하는 삶을 사는 것을 의미했다. 바리사이들의 영향력은 매우 컸고(비록 평범한 사람들은 그것을 따라 살 수 없다고 느꼈음에도 불구하고) 그들의 가치관은 널리 받아들여졌다. 종종 겉모습에만 관심이 있는 위선자로 풍자되기도 했지만, 사실 그들이 강조했던 하느님에 대한 정결함과 율법에 대한 순종은 그 자체가 목적이 아니었다. 다만 이러한 것만이 이스라엘 백성을 해방하시는 하느님께 도달할 수 있는 길이고, 이스라엘의 정체성을 보존하는 데 가장 중요한 것들이라고 믿었다. 이런 이유로 바리사이들은 할례, 십일조, 안식일, 전례적 정결함과 같은 이스라엘 백성의 정체성을 나타내는 표지들을 크게 강조했다.
- **사두가이들**의 수는 바리사이들보다 적었지만 영향력이 더 커서 당시의 '기득권' 층이었다. 그들은 솔로몬 임금의 대사제 차독의 후손으로서 성전을 관리하고 대사제를 선출하며 유다 최고 의결 기관인 최고 의회(산헤드린)를 장악하고 있었다. 바리사이들보다 더 보수적이어서 모세의 '오경'만 받아들였고, '오경'에 없는 교리(예를 들어 부활)와 바리사이들의 구전 전통을 거부했다.

> **요세푸스는 이렇게 말했다.**
>
> "사두가이들은 오직 부유한 사람들만 설득할 뿐 대중의 지지를 받지 못한다. 그러나 바리사이들은 대중을 동맹으로 삼고 있다."(『유다 고대사』 12,297-298)

- **에세네파**는 이미 200년이나 앞서 윤리적으로 느슨하다고 여겼던 성전 권력자들로부터 분리되어 나와, (역사가 요세푸스에 따르면) '더 엄격한 규율'을 따르고 있었다. 일부는 평범한 사람들 사이에서 살았지만, 대부분은 쿰란 공동체와 같은 대안 공동체를 이루어 함께 살았다. 그곳에서 그들은 하느님께서 마지막 시대의 종말을 가져오시기를 기다리면서 형제애를 나누고 유다 율법을 엄격하게 준수하는 금욕적인 생활 방식으로 그들의 이상을 실천해 나갔다.
- **열혈당원**은 에세네파와 달리, 단순히 하느님을 기다리는 것이 아니라, 오히려 하느님을 적극적으로 돕고자 했던 사람들이었다. 기원후 6년에 갈릴래아 사람 유다가 창설한 이 비정규직 군인들은 하느님 외에는 임금이 없다고 믿고 로마에 맞서 저항했다. 기도보다 칼을 더 선호했던 그들은 하느님 나라를 건설하기 위해 싸웠고 여러 차례의 반란을 주도했는데, 그중 하나가 결국 기원후 70년에 예루살렘을 멸망으로 이르게 했다.

사해 근처 에세네파 공동체의 쿰란 유적지에서 발견된 필사실. 책상과 걸상과 금속 잉크병이 발견된 이 방에서는 서기관들이 사해 두루마리를 기록했을 것으로 추정된다. 이외에도 그들의 생활 공간 및 정결 예식을 위한 여러 개의 세례 욕조 등도 발견되었다.

파란색 줄무늬에 긴 술이 달린 기도용 숄을 착용하고 기도하는 유다인. 하느님께서는 이스라엘 자손들에게 당신 백성임을 기억하라며 옷자락에 술을 달라고 하셨다(민수 15,38-39). 그러나 예수님 시대에 바리사이들은 경건함의 표시로 지나치게 긴 술을 달았고, 예수님은 이를 비판하셨다(마태 23,5).

"그분께서 당신 땅에 오셨지만 그분의 백성은 그분을 맞아들이지 않았다."
(요한 1,11)

관련 주제
예수님의 땅: 14-15쪽
예수님의 나라: 16-17쪽
예수님을 반대했던 이들: 92-93쪽

예수님의 족보

당시 사람들의 희망은 서로 매우 달랐지만, 모두 이스라엘의 역사에 뿌리를 두었다는 점은 같았다. 그래서 마태오와 루카는 예수님의 족보(마태 1,1-17; 루카 3,23-38)를 기록함으로써 예수님이 이 땅에 오신 것은 세상을 구원하시려는 하느님의 지속적인 계획이 당신 백성을 통해 실현된 것임을 강조했다. 이 족보들을 비교해 보면 몇 가지 차이점이 드러난다. 즉 기록상의 실수나 모순이 아니라, 두 가지 다른 족보라는 점이 분명하다. 마태오는 요셉(예수님의 법적 아버지)의 계보를 따르고 루카는 마리아(예수님의 생물학적 어머니)의 계보를 따르며, 이는 요셉과 마리아 둘 다 이스라엘의 위대한 임금 다윗의 후손이라는 점을 보여 준다. 마태오 복음서의 족보는 유다교 신앙의 조상 아브라함으로부터 시작함으로써, 예수님이 하느님의 약속을 이행할 권리를 가지셨음을 보여 준다. 반면에 루카 복음서는 아담까지 거슬러 올라감으로써, 예수님이 유다인들뿐만 아니라 모든 사람을 위해 오셨다는 점을 강조한다.

뉴욕 브루클린의 보로 파크에 있는 하시디즘 지구의 한 유다인 가족.

새로운 가족

유다인에게 핏줄로 맺어진 가족과 대대로 물려받은 땅은 무엇보다 중요했다. 하지만 예수님께서는 때로 그 전통적 가치를 넘어서도록 요구하셨다. 한 부자에게는 모든 재산을 버리라 하셨고(루카 18,18-25), 다른 이에게는 부친의 장례보다 당신을 따르는 것이 먼저라고 명하셨다(루카 9,59-60). 부모의 장례를 가장 중시하던 당시 문화에 이는 큰 충격이었다. 예수님께서 이처럼 기존 질서에 도전하신 이유는, 당신을 통해 새로운 공동체가 세워지고 있음을 확신하셨기 때문이다. 그 새로운 공동체는 혈연이나 땅이 아닌, 예수 그리스도라는 새로운 중심을 통해 맺어지는 '재구성된 하느님의 백성', 곧 새로운 가족이며 민족이었다.

의복

대다수 사람은 남성의 경우 무릎 길이, 여성의 경우 몸 전체를 덮는 목이 넓은 속옷을 입고 허리를 묶고 벨트로 고정해 그 위에 망토처럼 생긴 겉옷을 입었다. 가난한 이들 외에는 모두 샌들과 머리 덮개를 착용했다. 일반적으로 옷은 양모나 아마포로 만들었는데, 부자들은 비단으로 만들기도 했다. 염료는 식물, 동물, 광물로 만들었는데, 일반인에게는 주로 검정, 파랑, 빨강, 노랑, 녹색이 인기 있었다. 보라색은 생산비가 많이 들어 부유층의 전유물이었다. 바르 코크바 반란(132-135년) 당시 사용되었던 의류를 분석한 결과, 34가지 색상의 실을 사용했는데 이 실에는 세 가지 기본 염료(사프란 노랑, 인디고 파랑, 알라자린 빨강)가 사용되었다는 사실이 밝혀지기도 했다.

헤로데 임금의 옛 요새였던 마사다는 사해 위 460미터 지점에 있다.
기원후 70년 예루살렘 멸망 후에도 900명 이상의 열혈당원들이
이곳에서 로마에 맞서 3년간 저항하다가 최후의 순간을 맞이했다.
로마 군대가 성을 공격하기 위해 거대한 경사로를 건설했을 때, 그들의 싸움에
더 이상 희망이 없다는 것이 분명해졌고 그들은 결국 성 안에서 스스로 목숨을 끊었다.
각자 먼저 자신의 가족을 죽인 다음, 서로를 죽였고, 마지막으로 남은 사람은
스스로 목숨을 끊었다.

핵심 구절

"저 군중이 가엾구나."
(마르 8,2)

예수님이 세상에 오심

하느님의 개입

수백 년 동안 이스라엘의 예언자들은 메시아의 도래에 대해 예언했다. 하지만 시간이 흘러 로마의 잔혹한 지배 아래 놓이게 되면서 예언자들의 예언을 더 이상 기대하기 어려워졌다. 그러나 하느님께서 세심하게 준비하신 그 땅에 이제 그토록 기다렸던 순간이 다가오게 된다. 이때 하느님은 전례 없이 인간의 세계에 개입하시며, 이번에는 예언자를 보내는 것이 아니라 당신께서 친히 오셨다.

놀라운 선언

1세기 사람들도 어떻게 임신이 되는지 잘 알고 있었다. 그렇기 때문에 하느님께서 가브리엘 천사를 보내 마리아에게 임신하여 하느님의 아들을 낳을 것이라고 하셨을 때(주님 탄생 예고) 마리아는 당연히 이렇게 대답했다. "저는 남자를 알지 못하는데, 어떻게 그런 일이 있을 수 있겠습니까?"(루카 1,34). 마리아의 약혼자 요셉은 마리아의 일을 세상에 드러내고 싶지 않아서 조용히 파혼하기로 결정했다(마태 1,18-19). 그러나 꿈에 찾아온 천사가 전해 준 하느님의 기적적인 계시 덕분에 요셉은 마리아의 잉태가 성령으로 말미암은 것이라는 사실을 확신하게 된다. 그리고 그 아이는 이스라엘이 오랫동안 기다려 온 구세주라는 것이었다(마태 1,20-21).

나자렛의 주님 탄생 예고 성당은 전통적으로 마리아가 가브리엘 천사를 만난 곳으로 전해진 곳이다. 현재의 가톨릭 대성당 건물은 1960년대에 지어진 것이지만, 그리스도인들은 일찍이 그 이전부터 이 장소에서 예배를 드려 왔다. 또한 그리스 정교회에서는 이 마을의 우물터를 주님 탄생 예고의 장소로 추정해 기념 성당을 세워, 많은 이들이 이곳을 방문하기도 한다.

동정녀의 잉태

어떤 이들은 동정녀가 아이를 낳는 것이 불가능한 일이고, 그저 예수님께서 '특별한' 분이심을 말하기 위한 문학적 장치일 뿐이라고 일축하기도 한다. 그러나 동정녀의 잉태는 예수님이 누구이며 왜 그분이 이 세상에 오셨는지를 이해하는 전통적 그리스도교 신앙의 핵심이다. 동정녀의 잉태로 하느님께서는 예수님 안에서 인류를 완전히 새롭게 시작하셨다. 즉, 성령의 힘으로 마리아의 태 안에 창조된, 완전히 새롭고 온전한 인간을 통해서 그렇게 하신 것이다. 이는 예수님께서 다른 모든 사람과는 달리 아담과 하와의 죄(원죄)를 물려받지 않으셨음을 의미한다. 성경은 바로 이 '죄 없으심' 덕분에 예수님께서 우리를 위해 죽으실 수 있었다고 말한다. 그분께서는 당신 자신의 죄(죄가 없으셨으므로)가 아닌 우리 죄의 값을 치르신 것이다. 따라서 예수님의 동정 잉태를 부정하는 것은 우리를 위한 용서의 길을 없애는 것과 같다.

마리아께서 평생 동정으로 사셨다는 믿음은 교회 역사 안에서 발전하고 확립되었다. 신약 성경 자체가 이 교리를 직접적으로 주장하지는 않지만, 마태오 복음서는 요셉이 마리아가 "아들을 낳을 때까지 잠자리를 같이하지 않았다."(마태 1,25)라고만 언급한다. 마태오 복음서에서는 또한 예수님께 형제자매가 있었다고 전하는데(마태 12,46; 13,55-56), 학자들은 이들을 사촌이나 가까운 친척으로 해석한다.

마리아의 마니피캇

마리아는 자신이 잉태했다는 사실을 깨닫고 친척 엘리사벳을 방문했을 때 엘리사벳의 축하 인사의 응답으로 하느님께 감사와 찬미의 노래를 부른다(루카 1,46-55). 4세기부터 마리아는 점차 많은 그리스도인의 신심에서 더욱 중심의 자리를 차지하게 되었다. 이는 주로 예수님의 참된 인성을 지키려는 열망 때문이었으며, 그래서 마리아는 '하느님의 어머니'로 알려지게 되었다.

"때가 차자 하느님께서 당신의 아드님을 보내시어⋯."
(갈라 4,4)

● 관련 주제
예수님의 가족: 26-27쪽
강생: 24쪽
나자렛: 27쪽

꿈

성경에서 꿈은 하느님이 사람들과 소통하시는 수단으로 자주 등장하지만, 복음서에서는 마태오 복음서에만 나오며 모든 내용이 예수님에게로 집중된다. 이는 하느님이 예수님을 처음부터 끝까지 세심하게 돌보심을 암시한다. 하느님은 꿈을 통해 다음의 일을 하신다.

- 요셉에게 마리아가 성령으로 아이를 잉태한 것을 말씀하심(마태 1,20)
- 박사들도 헤로데에게 돌아가지 말라는 경고를 받음(마태 2,12)
- 요셉에게 이집트로 피신하라는 지시를 하심(마태 2,13)
- 요셉에게 유다로 돌아가지 말라는 경고를 하심(마태 2,22)
- 빌라도의 아내가 예수님의 일로 걱정을 함(마태 27,19)

꿈은 신약보다 구약에서 더 자주 등장하지만, 베드로는 오순절에 청중에게 "마지막 날에 나는 모든 사람에게 내 영을 부어 주리라. 그리하여 너희 아들딸들은 예언을 하고 너희 젊은이들은 환시를 보며 너희 노인들은 꿈을 꾸리라."(사도 2,17)라는 말씀을 들려준다. 이는 하느님께서 여전히 꿈을 통해 사람들에게 말씀하실 수 있음을 시사한 것이었다.

천사

일반적으로 예술 작품에서 천사는 긴 옷과 날개를 가진 모습으로 묘사되지만, 성경에 나오는 천사들은 훨씬 더 '인간'의 모습과 유사하며, 영적 존재임에도 불구하고 때로는 사람으로 오해받기도 한다. '천사'는 '전달자'를 의미하는데, 이는 마리아와 요셉에게 했던 것처럼 하느님의 메시지를 전하는 것이 그들의 역할이었기 때문이다. 천사들은 신약 성경에서 180번 이상 언급되며, 하느님의 메시지를 전할 뿐만 아니라 하느님의 도움과 보호, 심판도 전한다.

주님의 종이오니(부분)

단테 가브리엘 로세티, 1849년경, 테이트 브리튼 미술관, 런던, 영국.

라파엘로 산치오의 성모 마리아(부분)

초기 교회는 동정녀의 잉태와 출산을 700여 년 전, 이사야 예언자가 전한 예언의 성취로 보았다. "보아라, 동정녀가 잉태하여 아들을 낳으리니 그 이름을 임마누엘이라고 하리라." "임마누엘은 번역하면 '하느님께서 우리와 함께 계시다'는 뜻이다."(마태 1,23; 이사 7,14).

혼인

신약 시대에 혼인은 두 단계를 거쳤다. 혼인의 시작인 약혼은 혼인과 동일한 구속력을 지녔다. 약혼을 취소하기 위해서는 이혼 절차를 밟아야 했다(마태 1,18-19). 약혼한 지 1년 후에는 별다른 공지 없이 혼인식이 거행되었으며, 이때 신랑은 신부를 집으로 데려갈 수 있었다. 요셉이 마리아의 임신 사실을 알게 된 것도 바로 이때였다. 마리아는 열네 살 정도였을 것으로 추정되며, 이는 당시의 결혼 적령기였다.

예수라는 이름의 뜻

'예수'는 구약 성경 이름 '여호수아'의 그리스어 형태로 '주님께서 구원하신다'라는 뜻이다. 그러나 예수님의 구원은 당시 유다인들이 기대했던 구원과는 달랐다. 유다인들은 구원이 필요한 사람은 자신들이 아니라 죄인들인 다른 사람들이라고 믿었다. 그러나 이런 유다인들의 생각과 달리, 천사는 "그분께서 당신 백성을 죄에서 구원하실 것이다."(마태 1,21)라고 전했다. 즉 하느님의 구원은 유다인들로부터 시작되어야 했음에도 불구하고, 유다인들은 자신들의 문제가 다른 사람의 잘못 때문이라고 생각하고 있었다. 이런 이유로 예수님의 메시지는 당시 억압받았던 유다인들에게는 결코 전달하기 쉬운 메시지가 아니었다. 결국 이 메시지 때문에 예수님은 종교 지도자들과 끊임없이 갈등을 겪으셨다.

핵심 구절

"하느님께서는 세상을 너무나 사랑하신 나머지 외아들을 내주시어, 그를 믿는 사람은 누구나 멸망하지 않고 영원한 생명을 얻게 하셨다."(요한 3,16)

예수님의 탄생

성탄 이야기

성탄 이야기는 세상에서 가장 잘 알려진 이야기 중 하나로, 해마다 수많은 성탄 연극을 통해 재현된다. 하지만 그저 이 땅의 평화나 가정생활에 대한 모호한 메시지로 축소되면서, 많은 사람이 그 참된 의미를 놓치고 있다. 그러나 이 이야기의 진실은 우리의 지각을 뒤흔들 만큼 경이롭다. 구유에 누운 아기는 오랫동안 기다려 온 구세주, 바로 하느님 자신이시기 때문이다.

예수님은 언제 태어나셨을까?

우리는 역사 시점의 기준을 예수 그리스도의 탄생에 두고 그 이전(기원전BC)과 그 이후(기원후AD =Anno Domini, '주님의 해')로 구분해 왔다. 그러한 연유로 예수님의 탄생을 기원후 1년으로 생각하기 쉽지만 이는 사실이 아니다. 오늘날 사용하는 '기원'은 6세기경 디오니시우스라는 수도자가 계산한 것인데, 여기에는 약간의 착오가 있었다. 대부분의 학자들은 예수님의 탄생을 헤로데 임금이 사망한 기원전 4년 이전으로 보고(마태 2,13-15), 실제 탄생 연도를 기원전 7-6년경으로 추정한다.

탄생 연도뿐만 아니라 우리가 대축일로 지내는 성탄의 날짜 또한 실제와 다를 가능성이 크다. 예수님은 목자들이 "밤에도 양 떼를 지키는"(루카 2,8) 봄에 태어나셨을 것이다. 4세기 서방 교회는 12월 25일에 치러졌던 이교 축제인 '무적의 태양신Sol Invictus' 축제를 대체하고, '세상의 참된 빛'이신 그리스도를 기념하기 위해 이 날짜를 그리스도의 탄생일로 기념하기 시작했다. 한편 동방 정교회는 그레고리력으로 1월 7일 성탄 대축일을 기념한다.

목자들의 경배

마티아스 스톰, 1635-1640년경, 마다마궁, 토리노, 이탈리아.

목자들

예수님께서 탄생하시자, 천사가 목자들에게 나타나 구세주를 방문하라고 전했다(루카 2,8-20). 목자들은 가난했고, 라삐 전통에서도 '부정한' 이들로 여겨졌기에, 그들은 자신들의 방문이 환영을 받을 것이라는 확신의 '표징'이 필요했다. 그러나 목자들이 이제 막 태어난 구세주의 소식을 가장 먼저 들었다는 것이, 예수님께서 모든 사람을 환영하신다는 첫 '표징'이었다. 목자들의 위치와 그들이 의미하는 바는 서양 미술에서 영원히 기억되며, 성탄 장면에는 그들이 자주 등장한다.

포대기에 싸서 구유에 뉘었다(루카 2,7)

구유(동물의 여물통)는 일반적으로 돌로 만들어졌으며, 아마도 지푸라기가 깔려 있어 아기 예수님은 편안하게 누우실 수 있었을 것이다. 동방 그리스도교는 출산할 때 마리아 혼자 계셨던 것으로 본다(이는 전례에 참석한 신자들이 제단 안을 볼 수 없는 형태로 반영되어 있다.). 그러나 근동 지방의 환대 문화와 관습을 고려할 때, 마을의 산파와 가족 구성원들 중 여성들이 마리아를 도왔을 것이다. 예수님의 부모는 예수님의 피부를 깨끗이 닦고 아기의 몸이 튼튼해지도록 소금으로 문지른 후 천 조각으로 감쌌을 것이다. 이렇게 함으로써 뼈가 곧게 자라고 튼튼해지는 데 도움이 된다고 근동 지역에서는 지금도 믿고 있고 실제로 행하고 있다.

성탄 장면이 새겨진 초기 그리스도교 석관 부조

4세기경, 성 암브로시오 대성당, 밀라노, 이탈리아. 현존하는 가장 오래된 성탄 장면 중 하나로 아기 예수님은 돌로 된 구유에 누워 있고 주변에는 동물들이 있다.

여관에 방이 없다?

성탄절 연극에서는 보통 '여관에 방이 없어서' 예수님이 마구간에서 태어나신 것으로 묘사한다. 그러나 루카 복음서 2장 7절의 '여관'은 사실은 어느 가정집의 손님방(κατάλυμα카탈뤼마)일 수도 있다. 루카는 여관을 표기할 때 판도케이온πανδοχεῖον이라는 용어를 썼기 때문이다(루카 10,34). 보통 집에는 '손님방'이 있었지만, 요셉과 마리아가 도착했을 때 가족이나 친척 집에는 그들이 머물 빈방이 없었을 수 있다. 대개 나자렛에서 베들레헴까지 걸어서 3일 정도 걸리는데 아마도 마리아가 임신한 상태여서 좀 더 시간이 지체되었을 수 있다. 따라서 창고나 동물을 가두어 두는 용도로 자주 사용되었던 인접한 동굴이 인적이 드물고 따뜻해서 마리아가 출산하기에 좋은 장소였을 것이다.

"그들이 거기에 머무르는 동안 마리아는 해산 날이 되어, 첫아들을 낳았다."
(루카 2,6-7)

관련 주제
천사: 21쪽
예수님의 침묵 시기: 26-27쪽
강생: 24쪽

왜 베들레헴이었는가?

예수님의 부모는 나자렛에 살았지만, 예수님은 예루살렘에서 남쪽으로 10킬로미터 떨어진 베들레헴에서 태어나셨다. 세금을 걷기 위한 호적 등록(인구 조사) 칙령으로 모든 사람이 자신의 고향으로 돌아가야만 했기 때문이었다(루카 2,1-4). 이는 하느님께서 의도하신 바였다. 미카 예언자가 700년 전 예언했듯이, 베들레헴은 메시아께서 태어나실 장소였기 때문이다(미카 5,1-4; 요한 7,41-42). 일반적으로는 남성이 집안의 법적 문제를 대표했지만, 당시 시리아 속주에서는 여성에게도 세금을 부과했고, 요셉이 마리아를 배려해, 마리아의 임신에 대한 소문이 무성했을 나자렛에 마리아를 혼자 남겨 두지 않고 동행했을 가능성도 충분하다.
물론 이 호구 조사의 역사적 정확성에 대해서는 여러 학술적 논쟁이 있다. 하지만 최근의 많은 학자는 루카 복음사가의 주된 관심사가 역사적 사실의 나열 그 자체보다는, 그 사건이 지닌 신학적 의미를 드러내는 데 있었다고 본다. 세상의 통치자가 내린 명령이라는 인간의 역사를 통해, 하느님께서는 당신 아들을 예언의 땅인 다윗의 고을 베들레헴으로 친히 이끄셨다. 이처럼 예수님의 탄생은 인간의 역사 안에서 이루어지는 하느님의 위대한 구원 계획의 성취임을 루카는 보여 준 것이다.

동방에서 온 방문객들

전통 성탄극은 예수님의 방문객들을 종종 임금으로 묘사하지만, 마태오 복음서는 그들을 동방에서 온 '박사들μάγοι[마고이]'이라고 전한다. 당시 페르시아와 바빌론은 천문학과 점성술의 중심지였으며, '박사'는 사제이자 천문학자, 임금의 조언자 역할을 겸하던 이들을 가리키는 말이었다. 구약 시대에 다니엘 예언자가 바빌론의 박사들의 우두머리로 임명된 적이 있었다(다니 2,48).

성경은 박사들이 몇 명이었는지 알려 주지 않는다(전통적으로 세 명이라고 여기지만 이것은 선물의 수에 근거한 것이다). 또한 그들이 도착한 시점도 예수님의 탄생 직후가 아니라 몇 주, 또는 몇 달이 지난 후였을 것으로 추정한다. 이러한 추정에는 두 가지 주된 이유가 있다. 첫째, 박사들이 도착했을 때 아기 예수님의 가족은 더 이상 마구간이 아니라 '집'에 머물고 있었다(마태 2,11). 둘째, 헤로데가 두 살 이하의 사내아이들을 학살하라고 명령한 것(마태 2,16-18)은, 그가 만일의 경우를 대비해 기간을 넉넉하게 잡았음을 감안하더라도, 예수님의 탄생 후 상당한 시간이 흘렀음을 암시하기 때문이다.

동방 박사의 여행 제임스 티소, 1886-1894년, 브루클린 미술관, 뉴욕, 미국.

할례

예수님은 태어나신 지 8일째 되던 날, 예수라는 이름과 함께 할례를 받으셨다. 할례 예식에는 우측 그림과 같은 전통적인 도구들이 사용되었을 것이다(루카 2,21). 그 기원이 아브라함 시대까지 거슬러 올라가는 할례는 하느님의 계약 백성에 속한다는 표시였다(창세 17,9-14). 5주 후, 예수님의 부모는 예수님을 예루살렘 성전으로 데려가 그곳에서 하느님께 바쳤다. 바로 그 성전에서 시메온과 한나가 예수님에 대한 예언을 남겼다(루카 2,22-38).

예수님의 할례 장면(부분) 스위스 베팅겐 수도원.

핵심 구절

"나는 내 아버지의 이름으로 왔다."
(요한 5,43)

예수님의 기원

영원하신 그리스도

이 세상에 태어난 여느 사람들과 달리, 예수님의 지상 생애의 시작이 그분 존재의 시작은 아니었다. 그분은 세상이 시작되기 전부터 계셨기[先在] 때문이다. 그리스도교의 놀라운 메시지는 영원하신 하느님의 아드님께서 사람이 되시어 우리 가운데 오셨다는 것이다. 이 진리는 신약 시대처럼 오늘날에도 어리석거나 신성 모독처럼 들릴 수 있지만(1코린 1,18-25), 만약 예수님의 이러한 신성神性을 제외한다면 그리스도교는 그 핵심과 생명력을 잃는 것과 같다.

예수님의 인성

성경은 예수님께서 참하느님이셨다고 주장한다. 그러면서도 그분은 반반씩 섞인 창조물이나 슈퍼맨과 같은 초인적 존재가 아니라, 참인간이셨음을 분명히 보여 준다. 성경은 예수님의 인성을 다음과 같이 제시한다.

- 우리처럼 성장 과정을 겪으셨다(루카 2,40.52).
- 피곤을 느끼셨다(루카 8,23; 요한 4,6).
- 배고픔과 목마름을 느끼셨다(마태 4,2; 요한 19,28).
- 피를 흘리고 죽음을 맞으셨다(요한 19,32-34).

영지주의의 영향을 받은 일부 초기 그리스도인들은 예수님께서 참인간이셨다는 것을 믿기 어려워했다. 요한 복음서에서 예수님께서 '사람의 살과 피를 지닌 육신'이 되셨다고 특별히 강조한 것은, 바로 이러한 주장에 답하기 위한 것이었을 것이다.

강생降生

그리스도교 신앙의 중심에는 '강생'(라틴어 in carne는 '육체 안'이라는 의미로 주로 '육화肉化'로 번역하지만, 여기서는 하느님이 사람으로 태어나셨다는 의미에서 강생으로 표현함.)의 신비가 있다. 이것은 예수님이 위대한 예언자나 성인이 아니라, 몸소 사람이 되신 하느님이시라는 믿음이다. 이때 그분은 사람인 척 연기하시거나 신과 인간이 반씩 섞인 존재가 되신 것이 아니었다. 자신의 신성을 비우고 인성을 취하신 것이다. 예수님은 사람이 되신 하느님이셨다. 애벌레가 나비로 변해도 같은 생명체이듯이, 그분 역시 영원하신 본질은 그대로 간직하신 채 전혀 다른 모습으로 우리에게 오신 것이다. 그래서 신약 성경에서 우리가 예수님을 만나는 것은 바로 하느님을 만나는 것이다.

신비로운 변화

초기 교회는 하느님의 아드님이 강생하시어 경험하신 신비로운 변화에 끊임없이 놀라움을 금치 못했다. 이에 대한 몇 가지 신약 성경 구절을 요약해 보면 다음과 같다.

	영원하신 예수님	사람이 되신 예수님
요한 복음서	한처음에 말씀이 계셨다. 말씀은 하느님과 함께 계셨는데 말씀은 하느님이셨다. 그분께서는 한처음에 하느님과 함께 계셨다(요한 1,1-2).	말씀이 사람이 되시어 우리 가운데 사셨다(요한 1,14).
바오로 서간	그분께서는 하느님의 모습을 지니셨지만 하느님과 같음을 당연한 것으로 여기지 않으시고(필리 2,6).	오히려 당신 자신을 비우시어 종의 모습을 취하시고 사람들과 같이 되셨습니다. 이렇게 여느 사람처럼 나타나(필리 2,7).
히브리서	아드님은 하느님 영광의 광채이시며 하느님 본질의 모상으로서, 만물을 당신의 강력한 말씀으로 지탱하십니다(히브 1,3).	이 자녀들이 피와 살을 나누었듯이, 예수님께서도 그들과 함께 피와 살을 나누어 가지셨습니다(히브 2,14).

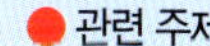
관련 주제

하느님과 예수님의 관계: 80-81쪽
예수님의 족보: 19쪽
동정녀의 잉태: 20쪽

"한처음에 말씀이 계셨다. 말씀은 하느님과 함께 계셨는데 말씀은 하느님이셨다. … 말씀이 사람이 되시어 우리 가운데 사셨다."
(요한 1,1.14)

하느님의 영광이신 예수님

"말씀이 사람이 되시어 우리 가운데 사셨다."(요한 1,14). "우리 가운데 사셨다"를 직역하면, '우리 가운데 천막을 치셨다'이다. 천막은 이스라엘 백성의 광야 생활 중에 사용된 특별한 천막, 즉 '성막聖幕'을 나타낸다. 이 성막은 그들 가운데 계시는 하느님의 영광스러운 현존을 상징했다. 그러나 이동할 때는 늘 성막을 접어서 가지고 다녔고 그 위에 동물 가죽을 덧씌웠기 때문에 겉모습이 그다지 특별해 보이지 않았다. 요한 복음서에서는 예수님 역시 이와 같았다고 한다. 예수님의 겉모습은 보통 사람과 다를 바 없었지만(이사 53,2), 그 모습 안에는 하느님의 영광이 가득히 머물고 있었다. 왼쪽 사진은 이스라엘 남부 아라바 지역 팀나 공원에 있는 성막 모형이다.

예수님은 자신이 하느님이심을 아셨을까?

예수님께서 참사람이셨다면, 자신이 하느님이시라는 것을 알고 계셨을까? 그리고 언제 하늘에 오르시고 언제 재림하시는지를(마태 24,36) 알고 계셨을까? 성경은 예수님께서 당신의 특별한 신원을 분명히 알고 계셨음을 여러 번 보여 준다. 예를 들어, 오직 하느님만이 하실 수 있는 죄를 용서해 주셨고, 사람들이 당신을 주님 또는 하느님으로 고백하는 것을 허락하셨다. 또한 구약에서 하느님께서 당신을 드러내신 이름인 '나는 ~이다(ἐγώ εἰμι에고 에이미)'라는 표현을 당신 자신에게 사용하기도 하셨다. 이미 열두 살 때, 그분은 하느님과 당신의 특별한 관계를 깊이 인식하고 계셨다. 성전에서 아들을 찾고 걱정하는 부모님께 "제 아버지의 집에 있어야 하는 줄을 모르셨습니까?"(루카 2,49)라고 말씀하셨기 때문이다. 당시 어떤 유다인도 개인적으로 하느님을 '아버지'라고 부를 엄두를 내지 못했다는 점을 생각하면, 이 말씀은 소년 예수님이 당신의 특별함을 이미 이해하고 계셨음을 보여 준다.

그렇다면 예수님의 어머니 마리아는 예수님이 하느님이시라는 것을 알고 있었을까? 마리아는 천사를 통해 예수님이 누구신지 어느 정도는 알았고(루카 1,31-33.35), 아들 예수님이 자라는 동안 이 천사의 소식을 아들에게 알렸을 것이다.

삼위일체의 신비

구약 성경의 핵심 가르침은 "주 우리 하느님은 한 분이신 주님이시다."(신명 6,4)라는 구절이라 할 수 있다. 그렇다면 어떻게 하느님께서 동시에 '세 위격位格'으로 존재하실 수 있을까? 성부 · 성자 · 성령께서 각기 온전한 하느님이시면서도, 셋이 아니라 한 하느님이시라는 이 '삼위일체'의 신비는, 성경에 하나의 교리로 정리되어 있지는 않다. 이 신비는 초기 교회가 성경의 여러 증언들을 통해 깊이 묵상하며 도달한 신앙의 결론이었다. '삼위일체'(라틴어로 Trinitas)라는 단어는 기원후 180년경 처음 기록에 등장하며, 기원후 325년 니케아 공의회에서 마침내 교리로 확립되었다.

본래 라틴어로 쓰인 오른쪽의 다이어그램은 '삼위일체의 방패' 또는 '신앙의 방패'로 알려져 있는데 12세기에 처음 나타났다. 중세 잉글랜드와 프랑스에서는 이를 하느님의 문장紋章이라 여기기도 했다. 이처럼 동일한 크기의 3개 면으로 이루어지지만, 동시에 단 하나의 입방체가 되는 현대적인 모델을 포함하여 수세기에 걸쳐 많은 다른 그림이 대안으로 제시되었다. 이때 중요한 것은 어떤 한 면을 빼 버리면 전체 입방체도 무너진다는 점이다.

아래의 다이어그램은 다음 12가지 명제를 나타낸다.

- 아버지는 하느님이시다.
- 아들은 하느님이시다.
- 성령은 하느님이시다.
- 하느님은 아버지이시다.
- 하느님은 아들이시다.
- 하느님은 성령이시다.
- 아버지는 아들이 아니시다.
- 아버지는 성령이 아니시다.
- 아들은 아버지가 아니시다.
- 아들은 성령이 아니시다.
- 성령은 아버지가 아니시다.
- 성령은 아들이 아니시다.

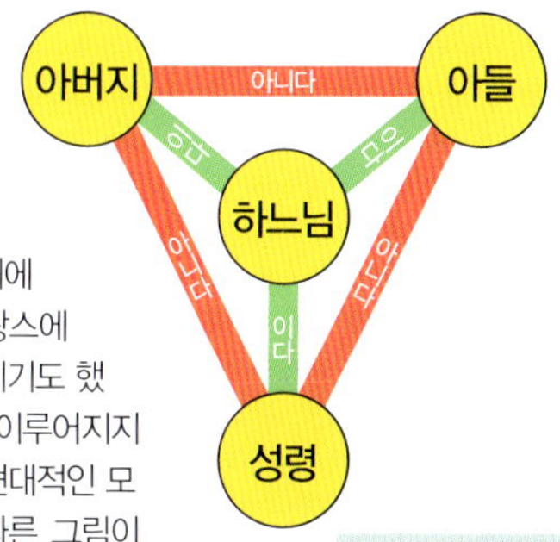

핵심 구절

"나를 본 사람은 곧 아버지를 뵌 것이다."
(요한 14,9)

예수님의 침묵 시기

세상에 드러나지 않은 삶

우리는 서른 살 이전의 예수님에 대해 거의 아무것도 알지 못한다. 마태오와 루카 복음사가는 예수님의 탄생 배경을 전하고, 요한 복음사가는 그분의 우주적 기원을 엿보게 하며, 마르코 복음사가는 곧바로 그분의 공생활로 뛰어들어 복음서를 시작한다. 이들 중 누구도 나자렛에서 보낸 그 침묵의 시기에 대해서는 말해 주지 않는다. 하지만 그 세월은 하느님의 아드님께서 당신의 위대한 사명을 위해 조용히 준비하던 시간이었음에 틀림없다.

베들레헴에서 나자렛까지

예수님 생애의 첫 몇 달은 앞으로 닥칠 위험과 고난의 예고였다. 헤로데가 아기들을 살해할 것이라는 천사의 경고를 받고 요셉은 아기의 안전을 위해 마리아와 함께 이집트로 피신했다(마태 2,13-15). 이 성가족은 이집트에서 기원전 4년 헤로데가 죽을 때까지 머물렀는데, 마태오 복음사가는 이집트에서 탈출하여 약속의 땅으로 돌아온 이스라엘의 역사와 예수님의 이 여정 사이에 깊은 연관성이 있다고 본다(마태 2,17-18). 헤로데가 죽은 후 천사는 요셉에게 돌아가도 된다고 알려 준다. 하지만 유다와 사마리아를 다스리는 헤로데의 후임 통치자는 잔인한 아르켈라오스였다. 그래서 요셉은 꿈에 지시를 받고 가족을 데리고 갈릴래아 나자렛으로 돌아가게 된다(마태 2,19-23).

요셉에게 무슨 일이?

열두 살의 예수님께서 예루살렘을 방문하셨을 때를 끝으로 요셉에게 무슨 일이 일어났는지 우리는 알 수 없다. 그 후 요셉은 어떻게 되었을까? 가장 유력한 설명은 예수님의 십 대 시절에 요셉이 세상을 떠났다는 것이다. 이 점이 바로 맏아들이었던 예수님께서 서른 살이 넘을 때까지 집을 떠나지 않으신 이유로 볼 수 있다. 요셉의 선종 후, 예수님은 집안의 새로운 가장으로서 가족에 대한 책임을 지셔야 했을 수 있다. 후에 그분의 친척들이 어머니 마리아를 돌볼 수 있게 되었을 때 예수님은 자신의 일을 시작하시기 위해 집을 떠나게 되었다고도 볼 수 있을 것이다(마태 12,47; 13,55).

목수 성 요셉
조르주 드라 투르, 1642년경, 루브르 박물관, 파리, 프랑스.

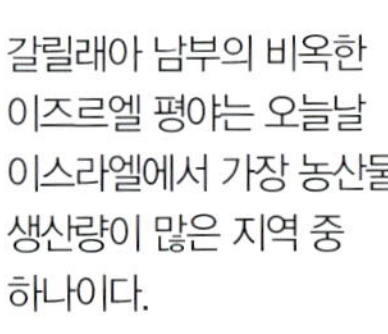
갈릴래아 남부의 비옥한 이즈르엘 평야는 오늘날 이스라엘에서 가장 농산물 생산량이 많은 지역 중 하나이다.

❶ 갈릴래아

갈릴래아는 해발 1,000미터 이상 되는 북쪽의 상부 갈릴래아와 지형이 더 낮은 남쪽의 하부 갈릴래아로 나뉘었다. 헤로데와 헤로데 안티파스 치하에서 갈릴래아는 밀 · 올리브 · 포도주 · 생선을 수출하면서 번영을 누렸다. 약 25만 명의 인구는 주로 유다인이었는데 하층민이 대다수였지만, 다른 지역에 비해 중산층의 규모가 컸다. 보수적인 성향으로, 회당이 많았으며 바리사이들이 큰 지지를 받았다. 강한 지역적 억양(마태 26,73) 때문에 갈릴래아는 다소 뒤떨어진 곳으로 여겨졌다.

"예수님은 지혜와 키가 자랐고 하느님과 사람들의 총애도 더하여 갔다."
(루카 2,52)

관련 주제
예수님의 신앙: 28-29쪽
예수님의 땅: 14-15쪽
예수님의 나라: 16-17쪽

❷ 나자렛

남부 갈릴래아에 있는 나자렛은 인구 100-200명 정도의 작은 마을로, 구약 성경에서는 언급되지 않았다. 기원전 2세기가 되어서야 본격적으로 마을이 형성되었다. 당시 마카베오 민족주의자들이 유다에 살던 사람들을 '이방인들의 갈릴래아'(1마카 5,15)로 이주시켰기에, 여전히 민족주의적 성향이 강했을 수 있다. 예수님께서는 생애 대부분을 바로 이곳에서 보내셨다.

❸ 세포리스

갈릴래아의 수도 세포리스는 나자렛에서 북쪽으로 6.5킬로미터 정도 떨어져 있었다. 헤로데 임금이 죽은 후 일어난 폭동으로 기원전 4년에 로마군이 파괴한 이 도시를, 헤로데 안티파스는 즉시 화려한 양식으로 재건하기 시작했다. 요세푸스는 이곳을 '온 갈릴래아의 장식품'이라고 묘사하기도 했다(『유다 고대사』 18,7). 예수님께서 사시는 동안 내내 대규모 건축 공사가 진행되었으므로, 건축업에 종사했던 아버지 요셉과 예수님께서 그곳의 공사에 참여했을 가능성이 있다.

❹ 갈릴래아 호수

겐네사렛 호수, 티베리아 호수라고도 하는 이 호수는 어업이 번성했던 곳이다. 예수님은 나자렛에서 배척당하신 후, 이 호수 주변의 도시들을 당신 공생활의 근거지로 삼으셨다.

❺ 바닷길Via Maris

이즈르엘 평야를 지나 갈릴래아 중심부를 관통하는 바닷길은 국제 고속 도로 역할을 하며 남북을 잇는 주요 무역로였다. 예수님은 이 길과 가까운 산에서 온 세상의 다양한 사람들을 보시면서 시대의 흐름을 읽으셨을 것이다.

바르 미츠바(성인식)

열세 살이 되었을 때 예수님은 오늘날의 유다인 소년들처럼 바르 미츠바(מצוה בר '율법(계명)의 아들'이라는 뜻)라는 성인식 예식을 통해 성인이 되었음을 기념했을 것이다. 성인식을 앞둔 몇 달 동안 라삐(종교 스승)는 예수님께 히브리어로 된 하느님 말씀 구절을 읽도록 훈련시켰을 것이고, 예수님은 실제로 회당에서 열리는 이 의식에서 큰 소리로 하느님 말씀을 낭독하셨을 것이다. 이로써 예수님은 율법을 이해하고 따를 수 있는 성인이 되었음을 인정받았을 것이다.

세포리스의 로마 극장
기원후 2세기경의 유적으로 4,000명 가량을 수용할 수 있는 규모였다.

교육

예수님의 교육은 대부분 가정에서 이루어졌을 것이다. 하지만 여섯 살 무렵부터는 회당에서 역사, 종교, 하느님 말씀을 읽는 법 등을 배우셨을 것이다. 여자아이들은 어머니에게 실 잣기, 옷감 짜기, 요리 같은 실용적인 기술을 배웠고, 남자아이들은 아버지의 직업 기술을 배웠다. 전통적으로 사람들은 요셉과 예수님을 목수라고 생각한다. 그러나 마르코가 사용한 단어 '목수(τέκτων 테크톤, 마르 6,3)'는 '일반 건축 기술자'를 의미한다. 이는 목공뿐 아니라 석공 등 다양한 건축 기술을 포함하는 말로, 예수님께서 가르침 중에 건축과 관련된 비유를 자주 사용하신 이유를 설명할 수 있다.

잃어버린 소년 예수님을 찾다

유다인 남자들은 일 년에 세 번(파스카, 오순절, 초막절) 예루살렘 성전에 가야 했다. 루카는 예수님이 열두 살이 되셨을 때 요셉이 파스카 축제를 위해 가족을 데리고 성전에 갔을 당시를 묘사한다.

소년 예수님은 열두 살의 나이에도 라삐들의 말씀을 듣고 질문하는 등 하느님 말씀에 관한 그 이해력과 답변으로 라삐들의 감탄을 자아내셨다(루카 2,46-47). 토론에 깊이 몰두한 나머지, 소년 예수님은 가족과 함께 떠나야 하는 것을 잊어버리시고 만다. 그의 부모는 아마도 아들이 다른 일행과 함께 있을 거라고 생각했다가 나중에서야 예수님이 없는 것을 알아챘다. 부모는 혼비백산하여 예루살렘으로 되돌아갔고, 사흘째 되는 날에야 비로소 아들을 찾을 수 있었다. 잠깐이라도 자녀를 잃어 본 부모라면 그들의 마음이 얼마나 큰 공포로 가득 찼을지 알 수 있다. 그러나 예수님은 오히려 자신이 '제 아버지의 집'에 있어야 한다는 사실을 부모가 왜 몰랐는지 의아해하신다(루카 2,49). 이는 이미 예수님께서 소년 시절부터 하느님과의 특별한 관계에 대해 깊이 인식하고 계셨음을 보여 주는 것이다.

핵심 구절

"왜 저를 찾으셨습니까? 저는 제 아버지의 집에 있어야 하는 줄을 모르셨습니까?"(루카 2,49)

예수님의 신앙

한 분이신 하느님을 따르다

예수님은 유다인으로 태어나 유다인으로 사시다가, 유다인으로 돌아가셨다. 따라서 그분의 메시지는 모든 인류를 위한 보편적인 것이지만, 유다교라는 배경 안에서 가장 잘 이해될 수 있다. 하지만 예수님께서는 당시 유다교의 관습을 그대로 따르기만 하지는 않으셨다. 그분은 당시의 종교가 본래의 정신을 잊고 낡았으며, 더는 제구실을 못하기에 근본적인 변화가 절실하다고 여기셨다. 그리고 그 변화는 바로 당신을 통해 이루어질 것이며, 이는 구약 성경에서 시작된 이야기의 궁극적인 완성이 될 것이라고 하셨다.

유다교 신앙의 핵심

■ **하느님:** 하느님은 오직 한 분뿐이시므로 그분만이 경배받으셔야 한다(신명 6,4-5). 하느님은 인간을 초월해 계시지만, 인간의 삶과 역사 안에 들어와 관계를 맺으시는 분이다. 예수님께서도 이 한 분이신 하느님을 믿으셨으며(그래서 당신께서 하느님의 아들이라는 주장은 더욱 놀랍다), 당신 자신을 하느님께서 인류와 맺으시는 관계의 최종점으로 여기셨다.

■ **하느님 백성:** 이스라엘은 하느님을 알고 신뢰하는 삶이 어떤 것인지를 세상에 보여 주도록 선택된 백성이었다. 그들은 다른 민족들에게 빛이 되어 그들 역시 하느님을 알게 하도록 부르심을 받았다. 하지만 예수님께서는 이스라엘이 자신들의 지위만을 지키는 데 급급한 폐쇄적 집단이 되어, 세상을 향한 빛의 소명을 저버렸다고 말씀하셨다. 그래서 예수님께서는 '새 이스라엘', 즉 새로운 하느님 백성의 시작이 되실 것이다.

■ **하느님의 법:** 율법은 히브리어로 '토라תורה'라고 하며, '가르침' 또는 '지침'이라는 뜻이다. 십계명(탈출 20,1-17)으로 요약되는 하느님의 율법은 하느님 및 이웃과 좋은 관계를 맺도록 주신 설명서와 같으며, 이스라엘에 주신 하느님의 가장 큰 선물 중 하나로 여겨졌다. 예수님께서는 이 율법의 권위와 영속성을 인정하시며, 당신이 율법을 폐지하러 온 것이 아니라 '완성'하러 왔다(마태 5,17-18)고 말씀하셨다. 예수님은 율법의 명령에 순종하고 그 약속들을 이루심으로써 율법을 완성하셨다. 동시에 그분은 율법의 가장 핵심적인 정신, 즉 백성의 선익善益을 위한 하느님과 그들 사이의 살아 있는 관계를 회복시키기 위해 율법을 근본적으로 재해석하셨다.

유다인들의 기도

예수님 시대의 유다인들은 하루에 두 번, 아침과 저녁 희생 제사를 드리는 시간(오전 9시와 오후 3시)에 기도했다.
정오에도 기도하여 하루에 세 번 기도하는 이들도 있었다.
기도는 이스라엘의 신앙 고백인 '쉐마Shema'(신명 6,4-5)로 시작하여, '테필라Tefillah'('기도'라는 뜻) 또는 '아미다Amidah'('서서 드리는 기도'라는 뜻) 라고 불리는 18개의 기도를 소리 내어 바치는 것으로 이어졌다. 이 기도문들은 오늘날에도 여전히 사용된다.
왼쪽 사진은 예루살렘의 통곡의 벽에서 기도하는 유다인들.

회당

회당(συναγωγή쉬나고게, '모임'이라는 뜻)은 이스라엘 백성이 바빌론에서 유배 생활을 하던 시기에 생겨났다. 예루살렘 성전이 파괴되자, 유다인들은 하느님을 섬기고 믿음을 지키기 위해 새로운 신앙의 중심이 필요했다. 이러한 모임은 원래 야외에서 열렸지만(시편 138,1-3), 회당이 등장하면서 그 역할을 담당했다. 회당에서는 성경 낭독과 설교, 그리고 기도가 행해졌다. 회당(사진 속의 재건설된 '나자렛 마을'의 회당처럼)은 사방에 좌석이 있었고 종종 예루살렘을 향하는 문이 하나 있었다. 예수님께서 이스라엘 백성을 해방하는 자신의 일을 예언한 이사야서 두루마리의 한 구절을 읽으신 곳이 바로 이곳이었다. 예수님의 말씀을 듣던 사람들은 처음에는 그분을 환영했지만, 곧 적대감에 사로잡혔고 결국 예수님을 죽이려고 하게 된다(루카 4,16-30).

"이스라엘아, 들어라! 주 우리 하느님은 한 분이신 주님이시다. 너희는 마음을 다하고 목숨을 다하고 힘을 다하여 주 너희 하느님을 사랑해야 한다."
(신명 6,4-5)

관련 주제
종교에 대한 예수님의 태도: 74-75쪽
안식일: 66쪽
성전: 17쪽

주요 축제

오른쪽 그림은 디르크 바우츠의 명작 「파스카 축제」(부분, 1464-1467년, 벨기에 루뱅의 성 베드로 성당 소재)이다. 예수님도 지내셨을 이 파스카 축제는 유다인이 매년 지내는 세 가지 큰 순례 축제 중 하나이다.

- **파스카(무교절):** 유다력의 니산달(3-4월) 만월(보름)에 지내는 축제로, 하느님께서 이집트의 종살이에서 이스라엘 백성을 해방하실 때 유다인들의 집은 '거르고 지나가시어' 맏아들을 살려 주신 사건을 기념하는 축제이다(탈출 12장). 이 이야기의 각 부분을 상징하는 특별한 음식들을 나누며 그날의 역사를 되새긴다.
- **오순절(추수절, 칠칠절):** 5-6월에 밀 수확을 기념하는 축제이다. 첫 곡식을 베어 하느님께 첫 단을 바친 뒤 7주가 지난 때('오순'은 '오십 일'을 뜻함)에 지냈다. 이 예식에서는 새 밀가루로 만든 빵 두 개를 하느님께 바쳤다.

- **초막절(수장절):** 9-10월의 과일 수확을 기념하는 동시에, 이스라엘 백성이 이집트에서 약속의 땅으로 가는 동안 '초막(천막)'에서 생활했던 것을 기념하는 축제이다. 신약 시대에 이 축제는 매우 인기 있는 축제였으며 유다인들이 가장 많이 참석하는 축제 중 하나였다.

요한 복음서는 율법의 요구대로 예수님께서 이 축제에 참여하시기 위해 예루살렘으로 올라가셨음을 보여 준다(요한 7,1-52; 신명 16,16).

메노라
이 촛대는 이스라엘의 전통적인 상징이다. 중앙의 가지는 안식일을 상징하고 나머지 여섯 개의 가지는 6일간의 창조를 나타낸다. 예수님 시대에 이스라엘 신앙의 중심이었던 예루살렘 성전의 '여인들의 뜰'에는 네 개의 거대한 촛대가 있었다.
하지만 예수님은 당시 성전이 단순히 타락한 종교를 대표하게 된 데에 이의를 제기하셨다.

그 밖의 종교적 관습

예수님께서 성장하며 접하셨을 다른 종교적 관습은 다음과 같다.

- **단식:** 오로지 기도에 전념하기 위해 음식을 먹지 않는 것이다. 구약 성경에서 볼 수 있듯이, 단식은 유다교에서 흔한 일이었고, 예수님도 단식을 하셨다(마태 4,2). 물론 예수님은 당신이 함께 계실 때는 단식보다 잔치를 벌일 때라고 하셨지만, 장차 제자들도 다시 단식할 날이 올 것이라고 예고하셨다(마르 2,18-20).
- **십일조:** 감사와 의탁의 표현으로서 소득의 10분의 1을 하느님께 바치는 것이다(레위 27,30-32; 민수 18,21-32). 율법으로 정해지기 훨씬 이전부터 아브라함과 이사악도 마음에서 우러나오는 표현으로 십일조를 바쳤다. 예수님께서는 십일조 자체를 비판하신 적은 없으며, 오직 그것을 행하는 사람들의 그릇된 태도만을 꾸짖으셨다(마태 23,23).
- **안식일:** 하느님께서 창조 후 쉬셨던 것을 기억하고 재충전하기 위해 모든 일상 업무를 멈추는 주간 휴식일이다(탈출 20,8). 예수님은 이 계명이 율법주의적으로 지켜지는 방식을 비판하셨다.

예수님께서는 종종 이러한 관습들에 대한 당대의 율법주의적 해석에 이의를 제기하셨다. 그 이유는 사람들이 율법의 기본 정신 자체보다 그 규정과 실행 여부만을 더 중요하게 여기면서 율법의 진정한 의미가 퇴색되었기 때문이었다.

핵심 구절
"'네 마음을 다하고 네 목숨을 다하고 네 정신을 다하여 주 너의 하느님을 사랑해야 한다.' 이것이 가장 크고 첫째가는 계명이다. 둘째도 이와 같다. '네 이웃을 너 자신처럼 사랑해야 한다.'는 것이다."
(마태 22,37-39)

예수님의 준비

이미 준비된 무대

임금이 행차하기 전에는 언제나 사자使者를 먼저 보내 임금을 맞이할 준비를 하라고 모두에게 알렸다. 이사야 예언자는 700여 년 전에 메시아께서도 자신보다 앞서 그러한 사자를 보내어 사람들이 준비하게 하실 것이라고 예언했다. 그 사자는 바로 요한 세례자였는데, 이 요한의 사명은 예수님의 준비가 막바지에 이르렀음을 알리는 신호였다. 즉 예수님께서는 이제 활동을 시작할 준비를 마치신 것이다.

요한 세례자

요한 세례자의 부모에게는 자녀가 없었다. 한 천사가 성전에서 사제인 즈카르야에게 나타나 아내 엘리사벳이 아이를 낳을 것인데, 그 아이는 평범한 아이가 아니라 메시아의 길을 준비하는 인물이 될 것이라고 알려 주었다(루카 1,5-25). 예수님의 어머니 마리아가 친척 엘리사벳을 방문했을 때, 요한은 엘리사벳의 태중에서 기뻐 뛰놀았다. 이는 마리아의 태중에 계신 예수님을 위한 자신의 사명을 예언한 것이다.

요한 세례자는 유다 광야에서 활동했는데, 그의 활동 시기와 장소는 쿰란 공동체와 겹치며, 두 그룹 모두 정결 예식을 중시하고 예루살렘 성전 체제에 비판적이었다는 점에서 뚜렷한 유사성을 보인다. 이 때문에 많은 학자는 요한이 쿰란 공동체의 영향을 받았거나 어떤 형태로든 관계가 있었을 것이라고 추정한다. 요한 사명의 중심은 '죄 용서를 받게 하는 회개의 세례'(마르 1,4)였다. 삶의 변화와 더불어 회개하라는 요한 세례자의 요청(루카 3,7-18) 그 자체는 특별하지 않았다. 구약의 많은 예언자가 같은 일을 하였기 때문이다. 충격적이었던 것은 요한이 이를 세례로써 증표로 삼아야 한다고 주장한 점이다. 세례는 본디 유다인들이 이방인 개종자들에게만 요구하던 것이었다. 그러므로 요한은 사실상 유다인들 역시 외부인이라고 말하는 것과 같았다! 그가 '세례자'라는 별칭을 얻은 것은 바로 이러한 그의 활동 때문이었다. 그의 메시지는 수많은 평범한 백성의 마음을 움직였으나, 기존의 종교 지도자들에게는 불쾌감을 주었다(마태 3,7-10; 루카 3,7-9). 결국 요한은 헤로데 안티파스가 자기 동생의 아내인 헤로디아와 맺은 부도덕한 혼인을 비판한 일로 마케루스 요새에 투옥되었고, 그곳에서 헤로데의 생일 잔치 때 살로메의 요청에 따라 참수당해 순교했다(마태 14,3-12).

예수님은 몇 살이셨을까?

예수님께서 공생활을 시작하신 나이를 복음서를 통해 대략적으로 추정해 볼 수 있다.

- 요한 복음서에 의하면, 공생활 초기에 유다 지도자들은 성전을 정화하시는 예수님께 "이 성전을 짓는 데 마흔여섯 해나" 걸렸다고 한다(요한 2,20). 헤로데 임금이 성전 개축을 시작한 해(기원전 20-19년)를 기준으로 계산하면, 이 시점은 대략 서기 27-28년이 된다.
- 루카 복음서는 요한 세례자의 활동 시작 시점을 "티베리우스 황제의 치세 제십오년"(루카 3,1)으로 명시한다. 이 해는 학자들에 따라 다소 차이가 있지만, 대부분 기원후 27년 가을로 본다. 예수님께서는 요한 세례자에게 세례를 받으신 직후 공생활을 시작하셨고, 그 당시 예수님은 대략 33-34세였다(예수님 탄생을 기원전 7-6년경으로 봄). 이는 예수님께서 서른 살쯤에 활동을 시작하셨다(루카 3,23)는 루카의 진술과도 조화를 이룬다.

예수님의 세례

예수님께서 공생활 준비로 첫 번째 하신 일은 요르단강으로 가서 요한 세례자에게 세례를 받으신 것이었다(마태 3,13-17; 마르 1,9-11; 루카 3,21-22; 요한 1,29-34). 요한은 주저하였지만, 예수님께서는 하느님의 아들이심에도 불구하고 겸손하게 자신을 하느님의 백성과 동일시하시며 요한이 촉구하던 대로 새롭게 하느님께로 돌아서는 모범을 보이셨다. 예수님께서 세례를 받으실 때 하느님은 특별한 방법으로 그분의 부르심을 확인하셨다. 성령께서 예수님께 내려오셨고, 예수님이 참으로 하느님의 아들이라는 음성이 선포되었다.

초기 이콘에는 예수님께서 요르단강 물에 허리 높이까지 들어가신 상태에서 물을 붓는 요한이 서 있는 모습으로 묘사되었지만, 사실 예수님께서 받으신 세례는 머리까지 들어가는 침례浸禮였을 것이다. '세례를 주다'라는 단어는 '물에 담그다'를 의미하며, 바오로 사도가 "과연 우리는 그분의 죽음과 하나 되는 세례를 통하여 그분과 함께 묻혔습니다."(로마 6,4)라며 세례를 옛 삶을 장사 지내는 것에 비유한 것도 이러한 침례의 의미를 통해서만 온전히 이해될 수 있다(로마 6,3-7).

"광야에서 외치는 이의 소리. '너희는 주님의 길을 마련하여라. 그분의 길을 곧게 내어라.'"
(마르 1,3)

● 관련 주제
단식: 29쪽, 74쪽
쿰란: 18쪽
요르단강: 15쪽

광야에서의 유혹

세례를 받으신 후 예수님은 하느님의 영에 이끌려 광야로 가셨다. 그곳에서 40일 동안 기도하고 단식하며 악마의 유혹을 받으셨다. 수 세기 전 이스라엘 백성은 이집트에서 약속의 땅으로 가는 도중에 시나이 광야에서 하느님의 인도를 받으며 많은 시험과 시련을 겪었으나 모두 실패했다. 그러나 새로운 이스라엘을 대표하는 예수님은 시험을 받으셨음에도 승리하셨다. 이러한 유혹에 맞서시면서 예수님은 공생활 초기에 몇 가지 문제를 해결하셨다.

- 예수님은 '손쉬운 해결책'에 의존하지 않고, 오직 하느님과 그분의 말씀에만 의지하여 하느님의 방식으로 일하실 것이다. 유혹을 받으실 때 예수님이 이스라엘의 광야 시절을 다룬 신명기만을 인용하신 것은 성경의 권위와 힘을 얼마나 존중하셨는지를 보여 준다.
- 예수님은 순종의 시험에 실패한 아담과 달리 하느님께 계속 순종하실 것이다.
- 예수님은 기적으로 제자들을 모으고 힘으로 하느님 나라를 세우는 세속적인 메시아직을 추구하지 않고, 겸손의 길을 걸으실 것이다.
- 예수님은 악마를 이겨 내시고, 이 세상을 다스린다는 악마의 주장이 얼마나 헛된 거짓말인지를 폭로하실 것이다.

예리코에서 동쪽으로 11킬로미터 떨어진 유다 광야의 일명 '유혹의 산'에 위치한 카란탈 수도원.

사막의 교부들

광야는 세상에서 멀어져 머무는 곳으로, 어떤 이들에게는 무척 매력적인 장소이다. 특히 초기 교회에서 영성 생활에 많은 영향을 끼친 '사막의 교부'들에게 매력적인 장소였다.

280년경 안토니오 성인이 이집트 사막에서 홀로 살기 시작하면서 시작된 이런 형태의 운동은 곧 팔레스티나로 퍼져 나갔다. 예수님께서도 광야에서 시간을 보내셨다는 점에서 팔레스티나 광야는 뚜렷한 매력이 있는 곳이었다. 이렇게 시작된 수도 생활은 두 가지 형태로 발전했다. 어떤 수도자들은 동굴에서 홀로 살았고, 다른 이들은 공동으로 함께 살았다. 그러나 둘 다 기도와 성경 읽기, 육체노동의 형태를 따랐다. 이 운동은 614년 페르시아가 팔레스티나를 침공하면서 사라지게 되는데, 일부 수도원은 나중에 다시 생겨나기도 했다.

유다 광야

요한이 설교했던 유다 광야는 이스라엘 역사에서 중요한 장소였다. 예언자들은 메시아가 바로 광야에 오실 것이라고 했다(이사 40,3-5). 따라서 요한이 광야에서 설교하기 시작했을 때 많은 군중이 모인 것은 전혀 놀라운 일이 아니었다(마태 3,5). 요한은 거친 옷을 입고 메뚜기와 들꿀을 먹는 등 금욕적인 삶을 살았는데(마르 1,6), 이는 모두 예언적 의미가 담긴 의도적 행동이었다. 엘리야가 그런 삶을 살았는데, 메시아가 오기 전에 엘리야가 먼저 다시 나타날 것이라고 유다인들이 믿고 있었기 때문이다(말라 3,23-24).

핵심 구절

"우리는 이렇게 해서 마땅히 모든 의로움을 이루어야 합니다."
(마태 3,15)

예수님의 첫출발

환대와 배척

준비가 끝나고 마침내 시작할 때가 되었다. 예수님은 갈릴래아로 돌아와 공생활을 시작하셨으나, 사람들의 반응은 엇갈렸다. 어떤 이들은 예수님의 말씀을 기쁘게 받아들였지만, 다른 이들은 그리 달가워하지 않았다. 특히 당신의 고향 나자렛에서 예수님은 풋내기 취급을 받으며 배척당하셨다. 이러한 엇갈린 반응은 앞으로 그분께서 겪으실 3년의 시간을 예고하는 것이었다.

예수님의 첫 번째 기적

예수님의 첫 번째 기적은 나자렛 근처 카나라는 이름 없는 마을에서 일어났다(요한 2,1-11). 이는 '종교적' 영역뿐만 아니라 삶의 모든 영역에 예수님께서 관심을 가지고 계셨음을 드러낸다. 유다인들의 혼인 잔치는 보통 마을 사람을 모두 초대해 일주일 동안 이어졌기에 준비한 포도주가 다 떨어지고 말았다. 이때 손님 중 한 분이셨던 예수님이 기적적으로 물을 포도주로 변화시켜 곤경에 처한 그들을 구하셨다. 심지어 기적으로 변한 포도주는 그저 그런 맛이 아니라 그들이 지금껏 맛본 포도주 중 최고였다. 단순히 당혹해하는 주인을 돕는 것을 넘어 이 기적은 훨씬 더 큰 의미를 지닌다. 사실 여섯 개의 큰 돌로 된 물 항아리는 정결 예식을 위한 것이다. 이제 예수님은 그 정결 예식의 물을 포도주로 변화시킴으로써 물 항아리들을 '부정'하고 쓸모없는 것으로 만드셨다. 요한 복음사가는 이 기적을 '표징', 즉 더 깊은 진리를 가리키는 표지로 묘사한다. 사실 물동이처럼 당시 유다교 자체도 쓸모없는 상태가 되었고 변화가 필요했다. 이제 하느님 나라의 '새 포도주'를 주신 예수님이 바로 그들과 함께 계셨고, 예수님은 그들에게 풍요롭게 하시는 하느님의 관대함과 세상을 변화시키는 능력을 보여 주셨다. 그림은 카나의 혼인 잔치(부분), 바르톨레메 에스테반 무리요, 1672년경, 바버 미술 연구소, 버밍엄, 영국.

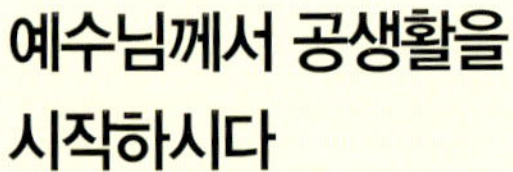

예수님께서 공생활을 시작하시다

예수님의 공생활 순서를 완벽하게 나열하는 것은 불가능하지만, 아마도 초기 몇 달은 다음과 같이 활동하셨을 것으로 추정할 수 있다.

1. 집을 떠나심.
2. 요한에게서 세례를 받으심.
3. 악마의 유혹을 받으심.
4. 카나 혼인 잔치에서 첫 번째 기적을 행하심.
5. 성전을 방문하시고 정화하심.
6. 사마리아 여인을 만나심.
7. 나자렛에서 배척당하심.
8. 카파르나움으로 이동해 그곳을 새로운 선교 활동의 중심지로 삼으심.

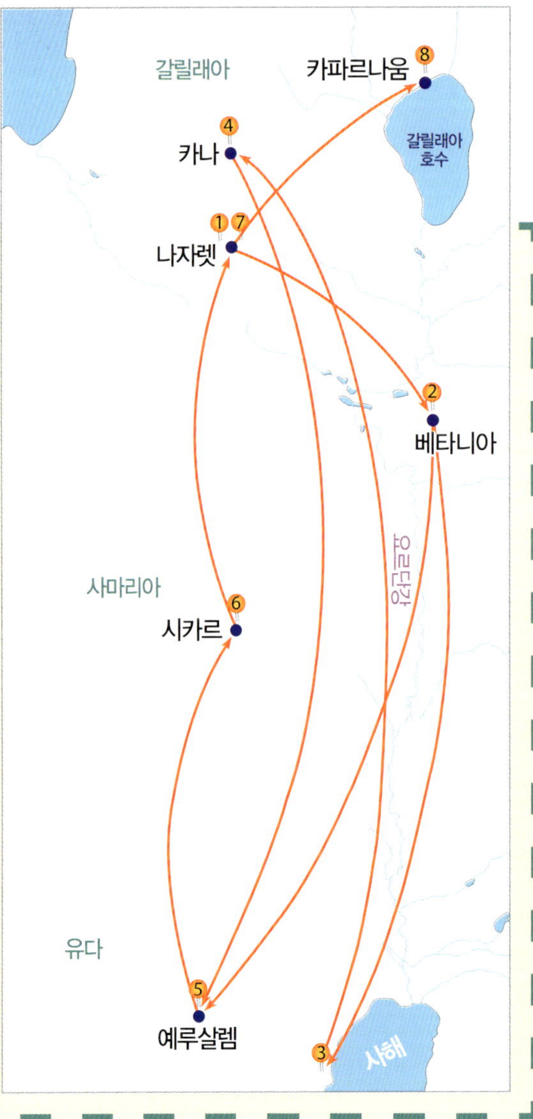

사마리아 여인

당시 유다인들은 사마리아 지역을 가로질러 가면 자신들이 더러워진다고 생각하여 대개 요르단강 동쪽 길로 우회하여 다녔다. 그러나 예수님께서는 반대로 유다인들이 기피하는 사마리아를 거쳐 갈릴래아로 가는 빠른 길을 선택하셨다. 사마리아 우물가에서 예수님과 사마리아 여인의 긴 대화는 사회적 금기를 깨뜨리는 것이었다. 그래서 제자들이 돌아와 그 광경을 보고 큰 충격을 받았다. 하지만 제자들은 앞으로 몇 달 안에 더 많은 금기가 깨지는 것을 목격하게 될 것이다. 예수님과 사마리아 여인의 이 만남으로 그의 삶은 결국 변화되었고 많은 사마리아인들도 예수님을 믿게 되었다(요한 4,1-41). 예수님의 공생활 초기의 이 사건은 예수님의 메시지가 단지 유다인만을 위한 것이 아니라 그분께 마음을 여는 모든 사람을 위한 것임을 보여 준다.

"예수님께서 성령의 힘을 지니고 갈릴래아로 돌아가시니…."
(루카 4,14)

● 관련 수제
갈릴래아 호수: 15쪽
나자렛: 27쪽
성전: 17쪽

성전 정화

파스카 축제 때 예루살렘 성전을 방문하신 예수님께서는 그곳에서 목격한 광경에 충격을 받으셨다. 성전 안 '이방인의 뜰'을 상인들과 환전상들이 시장 바닥으로 만들어 버렸기 때문이다. 희생 제물로 바칠 동물을 팔고 화폐를 환전하는 일(성전에서는 초상이 들어가 있지 않은 성전 화폐만 사용할 수 있었음)이 필요하기는 했지만, 상업 활동이 바깥뜰을 완전히 장악하여 이방인들이 기도하는 것조차 불가능했다. 예수님께서는 분노하시며 "내 아버지의 집을 장사하는 집으로 만들지 마라."(요한 2,16)라고 말씀하셨다. 그리고 끈으로 채찍을 만드시어 동물들을 내쫓으시고 환전상들의 탁자를 둘러엎으셨다.

요한 복음사가는 이 이야기를 공생활의 시작 부분에 배치하지만, 마태오, 마르코, 루카 복음사가는 예수님 사명의 마지막 부분에 둔다. 현대 성서학계는 성전 정화 사건이 역사적으로는 단 한 번 있었던 일이라고 본다. 대부분의 학자는 공관 복음서의 순서, 즉 예수님의 공생활 마지막에 일어난 이 사건이 당국을 자극하여 그분을 체포하게 만든 직접적인 계기가 되었을 가능성이 더 크다고 평가한다. 이런 관점에서 요한 복음사가의 배치는 역사적 순서의 기록이라기보다는, 예수님께서 바로 '새로운 성전'(요한 2,21)이심을 복음서의 서두에서부터 선포하려는 신학적 의도가 담긴 편집으로 이해한다. 따라서 두 번의 성전 정화 사건이 있었다는 견해보다는, 요한이 신학적 강조를 위해 사건의 시간적 위치를 옮겼다는 설명이 더 널리 받아들여지고 있다.

나자렛에서 배척당하시다

예수님께서는 처음에 사람들의 호감을 얻으셨지만(루카 4,15), 그분의 말씀에 매력을 느꼈던 많은 이들은 바로 그 말씀 때문에 곧 떨어져 나가게 된다. 이는 그분의 고향인 나자렛에서 확실히 드러나는데, 그곳에서 그분은 안식일에 성경을 읽고 회당에서 설교하라는 초대를 받으셨다(루카 4,16-30). 이곳에서 예수님께서는 메시아가 하느님의 새로운 해방의 시대를 가져올 것이라는 이사야의 예언을 읽으셨다(이사 61,1-2). 여기까지는 평이했다. 그러나 예수님께서 "오늘 이 성경 말씀이 너희가 듣는 가운데에서 이루어졌다."(루카 4,21)라고 말씀하시자, 즉 하느님의 해방의 새 시대가 다름 아닌 바로 당신을 통해 시작되었다고 주장하시자 분위기가 바뀌기 시작했다. 예수님께서 구약 성경의 이야기를 인용하시며 이방인들에게도 희망을 주셨을 때, 더 이상 나자렛의 유다인들은 참을 수가 없었다. 그들은 예수님을 마을 밖으로 내몰아 절벽에서 떨어뜨리려고 했다. 그러나 그분은 기적적으로 빠져나와 나자렛을 떠나셨고 이후 다시는 나자렛으로 돌아오지 않으셨다.

놀라운 것은 예수님에 대한 나자렛 마을의 이런 반응에도 불구하고 예수님께서는 종종 '나자렛 예수'로 불리셨다는 점이다(마태 21,11; 마르 1,24; 루카 18,37; 요한 18,5; 19,19).

카파르나움

나자렛에서 배척당한 예수님께서는 카파르나움(케파르 나훔, '나훔의 마을')으로 거처를 옮기셨다. 예수님께서 3년 동안의 공생활을 하실 때 기반이 된 곳이 바로 이곳이다. 고고학적 연구에 따르면, 1세기 카파르나움은 갈릴래아 호숫가의 번화한 어촌으로, 인구는 1,500명 안팎으로 추정된다. 이곳은 '바닷길'이라 불리는 국제 도로가 지나가는 길목이자 세관이 있는 도시이기도 하였다. 다양한 사람들이 오가는 전략적 요충지인 이곳은 예수님께서 복음을 선포하시는 데 이상적인 무대가 되었다.

예수님께서는 이곳을 갈릴래아 선교의 중심지로 삼으셨는데, 특히 베드로의 집을 주된 거처로 사용하셨다(마르 1,29). 고고학 발굴을 통해, 1세기의 평범한 가옥이었던 한 집이 초기 교회 시기부터 특별한 장소로 구별되어 '가정 교회domus-ecclesia'로 사용되었고, 훗날 그 위에 기념 성당이 세워졌다(35쪽 본문과 사진). 이곳이 바로 복음서에 언급된 베드로의 집이자 예수님의 활동 본부였던 것이다. 이처럼 카파르나움은 예수님께 단순한 어촌 마을을 넘어, 새로운 하느님 나라 운동을 펼쳐 나가는 '우리 집'과 같은 따뜻하고 역동적인 보금자리였다.

카파르나움 회당의 유적
현재 남아 있는 이 회당은 4세기에 세워졌지만, 발굴 조사에 따르면, 예수님 시대의 회당 터 위에 세워진 것으로 밝혀졌다.

핵심 구절

"어떠한 예언자도 자기 고향에서는 환영을 받지 못한다."(루카 4,24)

예수님의 제자들

부르심

예수님께서는 제자들을 부르시기 전부터 이미 사람들을 가르치시고 치유의 기적을 행하셨다. 바로 이것을 보고 제자들은 예수님을 따르려고 지체 없이 모든 것을 포기할 수 있었던 것이다. 제자들은 예수님을 따르기 전부터 이미 그분에 관해 익히 들어 알고 있었기 때문이다. 그러나 예수님께서는 이제 열둘을 따로 선택하심으로써 단순히 제자들을 부르는 것 이상의 일을 하신다. 바로 하느님의 새로운 백성을 세우시는 것이었다. 예수님께서 불러 모으신 이 보잘것없는 이들은 이제 그분이 원하시는 일을 하게 될 것이다.

열두 제자

예수님께서는 많은 제자들 중 열둘만을 따로 세워 당신 제자로 택하시고 '사도'라고 부르셨다. 사도는 '대리자' 또는 '사자'라는 뜻으로, 예수님께서는 그들과 함께 지내시며, 그들을 파견하시어 복음을 선포하게 하시고, 마귀들을 쫓아내는 권한을 갖게 하셨다(마르 3,14-15). 이 열둘은 교육도 거의 받지 않았고, 미래도 불분명했을 뿐 아니라, 어떤 이들은 모호한 배경과 성격을 지니고 있어서 만약 오늘날 취업 면접을 봤다면 대부분 탈락했을 법한 인물들이었다.

- **시몬 베드로:** 벳사이다 출신으로 성격이 급한 어부
- **야고보:** 제베대오의 아들, 벳사이다 출신의 어부
- **요한:** 어부이자 야고보의 형제
- **안드레아:** 어부이자 베드로의 형제
- **필립보:** 벳사이다 출신, 아마도 그리스계일 것
- **바르톨로메오:** 나타나엘이라고도 불리는 솔직한 사람
- **마태오:** 세리
- **토마스:** 예수님의 부활을 의심한 것으로 유명한 인물
- **야고보:** 알패오의 아들, 거의 알려진 바 없음
- **타대오:** 유다라고도 불림
- **시몬:** 전직 민족주의 해방 운동가, 열혈당원이라고도 불림
- **유다 이스카리옷:** 열두 제자의 재무 담당, 예수님을 배신한 인물

이 열두 명의 제자 외에도 예수님에게는 제자들이 많았다(루카 10,1). 여기에는 여성들도 포함되어 있었는데(그 당시에 여성 제자가 있다는 것은 매우 이례적이긴 했으나 논란이 될 만한 일은 아니었다.), 이 여인들 중 일부는 예수님을 경제적으로 지원했다(루카 8,2-3). 이렇게 예수님을 따르는 제자들은 공동체를 구성했는데 이 공동체가 보여 준 모습은 예수님께서 세우려 하셨던 하느님의 새로운 백성 공동체 모습을 보여 주는 것이기도 했다.

타브가

예수님께서 시몬 베드로와 안드레아를 부르신 곳으로 전해진다. 예수님께서는 이곳을 지나 호숫가를 따라 더 걸어가시다가, 그물을 손질하고 있던 야고보와 요한을 보시고 그들도 부르셨다. 예수님께서는 이제부터 그들이 사람을 낚는 어부가 될 것이라 약속하셨다.

왜 열둘인가?

복음서에 의하면, 예수님의 제자는 열두 명보다 훨씬 많았으며, 넓게 보면 남자와 여자가 모두 포함되어 있었다. 그렇다면 왜 예수님께서는 이 그룹의 핵심이 되는 열둘을 따로, 그것도 남자들만 선택하셨을까? 그것은 예수님께서 마음에 품고 계셨던 자신의 예언적인 선언 방식 때문이었다. 이스라엘이 세워질 당시 이스라엘은 '족장', 즉 가족과 씨족을 이끄는 아버지이자 통치자인 야곱(이스라엘이라고도 함)의 열두 아들을 중심으로 세워졌다. 이 열두 아들은 열두 지파로 발전하게 되고 그 후손들이 이스라엘, 즉 하느님의 백성이 된다. 이런 이유로 예수님께서는 자신을 중심으로 새로운 이스라엘, 즉 새로운 하느님 백성을 세우고자 하셨다. 이제 구약의 약속은 예수님을 통해 성취될 것이다.

"그들은 배를 저어다 뭍에 대어 놓은 다음, 모든 것을 버리고 예수님을 따랐다."
(루카 5,11)

● 관련 주제
카파르나움: 33쪽
제자가 된다는 것: 40쪽
갈릴래아 호수: 15쪽

베드로를 부르심

시몬 베드로가 예수님을 처음 만난 것은 예수님께서 열병을 앓던 자신의 장모를 낫게 해 주셨을 때였다(루카 4,38-39). 이 사건이 그에게 큰 영향을 미쳤을 것이나, 그때 바로 예수님을 따라나서지는 않았던 것 같다. 얼마 후 베드로와 그의 동료들이 밤새 고기를 잡으려 했으나 아무런 소득 없이 그물을 씻고 있을 때, 예수님께서 사람들을 가르치기 위해 그들의 배 한 척을 뭍에서 조금 저어 나가 달라고 청하셨다(루카 5,1-5). 말씀을 마치신 예수님은 그 수고에 기적으로 보답하셨다. 경험 많은 어부들이 밤새도록 아무것도 잡지 못했고 물고기가 그물을 볼 수 있는 낮이라 그물을 던질 때가 아니었음에도, 예수님은 그들에게 그물을 다시 던지라고 말씀하셨다. 예수님 말씀대로 하자, 놀랍게도 그물이 찢어질 만큼 고기가 많이 잡혀 다른 이들의 도움이 필요할 정도였다. 이렇게 예수님으로 인한 세계관의 변화로 베드로는 불현듯 자신의 죄를 깨달으며, 자신에게서 떠나 달라고 말한다. 그러나 예수님은 그를 심판하지 않고 "두려워하지 마라. 이제부터 너는 사람을 낚을 것이다."(루카 5,10)라고 하시며 오히려 용기를 북돋우셨다. 그 후 베드로는 제자단의 지도자이자 예수님의 가장 가까운 친구 중 한 사람이 되었다. 비록 그의 성급함은 하룻밤 사이에 사라지지 않았고 사람에 대한 두려움은 끊임없이 그의 약점이 되었지만(루카 22,54-62; 갈라 2,11-13), 예수님은 베드로에게 "너는 베드로이다. 내가 이 반석 위에 내 교회를 세울 터인즉, 저승의 세력도 그것을 이기지 못할 것이다."(마태 16,18)라고 말씀하셨다. 교회 전승에 따르면 그는 결국 로마에서 순교했다고 한다.

베드로의 집

예수님께서는 카파르나움에 있는 베드로의 집에 자주 묵으셨다. 이 집터로 추정되는 유적 위에 기념 성당이 세워졌다(오른쪽 사진). 이곳에서는 2세기경의 것으로 보이는 경당에서 그리스말로 쓰인 '베드로'라는 팻말과 어선 그림이 발견됐고, 5세기 초에는 이 집터 위에 팔각형 비잔틴 양식의 성당이 세워졌었다. 현재의 기념 성당은 바닥의 중앙 부분이 유리로 돼 있어 베드로의 집터와 팔각형 성당 터를 내려다볼 수 있다.

갈릴래아 호수 북서쪽 해안의 진흙에서 발견된 배의 선체

길이 8미터, 너비 2.3미터인 이 배는 예수님 시대인 기원후 1세기의 전형적인 배의 모습이다. 이 배에는 4-5명 정도의 선원이 탔을 것이다.

세리

마태오는 유다 사회에서 가장 미움받는 부류 중 하나인 세리였다. 세리들은 어떤 사회에서도 사랑받지 못했지만, 특히 팔레스타인에서는 부패한 협력자로 여겨져 미움을 더 받았다. 세리들은 로마 점령자들에게 미리 돈을 지불함으로써 특정 지역에 대한 세금 징수 권리를 사들였다. 로마 군인들의 비호 아래 그들은 액수를 엄청나게 부풀려 세금을 매겼고, 이를 통해 동족인 유다인들로부터 막대한 이익을 얻었다. 카파르나움은 주요 상업 지역이자 국경 초소가 있던 지역이었으므로 마태오는 상당히 부유했을 것이다. 그는 또한 세관원으로서 그리스어도 능통했을 것이다.

예수님께서 마태오를 제자로 부르신 것은 예수님께서 사회에서 멸시받고 버림받고 미움받는 부류의 사람들에게 어떻게 다가가셨는지 보여 주는 좋은 예가 된다.

핵심 구절

"나를 따라오너라. 내가 너희를 사람 낚는 어부가 되게 하겠다."(마르 1,17)

예수님의 가르침: 하느님

자애로우신 아버지

예수님이 여느 사람들과 전적으로 다르셨던 점은 하느님에 대한 시각이었다. 예수님은 어떤 면에서는 완전히 정통적이었지만, 다른 면에서는 전적으로 급진적이셨다. 특히 하느님을 요구(명령)하시는 분으로만 여겼던 율법 학자나 바리사이들과 달리, 하느님을 모든 이에게 사랑을 베푸시는 자애롭고 용서하시는 아버지로 바꾸어 놓으셨다. 놀랍게도 이러한 시각은 새로운 것이 아니었다. 예수님의 반대자들이 마음의 눈을 뜨기만 했더라도, 구약 성경에서 이러한 시각을 발견할 수 있었을 것이다.

아버지

예수님께서 하느님을 부르실 때 가장 즐겨 사용하신 호칭은 '아버지'이다. 네 복음서에서 168회나 등장하는 이 호칭을 반대자들은 신성 모독으로 여겼다. 구약 성경에서 이스라엘 민족 전체나 임금이 하느님의 '아들'로 묘사된 적은 있지만, 한 개인이 하느님을 직접 '아버지'로 부르는 것은 전례가 없는 일이었기 때문이다. 이 호칭이 반대자들에게 불러일으킨 반감은 매우 커서, 그들은 더욱더 예수님을 죽이려고 했다(요한 5,18).

또한 예수님께서 하느님을 '아빠Abba'라는 아람어로 부르셨을 때(마르 14,36), 친밀감은 극에 달했다. 이는 어린아이가 아버지를 부르는 가장 친근한 표현으로, 당시 하느님을 부르는 호칭으로는 유일무이했다. 예수님께서는 당신의 제자들에게도 하느님을 하늘의 아버지로 여기라고 격려하셨다(마태 6,9). 그리스도교가 그리스어를 사용하는 세계로 퍼져 나갔을 때에도 '아빠'라는 호칭을 기도 안에서 그대로 보존해 사용했다(로마 8,15; 갈라 4,6).

축복하시는 하느님 아버지(부분)
루카 캄비아소, 1565년경, 제노바 교구 박물관, 제노바, 이탈리아.

예수님의 하느님

사람들은 때때로 예수님께서 생각하신 하느님과 구약 성경의 하느님을 분리하려 하지만, 이는 결코 가능한 일이 아니다. 예수님께서 믿으신 하느님은 바로 구약 성경의 하느님, 곧 창조주이시며 장엄하시고 경외로우시며 거룩하시고 의로우신 분이었다. 또한 그 구약 성경은 하느님께서 "주님은 자비하고 너그러운 하느님이다. 분노에 더디고 자애와 진실이 충만하며 천대에 이르기까지 자애를 베풀고 죄악과 악행과 잘못을 용서한다."(탈출 34,6-7)라고 가르친다. 예수님 시대의 종교 지도자들 역시 이를 믿었지만, 오직 율법을 온전히 지켜 그럴 자격이 있다고 여겨지는 자기들과 같은 부류의 사람들에게만 그 사랑이 주어진다고 생각하였다. 그러나 예수님은 하느님의 사랑이 이보다 훨씬 더 넓고 깊어서, 자격이 없다고 여겨지는 사람들에게까지도 닿는다고 가르치셨다. 예수님은 이들을 당신 곁으로 초대하시며, 하느님의 새로운 백성으로 모아들이셨다. 그리고 이러한 하느님의 사랑을 단순히 말씀으로만 전하지 않으셨다. 병자를 치유하고, 죄인을 용서하며, 모든 사람을 환영하고, 자신을 초대한 사람들과 함께 식사를 나누는 행동을 통해 당신 사랑을 생생히 드러내셨다.

되찾은 아들의 비유

이 비유(루카 15,11-32)의 핵심은 '용서하는 아버지'로, '용서하는 아버지의 비유'라고 하는 것이 더 적합해 보인다. 아들은 자기 몫의 유산을 미리 요구해 받은 후 이를 모두 탕진하고, 결국 유다인들이 부정하다고 여기는 돼지 치는 일까지 하게 된다. 하지만 정신을 차리고 아버지에게 돌아와 용서를 구한다. 그런데 아들은 예상했던 꾸지람은커녕, 환영하며 잔치를 열어 주는 아버지의 사랑을 경험한다. 모든 사람이 기쁨을 함께 나누는 가운데, 집에 남아 열심히 일했던 큰아들(율법 학자와 바리사이를 상징함)은 아버지의 결정에 불만을 품는다. 그는 돌아온 동생이 과분한 대우를 받았다고 여기며 동생보다 자신이 더 큰 사랑을 받을 자격이 있다고 생각한다. 예수님이 전하고자 한 메시지는 큰아들이 느끼는 이 불공평함에 있다. 하느님은 비유에 나오는 아버지처럼 사랑과 자비를 아낌없이 베푸는 분이시다. 하느님의 사랑은 그 사랑을 받을 자격이 있느냐 없느냐를 따지지 않고, 모든 이를 향해 무조건적으로 열려 있다.

"우리는 그분의 영광을 보았다. 은총과 진리가 충만하신 아버지의 외아드님으로서 지니신 영광을 보았다."
(요한 1,14)

● 관련 주제
예수님의 기도: 72-73쪽
하느님과 예수님의 관계: 80-81쪽
유다교 신앙의 기본: 28쪽

선한 포도밭 주인의 비유

하느님을 관대하고 자비로우며 자애로우신 분으로 바라보는 예수님의 관점은 선한 포도밭 주인의 비유(마태 20,1-16)에서 분명히 드러난다. 수확 철이 되자 포도밭 주인은 일꾼들을 고용하기 위해 아침 일찍 시장으로 나가 하루 품삯으로 당시 일반적인 임금이었던 한 데나리온을 주기로 약속하고 일꾼들을 데려온다. 그런데 주인은 하루 종일, 오전 9시, 정오, 오후 3시에도 계속 시장에 가서, 아무 일도 하지 않고 있는 사람들을 발견할 때마다 공정한 보상을 약속하며 포도밭으로 데려온다. 심지어 오후 5시에도 그는 여전히 사람들을 고용해 일을 시킨다. 하루가 끝나고 품삯을 나눠 주는 시간이 되자, 주인은 마지막에 고용된 사람들부터 시작해 모든 일꾼에게 한 데나리온을 준다. 한 시간만 일한 사람도 하루 품삯을 받은 것이다! 이에 다른 일꾼들은 자신들이 더 많은 품삯을 받을 것이라고 기대했지만, 결국 같은 한 데나리온을 받자 크게 실망하며 불평하기 시작한다. 주인은 그들에게 자신이 불공평한 것이 아니라고 말한다. 왜냐하면 그는 그들과 약속했던 대로 품삯을 주었기 때문이다. 다만, 주인은 늦게 온 일꾼들에게 더 관대하게 대했을 뿐이었다.

이 비유에서 예수님은 먼저 온 일꾼과 나중에 온 일꾼 모두에게 동일하게 베풀어 주시는 하느님의 풍성한 은총을 보여 주고자 하셨다. 이런 가르침을 달가워하지 않았던 사람들은 종교 지도자들이었다. 그들은 자신들이 율법을 엄격히 준수하며 '온종일 고생'했기 때문에 다른 사람들보다 더 많은 보상을 받을 자격이 있다고 여겼다. 그러나 예수님은 하느님에 대한 그들의 이 같은 생각을 완전히 뒤집으셨다. 하느님은 보상이 아니라 은총으로 다가오시는 분이며, 자격 유무를 넘어 모든 이에게 넘치게 사랑을 베푸시는 분이기 때문이다.

아버지는 알고 계신다

"참새 두 마리가 한 닢에 팔리지 않느냐? 그러나 그 가운데 한 마리도 너희 아버지의 허락 없이는 땅에 떨어지지 않는다. 그분께서는 너희의 머리카락까지 다 세어 두셨다. 그러니 두려워하지 마라. 너희는 수많은 참새보다 더 귀하다."(마태 10,29-31).

하느님을 아버지로 느끼는 것은 예수님에게 단순히 학문적인 문제가 아니었다. 오히려 예수님은 하느님을 아버지로 앎으로써 사람들이 하느님의 보호가 주는 안정감과 하느님의 넘치는 은총에 대한 확신을 느끼도록 이끌고자 하셨다(마태 6,7-8; 25-34). 따라서 어떤 상황에서든 해결책은 단순 명료하다. "두려워하지 마라. 아버지가 이미 알고 계신다." 예수님 자신도 이러한 확신 속에서 평생을 사셨으며, 심지어 군인들이 그분을 체포하러 왔을 때에도, 이 믿음을 끝까지 간직하셨다(마태 26,47-56).

핵심 구절

"너희가 악해도 자녀들에게는 좋은 것을 줄 줄 알거든, 하늘에 계신 너희 아버지께서야 당신께 청하는 이들에게 좋은 것을 얼마나 더 많이 주시겠느냐?"(마태 7,11)

예수님의 가르침: 하느님 나라

이미 시작된 미래

일반적인 생각과 달리, 예수님은 주로 '하느님 사랑'이 아니라 '하느님 나라'에 관해 가르치셨다. 유다인들도 하느님 나라를 믿었지만, 그들은 하느님 나라를 전적인 미래의 일로 여겼다. 그러나 예수님은 하느님 나라가 이미 이 세상에 와 있다고 선포하셨다. 충격적이게도 미래는 '지금 이곳에서' 이미 시작되었다는 것이다. "때가 차서 하느님의 나라가 가까이 왔다. 회개하고 복음을 믿어라."(마르 1,15). 이 기쁜 소식은 사람들이 죄인이라는 사실을 알리고자 하는 것이 아니다(그것은 결코 기쁜 소식이 될 수 없다!). 오히려 하느님 나라는 지금 여기 와 있으며, 그 나라는 바로 우리 자신을 위한 나라라는 것이다.

하느님 나라는 무엇인가?

흔히 하느님 나라를 특정 장소로 여기지만, 그것은 예수님께서 의미하신 바가 아니었다. '나라'에 해당하는 그리스어 바실레이아βασιλεία는 '영토'보다는 '다스림'을 의미하므로, 하느님 나라는 그분의 통치(다스리심)를 뜻한다. 예수님은 그러한 삶이 어떤 것인지 몸소 보여 주시기 위해 오셨다. 유다인들은 하느님 나라가 미래에 올 어떤 것으로 생각했지만, 예수님은 이 나라가 이미 지금 역동적으로 다가왔으며, 화산 폭발처럼 세상의 지형을 완전히 바꿀 것이라고 하셨다.

마태오 복음서에서는 '하느님 나라' 대신 '하늘 나라'라는 표현을 사용한다. 이는 하느님에 대한 깊은 경외심으로 '하느님'을 직접 언급하는 것을 피했던 유다인들을 위해 마태오가 복음서를 썼기 때문이다. 당시 유다인들은 '하느님'을 직접 언급하는 대신 '하늘'이라는 완곡한 표현을 쓴 것이다.

하느님 나라 찾기

"하늘 나라는 밭에 숨겨진 보물과 같다. 그 보물을 발견한 사람은 그것을 다시 숨겨 두고서는 기뻐하며 돌아가서 가진 것을 다 팔아 그 밭을 산다."(마태 13,44).
밭에 숨겨진 보물은 발견했든 발견하지 못했든 언제나 우리 삶 가까이에 있다. 농부는 분명 그 밭을 여러 번 경작했고, 아이들은 그곳에서 자주 뛰놀았다. 여행자들 또한 그 밭을 수없이 지나쳤지만, 그 누구도 밭에 묻힌 보물을 발견하지 못했다. 예수님이 말씀하신 하느님 나라는 바로 이런 특징을 갖고 있다. 하느님 나라는 우리 삶에 매우 가까이 있지만, 우리가 그것을 '발견하지' 못하면 여전히 멀게 느껴진다. 하느님 나라는 숨겨져 있지만, 하느님께서는 우리가 그것을 찾기를 바라신다. 하지만 하느님 나라를 발견하려면 진심으로 찾고자 하는 마음과 집중된 노력이 필요하다. 그림은 밭에 숨겨진 보물(부분), 렘브란트, 1630년, 부다페스트 미술관, 부다페스트, 헝가리.

하느님 나라를 보여 줌

예수님은 하느님 나라를 단순히 설명만 한 것이 아니라, 그것을 직접 보여 주셨다. 마르코 복음서는 예수님의 임금으로서의 통치가 어떤 것인지 드러내는 여러 이야기를 통해 이를 시작한다. 예수님은 다음과 같은 상황에서 자신의 권위를 나타내셨다.

- 더러운 영(마르 1,21-28)
- 병(마르 1,29-34)
- 나병과 부정함(마르 1,40-45)
- 중풍과 죄(마르 2,1-12)
- 사회적 배제와 차별(마르 2,13-17)
- 종교적 전통과 규칙(마르 2,18-3,5)

영원한 생명

요한 복음서에서는 '하느님 나라' 개념이 세 번 언급된다(요한 3,3.5; 18,36). 그러나 이 개념은 다른 표현을 통해 더 깊이 드러난다. 예수님께서 말씀하신 '영원한 생명'은 단순히 '영원히 지속되는 생명'을 의미하는 차원을 넘어서 지금 당장 체험하는 다가올 하느님 시대의 생명을 뜻한다. 예수님께서는 이와 같은 영원한 생명을 스스로 발견하라고 유다교 종교 지도자인 니코데모에게 권고하셨다(요한 3,1-21).

"예수님께서는 온 갈릴래아를 두루 다니시며 회당에서 가르치시고 하늘 나라의 복음을 선포하시며, 백성 가운데에서 병자와 허약한 이들을 모두 고쳐 주셨다."
(마태 4,23)

● 관련 주제
예수님의 권위: 66-67쪽
예수님의 비유: 64쪽
예수님의 재림: 120쪽

하느님 나라의 요구

예수님께서는 하느님 나라가 모든 것을 바칠 만큼 가치가 있지만, 동시에 그것을 얻기 위해 우리가 가진 모든 것이 요구된다고 말씀하셨다. 그래서 예수님께서는 제자들에게 모든 것을 버리고 당신을 따르라고 부르셨고(마르 1,17), 다른 이들 역시 그분에게서 비슷한 요구를 받곤 했다(루카 18,18-30).

하느님의 나라는, 우리가 어떤 대단한 신앙의 가문을 내세운다 할지라도 자동으로 얻어지는 것이 아니다(요한 8,39). 오히려 어떤 대가를 치르더라도 스스로 선택하여 들어가야만 하는 나라이다(마태 16,24-25). 또한 그 나라에 가기 위해서는 인생의 온갖 잡동사니를 가지고서 통과하기에는 너무나도 좁은 문으로 들어가야만 한다(마태 7,13-14). 그리고 그렇게 하느님 나라에 들어간 뒤에는 어린아이가 부모를 신뢰하듯, 우리도 하느님을 신뢰해야 한다(마태 18,3).

두 나라의 충돌

처음부터 예수님께서 충돌을 겪으리라는 것은 명백했다. 헤로데가 그분을 죽이려 한 시도(마태 2,1-18)에서 드러나듯 인간의 나라와도, 악마가 그분을 유혹한 사건(마태 4,1-11)에서 보이듯 영적인 나라와도 충돌하셔야 했다. 예수님께서는 이 두 나라와의 충돌을 깊이 인식하고 계셨으며, 제자들이 그것을 극복하도록 훈련시키셨다(루카 10,17-20). 그 충돌은 인간의 권력과 영적인 세력이 합세하여 그분을 파멸시키려 했던 십자가 사건에서 절정에 달했다. 그러나 부활을 통해 하느님의 나라가 그들보다 더 강력하다는 사실이 증명되었다. 그 투쟁은 계속되겠지만(마태 24,1-35), 예수님께서 다시 오실 때 하느님의 나라는 궁극적으로 승리할 것이다(마태 24,36-25,46).

아래 그림은 시에나 대성당의 제대화 '마에스타'의 일부인 「산 위에서 유혹받으시는 그리스도」(두초 디 부오닌세냐, 1308-1311년경). '인간의 나라'와 '영적인 나라'의 충돌을 묘사한다.

모두를 위한 나라

구약 성경에서는 종종 미래의 하느님 나라의 승리를 하느님 백성을 위한 승리의 잔치로 묘사하곤 한다(이사 25,6-10). 어느 날 한 바리사이 지도자의 식사 자리에 초대받은 예수님께서는 이 기회를 이용하여 '메시아의 잔치'에 대해 가르치셨다. 그러나 이 가르침에는 사람들이 예상하지 못한 반전이 담겨 있었다(루카 14,1-24). 이사야 예언자는 '모든 민족'이 이 잔치에 참여할 것이라고 예언했지만, 예수님 당시의 유다인들은 더 이상 이 예언을 믿지 않았다. 그러나 예수님께서는 마지막 날에 놀라운 일이 많이 일어날 것이라고 말씀하셨다. 예수님의 비유에서 주인은 초대받은 손님들이 잔치에 오기를 거부하자, 그들의 모욕적인 행동을 은총의 기회로 바꾸었다. 주인은 소외된 사람들을 초대함으로써 그들에게 새로운 희망을 주었고, 처음 초대받았던 이들은 결국 잔치에 참여할 수 없었다. 이 비유는 바리사이 청중들에게 큰 충격을 주었다.

하느님 나라의 승리

"하느님의 나라를 무엇에 비길까? 그것은 누룩과 같다. 어떤 여자가 그것을 가져다가 밀가루 서 말 속에 집어넣었더니, 마침내 온통 부풀어 올랐다."(루카 13,20-21).

누룩은 아주 작은 분량이지만 밀가루 전체에 영향을 미치듯, 하느님 나라도 그러하다. 비록 처음에는 작고 보잘것없어 보일지라도, 하느님 나라는 결국 모든 것을 변화시키고 모두에게 스며들게 될 것이다.

이 승리의 나라를 묘사하는 다른 비유들은 마태오 복음서 13장에서 찾아볼 수 있으며, 다음과 같은 비유들이 있다.

- 어떤 어려움에도 꿋꿋하게 자라는 씨앗(13,3-9.18-23)
- 큰 나무가 되는 아주 작은 겨자씨(13,31-32)
- 가진 것을 모두 팔아서라도 살 만한 가치가 있는 보물(13,44)
- 온갖 종류의 물고기를 잡는 그물(13,47-50)
- 창고에서 꺼낸 보물(13,52)

핵심 구절

"너희는 먼저 하느님의 나라와 그분의 의로움을 찾아라. 그러면 이 모든 것도 곁들여 받게 될 것이다."(마태 6,33)

예수님의 가르침: 제자됨

삶에 대한 가르침

예수님께서 원하신 것은 사람들이 '그리스도인'이라는 이름만 갖는 것이 아니라 진정한 '제자'가 되는 것이었다. 단순히 그분에 관한 몇 가지 사실을 믿는 '그리스도인'이 되는 것만으로는 충분하지 않았다. 그분께서는 사람들이 자신의 마음과 태도, 비전에 역동적인 변화를 일으켜, 마침내 그들이 '하느님의 새로운 백성을 이루는' 당신의 사명에 동참하게 되기를 바라셨다. '제자됨'은 이러한 변화를 이루기 위해 그분께서 선택하신 도구였다.

제자됨이란?

견습이나 멘토링과 같은 '제자됨'은 예수님 시대에 아주 흔한 일이었다. 장인이든 라삐든 철학자든, 다른 이의 기술을 배우고 싶은 사람은 그의 제자가 되곤 했다. 제자는 처음에는 스승의 말을 듣고 행동을 보며 배우다가, 점차 스스로 그 일을 행하며 마침내 기술이나 지식을 온전히 전수받았다. 그런 여러 면에서 볼 때, 예수님께서 제자들을 두신 것 자체는 급진적인 일이 아니었다. 하지만 보통은 제자가 스승을 찾아 나서는데, 예수님께서는 그 과정을 완전히 뒤바꾸셨다. 즉, 스승이신 그분께서 직접 제자들을 찾아 나서셨다.

제자들의 최우선 과제는 그분과 함께 시간을 보내고, 그분을 알아 가며, 그분의 마음을 이해하는 것이었다. 그리고 그러한 관계를 바탕으로 그분의 사명에 동참하는 것이었다(마르 3,14). 예수님의 제자됨은 단순히 가르침에만 있는 것이 아니라 예수님께서 그들을 당신의 일에 참여시키고, 그들이 무언가를 올바로 해냈을 때는 격려하시며(마태 16,13-20), 잘못했을 때는 바로잡아 주시거나(마태 16,21-28), 도와주시며(마태 17,14-21), 궁극적으로는 '직접 해 보도록' 그들을 파견하시는(루카 9,1-6.10) 과정 전체를 포함했다.

"고생하며 무거운 짐을 진 너희는 모두 나에게 오너라. 내가 너희에게 안식을 주겠다. 나는 마음이 온유하고 겸손하니 내 멍에를 메고 나에게 배워라. 그러면 너희가 안식을 얻을 것이다. 정녕 내 멍에는 편하고 내 짐은 가볍다."(마태 11,28-30).
예수님께서는 사람들에게 안식을 약속하시면서도, 동시에 짐을 짊어지라고 말씀하신다. 이 말씀은 역설적으로 들리지만, 예수님께서 짊어지라고 하신 짐은 바리사이들의 가르침처럼 많은 규칙을 엄격히 지키는 짐이 아니었다. 오히려 예수님께서는 무거운 짐을 지우는 바리사이들의 규칙을 비판하셨다(마태 12,1-13).
예수님께서 말씀하신 짐은 해방을 가져다주는, 예수님께 순종하며 함께 짊어지는 멍에였다. 소를 훈련할 때 어린 소와 늙은 소가 함께 멍에를 메게 하여 어린 소가 경험 많은 소에게서 배우도록 하듯이, 예수님께서는 자신과 함께 멍에를 메고 삶을 배우라고 제자들을 부르신 것이다.

> '제자'는 신약 성경에서 예수님을 따르는 이를 가리키는 가장 일반적인 단어로, 총 282회 사용되었다.
> 반면에 '믿는 이'라는 단어는 단 26번, '그리스도인'이라는 단어는 단 3번만 사용되었다.

책임

우리는 모두 책임지는 것을 좋아하지는 않지만, 예수님께서는 제자 교육에서 책임을 중요한 원칙으로 삼으셨다. 탈렌트의 비유(마태 25,14-30)에서처럼 예수님은 책임감을 가르치셨고, 제자들을 파견하시며(루카 9,1-2.10; 10,1-4.17) 그들에게 맡겨진 책임을 실질적으로 실천하게 하셨다. 또한 예수님께서는 로마 백인대장이 권위와 책임을 잘 이해한 점을 칭찬하시며, 그가 뛰어난 믿음을 보여 주었다고 말씀하셨다(마태 8,5-10).

제자됨을 위해 필요한 것들

예수님께서는 단순히 제자들의 영적인 문제만 멘토링하는 데에 그치지 않으셨다. 제자가 되는 것은 삶의 모든 영역에서 이루어져야 했으며, 예수님은 이를 다양한 방식으로 가르치셨다.

- ■ 성품(마태 5,1-12)
- ■ 태도(마르 10,35-45)
- ■ 두려움(마태 6,25-34)
- ■ 행동(마태 6,1-4)
- ■ 재물(루카 16,10-12)
- ■ 관계(마태 18,15-35)
- ■ 기도(루카 11,1-4)
- ■ 열매 맺음(요한 15,1-17)

예수님께서는 공생활 동안 제자들 믿음의 깊이를 시험하곤 하셨다. 빵 다섯 개와 물고기 두 마리를 수천 명의 군중에게 나누어 주라고 하셨던 사건처럼(마태 14,19) 제자들로 하여금 자신들의 믿음의 한계에 도전하도록 이끄셨다.

"제자들은 가서 예수님께서 지시하신 대로 하였다."
(마태 21,6)

● 관련 주제
예수님의 제자들: 34쪽
예수님의 가르침: 36-59쪽
사막의 교부들: 31쪽

수도원 운동

수도 생활은 그리스도 제자됨을 표현하는 특별한 삶의 방식 가운데 하나이다. 이 운동은 3세기 시리아와 이집트의 외딴 지역에서 시작되었으며, 세상의 분주함과 죄로 가득한 부패에서 벗어나 수련과 기도의 삶에 헌신하려는 노력에서 비롯되었다. 수도자들은 「수도원 규칙」(자신들의 생활 방식을 규정하는 규칙)을 따르며, 공동체 생활을 통해 자신이 가진 모든 재화를 함께 나누었다.

이러한 수도원 모델은 서방 교회에 빠르게 확산되어 5세기와 6세기에 걸쳐 많은 수도회가 생겨났다. 성 아우구스티노나 성 베네딕토 등이 유명한 수도원 창립자들이다. 물론 종교 개혁 시기에는 일부 수도원들에서 엄격함을 잃고, 때로는 죄로 가득한 상태에 이르기도 했다. 그러나 오늘날에도 많은 수도원들이 보여 주듯, 본래 수도원들은 선교, 연구 그리고 기도의 중심지 역할을 했다.

그리스 메테오라 지역의 아야스 트리아도스(성 삼위일체) 수도원의 모습.

성숙함과 열매 맺음

예수님께서 제자를 삼으신 목적은 그들을 성숙하게 하고, 열매를 맺게 하는 데 있었다. 예수님께서는 모든 제자가 '스승처럼' 되기를 원하셨으며(마태 10,25), 풍성한 열매를 맺고(요한 15,16), 예수님께서 행하셨던 일들보다 더 큰 일들도 하기를 바라셨다(요한 14,11-12).

바오로 사도 역시 교회 지도자들의 주된 역할을 "성도들이 직무를 수행하고 그리스도의 몸을 성장시키는 일을 하도록 준비시키는 것"으로 보았다. 이를 통해 "우리가 모두 하느님의 아드님에 대한 믿음과 지식에서 일치를 이루고 성숙한 사람이 되어, 그리스도의 충만함에 다다르게 되는 것"을 목표로 삼았다(에페 4,12-13).

"수확할 것은 많은데 일꾼은 적다. 그러니 수확할 밭의 주인님께 일꾼들을 보내 주십사고 청하여라."(루카 10,2). 예수님께서는 세상 사람들을 추수할 때가 된 풍요로운 추수밭으로 보셨다. 따라서 예수님의 제자가 된다는 것의 궁극적인 목적은, 그 수확할 밭으로 일꾼들을 파견하여 하느님의 사명을 완수하게 하는 데 있었다.

제자됨: 마지막 말씀

마태오 복음서는 예수님께서 제자들에게 "너희는 가서 모든 민족들을 제자로 삼아라."(마태 28,19)라고 하시는 말씀으로 끝난다. 사도행전은 이와 비슷한 말씀으로 시작된다. "성령께서 너희에게 내리시면 너희는 힘을 받아, … 땅끝에 이르기까지 나의 증인이 될 것이다."(사도 1,8). 이 두 기록에서 공통적으로 드러나는 것은, 예수님께서 승천하시기 전에 마지막으로 강조하신 과제가 제자들을 파견하여 더 많은 제자들을 삼는 일이었다는 것이다.

핵심 구절

"누구든지 내 뒤를 따르려면 자신을 버리고 제 십자가를 지고 나를 따라야 한다."(마르 8,34)

예수님의 가르침: 회개

변화로의 도전

예수님께서는 나쁜 소식이 아니라, 하느님 나라가 이미 와 있다는 기쁜(좋은) 소식을 선포하셨다. 그러나 예수님께서 전하신 기쁜 소식은, 하느님께서 우리를 사랑하시니 어떻게든 모든 것이 괜찮아질 것이라는 식의 막연하고 두루뭉술한 메시지가 아니었다. 예수님이 전하신 기쁜 소식은 응답을 요구했다. 그것은 한 사람의 인생에서 가장 심오한 변화, 곧 '회개'를 촉구하는 것이었다. 회개란 하느님 나라의 문을 여는, 삶 전체의 뿌리 깊은 방향 전환과 다름 없었다.

회개란 무엇인가?

복음서에서 사용된 '회개'라는 단어는 그리스어로 메타노이아μετάνοια이다. 이는 '돌아섬'을 의미한다. 회개는 우리의 마음과 생각이 변화하여 죄악의 길에서 돌아서고, 사랑과 순종으로 하느님을 향해 나아가는 것을 뜻한다. 그러나 종교 지도자들과 달리, 예수님께서는 회개를 위해 반드시 성전에서 희생 제사를 바쳐야 한다고 가르치지 않으셨다. 이는 예수님께서 당신 자신의 희생이 회개의 기초가 될 것임을 알고 계셨기 때문이다. 이처럼 예수님께서 전통적인 회개의 수단인 희생 제사를 중요하게 여기지 않으셨기에, 사람들은 그분을 '죄인들의 친구'라는 경멸적인 별칭으로 부르기도 했다(루카 7,34).

회개의 첫 번째 예: 자캐오(루카 19장)

예수님께서 예리코를 지나가실 때, 그 소식을 들은 세관장 자캐오는 예수님을 만나 보고자 했다. 이는 약 70년 전 클레오파트라가 방문한 이래로 이 고장에 일어난 가장 큰 사건이었다. 그러나 자캐오는 키가 작았고, 군중은 그에게 호의적이지 않아 예수님을 제대로 볼 수가 없었다. 그래서 그는 돌무화과나무 위로 올라갔다. 예수님께서는 나무 위에 있는 자캐오를 발견하시고는 그의 집에서 저녁 식사를 하시겠다고 스스로 청하셨다. 세리였기에 친구가 거의 없었을 자캐오는 매우 기뻐했지만(루카 19,6) 군중은 예수님의 행동에 역겨워했다(루카 19,7).

성경에는 예수님께서 자캐오와 무슨 대화를 나누셨는지는 나오지 않는다. 하지만 대화가 끝날 무렵 자캐오의 마음에 깊은 변화가 일어났고, 그는 자기 재산의 절반을 가난한 이들에게 내어놓고, 횡령한 것에 대해서는 네 배로 갚겠다고 제안했다. 자캐오가 특별히 '회개의 기도'를 바치지 않았지만, 예수님께서는 놀랍게도 "오늘 이 집에 구원이 내렸다."라고 선언하셨다. 자캐오는 판단과 정죄의 말이 아니라, 예수님의 친절과 수용을 통해 참된 회개에 이르게 된 것이었다.

돌무화과나무에는 낮게 뻗은 가지가 있어서 자캐오처럼 키가 작은 사람도 쉽게 올라갈 수 있었을 것이다.

예리코

해수면보다 약 260미터 낮은 곳에 위치한 예리코는 해발 고도가 약 750미터인 예루살렘보다 기후가 더 쾌적했기에, 헤로데 임금은 이곳에 겨울 궁전을 지었다. 또한 예리코는 유다 북쪽 산지와 남쪽 산지를 관통하는 동서 길목의 전략적 요충지에 자리했다. 이는 수많은 상인과 교역품이 이곳을 거쳐 이동했음을 의미하며, 세리의 입장에서는 막대한 세금을 거둘 수 있는 최적의 장소였던 셈이다. 사진은 예리코에 있는 헤로데의 겨울 궁전 유적.

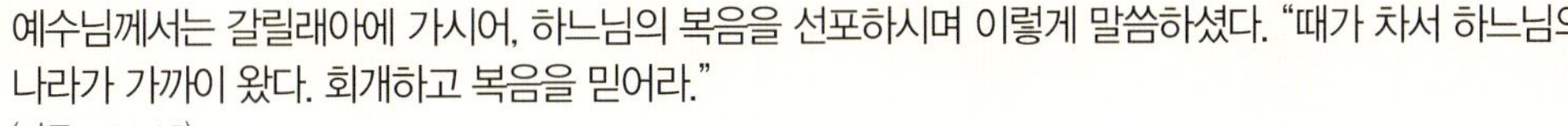

예수님께서는 갈릴래아에 가시어, 하느님의 복음을 선포하시며 이렇게 말씀하셨다. "때가 차서 하느님의 나라가 가까이 왔다. 회개하고 복음을 믿어라."
(마르 1,14-15)

관련 주제
바리사이: 18쪽
사회 정의: 117쪽
세리: 35쪽

회개의 두 번째 예: 니코데모(요한 3장)

고위 종교 지도자 니코데모는 밤에 예수님을 찾아왔다. 예수님을 개인적으로 만나고 싶었거나, 낮에 만나는 것이 부끄러웠기 때문일 것이다. 니코데모는 예수님을 라삐이자 기적을 일으키는 분으로 인정했지만, 예수님께서는 그것만으로는 하느님 나라에 들어가기에 충분하지 않다고 하셨다. '다시 태어나'거나 '위로부터 태어나야' 한다는 말씀에 혼란스러워하는 니코데모에게 예수님은 "누구든지 물과 성령으로 태어나지 않으면 하느님 나라에 들어갈 수 없다."라고 설명하셨다. 이는 단순히 좋은 유다인이 되는 것(자연적인 탄생)만으로는 충분하지 않다는 뜻이었다. 하느님의 영을 통한 두 번째 영적인 탄생이 필요한 것이다.

이 강렬한 '다시 태어남'의 이미지를 통해 예수님께서는 하느님 나라에 들어가는 데 요구되는 변화가 얼마나 근본적이고 급진적인 것인지 보여 주셨다. 이후 니코데모는 근본적인 마음의 변화를 경험하고 예수님의 제자가 된 것으로 보인다. 요한 복음서에 따르면, 니코데모는 아리마태아 사람 요셉과 함께 용감히 예수님의 장례를 준비하며, 시신에 바를 값비싼 향료 34킬로그램을 가져왔다(요한 19,38-42).

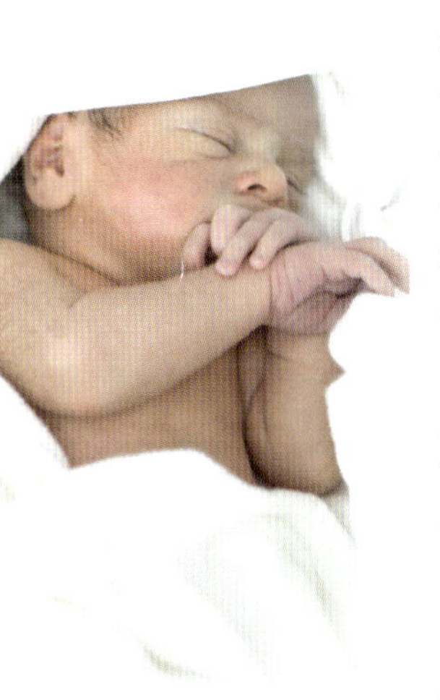

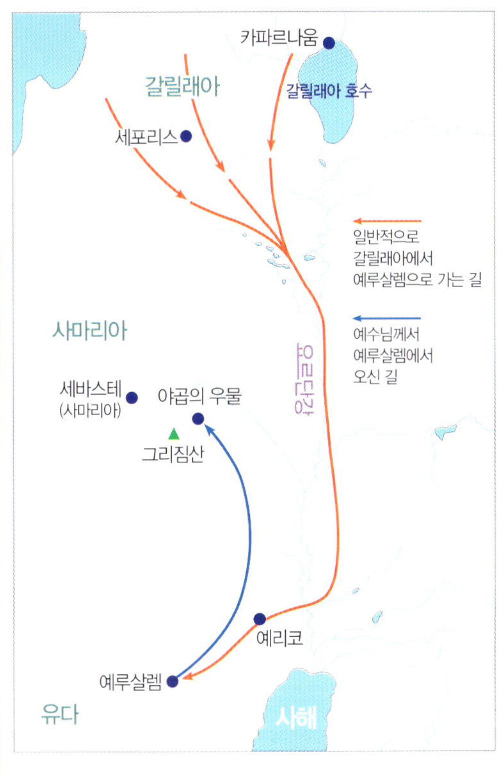

회개의 세 번째 예: 사마리아 여인(요한 4장)

예루살렘에서 갈릴래아로 가는 지름길이었음에도, 대부분의 유다인 여행객은 사마리아를 거치지 않았다. 이는 5세기 전까지 거슬러 올라가는 유다인과 사마리아인 사이의 뿌리 깊은 반목 때문이었다. 하지만 예수님께서는 한번은 의도적으로 그 길을 택하여 가셨다. 제자들이 음식을 사러 간 동안 야곱의 우물가에서 쉬시던 그분은, 물을 길으러 온 한 사마리아 여인에게 말을 거셨다. 이는 당시 유다 사회의 엄격한 관례를 깨는 파격적인 행동이었다.

예수님께서는 그에게 일방적으로 설교하신 것이 아니라, '생명의 물'이라는 화두를 던지며 그가 스스로 마음을 열도록 대화를 이끄셨다. 그러고 나서 그분은 그의 복잡한 삶을 꿰뚫어 보시고 부드럽게 짚어 주셨다(요한 4,16-18). 그는 대화 주제를 신학적 논쟁(요한 4,19-20)으로 돌리려 했으나, 예수님께서는 그에 휘말리지 않으셨고, 마침내 그는 자신이 아마도 메시아를 만난 것 같다고 깨닫게 되었다(요한 4,29). 성경은 그가 회개했다고 구체적으로 말하지는 않는다. 하지만 그의 증언 때문에 많은 사마리아인이 믿게 된 것을 보면(요한 4,39-40), 그 역시 회개했을 가능성이 매우 높아 보인다.

문턱을 낮추신 예수님

율법 학자와 바리사이들은 엄격한 율법의 잣대를 요구해 보통 사람들은 회개하기가 거의 불가능했다. 하지만 예수님께서는 바로 그러한 이들을 먼저 찾아가셨다. 곧 '죄인들'과 세리들, 창녀들, 심지어 다른 민족 사람들을 말이다. 예수님께서는 그들이 까다로운 종교적 형식에 얽매이지 않고, 있는 그대로의 모습으로 하느님께 나아갈 수 있음을 알려 주셨다. 바리사이들이 이를 비웃자 예수님께서는 이렇게 말씀하셨다. "건강한 이들에게는 의사가 필요하지 않으나 병든 이들에게는 필요하다. 나는 의인이 아니라 죄인을 부르러 왔다."(마르 2,17).

"내가 너희에게 말한다. 이와 같이 하늘에서는 회개할 필요가 없는 의인 아흔아홉보다, 회개하는 죄인 한 사람 때문에 더 기뻐할 것이다."(루카 15,7). 이는 잃어버린 양을 찾은 목자의 기쁨을 다룬 비유의 결론으로, 회개하고 변화하는 사람들을 향한 하느님의 깊은 기쁨을 나타낸다.

착한 목자
필리프 드 샹파뉴, 17세기, 우르술라 수녀회 박물관, 마콩, 프랑스.

핵심 구절
"내가 진실로 너희에게 말한다. 너희가 회개하여 어린이처럼 되지 않으면, 결코 하늘 나라에 들어가지 못한다."
(마태 18,3)

예수님의 가르침: 사랑과 용서

용서받은 이가 용서하다

예수님께는 하느님의 사랑과 용서를 아는 것, 그리고 그것을 나누는 것이 삶의 최우선 과제였다. 물론, 당시 종교 지도자들도 하느님의 사랑과 용서를 믿었다. 하지만 그 믿음은 오직 자신들과 자기 같은 부류의 사람들에게만 해당되는 것이었지, '죄인들'에게는 적용되지 않는다고 생각했다. 그러나 예수님께서 먼저 찾아가신 이들은 바로 이 '죄인들'이었다. 심지어 십자가 위에서도 예수님께서는 용서를 멈추지 않으셨다. "아버지, 저들을 용서해 주십시오. 저들은 자기들이 무슨 일을 하는지 모릅니다."(루카 23,34). 예수님께서는 사랑과 용서를 가르치셨을 뿐만 아니라, 마지막 순간까지 몸소 실천하신 분이었다.

가장 큰 계명(마르 12,28-34)

한 율법 학자가 예수님께 가장 큰 계명이 무엇인지 물었다. 예수님께서는 모든 유다인이 평소에 암송하던 말씀으로 대답하셨다. "첫째는 이것이다. '이스라엘아, 들어라. 주 우리 하느님은 한 분이신 주님이시다. 그러므로 너는 마음을 다하고 목숨을 다하고 정신을 다하고 힘을 다하여 주 너의 하느님을 사랑해야 한다.' 둘째는 이것이다. '네 이웃을 너 자신처럼 사랑해야 한다.' 이보다 더 큰 계명은 없다."(마르 12,29-31).

가장 큰 계명 하나만 묻는 질문에 예수님께서는 두 가지를 대답하셨다. 이로써 그분은 하느님 사랑과 이웃 사랑을 뗄 수 없는 하나의 관계로 묶으신 것이다. 이는 '착한 사마리아인의 비유'(루카 10,25-37)에서도 강조되는 바이다.

사랑의 동기

복음서를 읽다 보면, 예수님의 모든 행동이 언제나 '사람'에 대한 사랑에서 비롯되었음을 알 수 있다. 특히 아무에게도 사랑받지 못하는 이들, 즉 종교 규율을 지키지 못한 이들, 삶이 무너진 이들, 버림받은 이들, 죄에 빠진 이들을 향한 사랑이었다. 예수님께서는 종교 지도자들과 함께하는 것보다 이들과 함께하는 것을 더 좋아하셨다. 예수님의 사랑은 단순히 감상적이거나 사람들이 원하는 대로 하도록 내버려 두는 사랑이 아니었다. 그분의 사랑은 그들의 삶에 깊은 영향을 미침으로써, 죄의 삶에서 벗어나도록 도전하게 하는 사랑이었다.

용서받음과 용서함

예수님께서는 용서받은 사람은 남을 용서해야 한다고 말씀하셨다. 용서하지 않는 것은 단순히 하느님께 감사하지 않는 태도를 넘어, 우리 자신을 감옥에 가두는 것과 같다. 예수님께서 '매정한 종의 비유'(마태 18,23-35)를 통해 가르치신 것처럼, 용서하지 않는 마음의 감옥에서 벗어나기란 어려운 일이다. 그러므로 다른 사람을 용서하는 것은 어떤 종교 규율보다도 우선시되어야 한다(마태 5,23-26).

황금률

'다른 사람이 자신에게 하길 바라지 않는 일을 다른 이들에게 하지 않는 것'은 많은 사회에서 '황금률'로 여겨진다. 예수님과 동시대의 라삐였던 힐렐은 "당신이 싫어하는 일을 당신의 동료에게 하지 마십시오. 이것이 율법의 전부입니다. 나머지는 모두 이에 대한 설명일 뿐입니다."라고 했다. 그러나 예수님에게 이 가르침은 지나치게 '안전 지향적' 철학으로 보였다. 예수님에게 사랑은 훨씬 더 역동적이고 적극적인 것이었다. 그래서 예수님은 "남이 너희에게 해 주기를 바라는 그대로 너희도 남에게 해 주어라."(마태 7,12)라고 가르치셨다.

성경 시대에 나병은 흔한 병이었다. 다만 오늘날 피부 병변, 감각 상실, 근육 약화, 신체 변형 등을 특징으로 하는 한센병뿐 아니라, 성경에서 말하는 나병은 더 넓은 범위의 피부 질환들을 포함했을 가능성이 높다. 나병은 전염성이 있을 수 있었기 때문에, 유다 율법은 나병 환자들에게 사회적으로 격리되어 지낼 것을 요구했다(레위 13,45-46). 하지만 예수님께서는 그들과 함께 시간을 보내는 쪽을 택하셨다. 실제로 그분이 행하신 치유 중 상당수는 나병 환자들이나 다른 악성 피부 질환을 앓는 이들과 관련된 것이었다. 이는 아마도 나병 환자를 고치는 것이 메시아 시대의 도래를 알리는 표징으로 기대되었기 때문일 것이다. 예수님께서도 의심하던 요한 세례자에게 바로 이 점을 상기시켜 주셨다(마태 11,2-6).

종을 든 나병 환자
주교 예식서 삽화(작자 미상), 1400년경, 대영 도서관, 런던, 영국.

"너는 죄를 용서받았다."
(루카 7,48)

● 관련 주제
예수님의 십자가형: 102쪽
착한 사마리아인: 65쪽
되찾은 아들의 비유: 36쪽

용서하는 권위(마르 2,1-12)

예수님께서 카파르나움 집에서 복음을 전하고 계실 때, 사람들이 가득 차 있어 중풍 병자의 친구들은 평평한 진흙 지붕 위로 올라가 구멍을 뚫고, 중풍 병자를 아래로 내려보냈다. 예수님께서는 그에게 "얘야, 너는 죄를 용서받았다."(마르 2,5)라고 선언하셨는데, 이 말을 들은 율법 학자들은 충격과 분노에 휩싸였다. 그들은 오직 하느님만이 죄를 용서할 수 있다고 믿었기 때문에, 예수님의 말씀을 신성 모독이라고 여겼다. 그러나 예수님께서는 더욱 놀라운 일을 보여 주셨다. "사람의 아들이 땅에서 죄를 용서하는 권한을 가지고 있음을 너희가 알게 해 주겠다."(마르 2,10) 하시며, 중풍 병자를 치유하셨다. 예수님의 이러한 행위는 단순한 병의 치유를 넘어, 죄를 용서하는 권위가 당신께 있음을 증명하는 것이었다.

원수를 사랑하기

예수님께서는 우리가 단지 친구만을 용서해서는 안 된다고 가르치셨다. 친구를 용서하는 것은 누구나 할 수 있는 일이기 때문이다. 진정한 사랑은 우리의 감정을 넘어 원수까지도 용서하고 사랑하는 것을 의미한다(마태 5,43-48; 루카 6,27-36).

바리사이들이 '타락한' 부류의 사람들과 식사함으로써 더럽혀질 것을 두려워했던 것과는 달리, 예수님께서는 누구와도 기꺼이 함께 식사하셨다. 예수님께서는 이러한 '식탁에서의 친교'를 통해 사람들에게 먼저 다가가셨다. 이는 하느님과의 올바른 관계를 이루어야 한다는 조건 없이, 하느님께서는 있는 그대로의 그들을 받아들이신다는 사실을 보여 주신 것이다.

용서받은 여자

예수님의 시대에 여성들은 사회적으로 낮은 대우를 받았는데, 아마 이런 이유로 예수님께서는 여성들에게 특별한 관심을 보이셨을 것이다. 한 예로, 간음 현장에서 붙잡힌 여인이 예수님 앞에 끌려왔을 때(요한 8,1-11), 상대 남자 없이 여인만 끌려온 것을 보고, 예수님께서는 자신을 시험하는 함정임을 깨달으셨다. 유다인들은 율법에 따라 간음한 여인은 돌에 맞아야 한다는 사실을 예수님께 상기시켰다(레위 20,10). 만일 예수님께서 그 여자를 돌로 치라고 하셨다면, 예수님의 사랑과 용서는 어떻게 설명될 수 있었겠는가? 반면 그 여인을 용서한다면 예수님께서 하느님의 율법을 존중하지 않는다는 비난을 받을 수 있었다. 예수님께서는 땅에 글을 쓰며 잠시 침묵하셨다. 그분이 무엇을 쓰셨는지 복음서는 밝히지 않는다. 그러고 나서 예수님께서는 "너희 가운데 죄 없는 자가 먼저 이 여자에게 돌을 던져라."(요한 8,7)라고 하셨다. 이 말씀은 율법을 충실히 따르면서도, 여인을 돌로 칠 명분을 사실상 없애는 대답이었다. 여인을 비난하던 이들 역시 율법을 온전히 지키지 못한 죄인이었기 때문이다. 결국 그들은 하나씩 떠나갔다. 예수님께서는 여인에게 "가거라. 그리고 이제부터 다시는 죄짓지 마라."(요한 8,11) 하고 말씀하셨다. 이는 예수님께서 율법과 자비를 완벽하게 조화시키며 하느님의 용서를 드러내신 순간이었다.

핵심 구절

"내가 너희에게 새 계명을 준다. 서로 사랑하여라. 내가 너희를 사랑한 것처럼 너희도 서로 사랑하여라."(요한 13,34)

예수님의 가르침: 산상 설교

하느님 나라의 생활 양식

예수님의 산상 설교는 세상에서 가장 잘 알려진 설교이지만, 동시에 가장 오해받는 설교이기도 하다. 산상 설교는 '좋은 말이지만 비현실적이고 실천하기 어려운 가르침'이라거나 '종말이 가까이 왔다고 여겨지는 긴급 상황에서 제정된 규정' 정도로 평가절하되곤 한다. 하지만 산상 설교는 모든 시대의 모든 제자를 위한 가르침이다. 이는 하느님 나라의 삶에 대한 청사진으로, 하느님 나라가 제시하는 놀라운 약속과 그 약속을 따라 살기 위해 우리가 감당해야 할 요구 사항을 담고 있다.

참행복(마태 5,3-10)

참행복(축복)을 의미하는 각각의 행복 선언은 '행복하여라'(오늘날 표현으로 '축하합니다')로 시작한다. 그러나 가르침 하나하나를 자세히 보면 축하받을 일과는 거리가 멀어 보인다. 이처럼 예수님께서는 전통적인 가치관을 뒤집으셨다. 다시 말해, 지금 하느님의 축복을 받지 못했다고 느끼는 사람들이 하느님 나라가 이 세상에 오면 하느님의 축복을 체험하게 되리라는 것이다. 대부분의 유다인들이 생각했던 것처럼 하느님의 원수들과 싸워서가 아니라, 겸손과 온유를 통해서 말이다.

루카 복음서에서는 네 가지 행복 선언과 그에 대조되는 네 가지 불행 선언을 나란히 제시한다(루카 6,20-26).

산상 설교의 내용

'산상 설교'라는 명칭은 교부이자 신학자인 성 아우구스티노(354-430년)가 처음 사용했다. 산상 설교는 두 가지 형태로 전해진다. 더 긴 마태오 복음서 버전(마태 5,1-7,29)과 더 짧은 루카 복음서 버전(루카 6,17-49)이 그것이다. 일부 학자들은 본래 산상 설교가 하나의 설교였다고 생각하지만, 다른 학자들은 마태오 복음서 버전이 후대에 편집되었다고 본다. 그러나 두 복음서 내용의 순서가 비슷하다는 점에서, 본래 하나의 설교였는데 그것이 각각 편집되었다고 볼 수 있다.

마태오 복음서의 산상 설교 내용은 다음과 같다.

- 참행복(5,3-12)
- 소금과 빛이 되라는 부르심(5,13-16)
- 율법에 대한 예수님의 자세(5,17-20)
- 라삐들의 가르침과 예수님의 가르침의 대조(5,21-48)
- 자선, 기도, 금식에 대한 가르침(6,1-18; 7,7-12)
- 하느님을 최우선에 두고 그분을 신뢰하라는 격려(6,19-34)
- 윤리적 지침(7,1-6; 7,13-23)
- 예수님의 가르침을 실천하는 것의 중요성(7,24-29)

이스라엘의 '참행복산' 또는 '산상 설교(수훈)산'은 산상 설교가 이루어진 장소로 전해진다. 4세기 이래로 순례자들이 방문해 온 이 장소는, 마태오가 이를 '산'이라고 표현하고(마태 5,1) 루카가 '평지'라고 표현한(루카 6,17) 것을 조화롭게 이해할 수 있게 해 준다. 즉 루카가 말한 '평지'는 마태오가 언급한 산 위의 평지라고 할 수 있다. 이곳의 '천연 원형 극장' 같은 지형은 예수님의 음성이 멀리까지 전달되는 데 도움이 되었을 것이다.
현재의 참행복 성당은 4세기에 발견된 유적지 위에 세워졌으며, 프란치스코회가 이탈리아의 재정적 지원을 받아 건립하였다.
이 성당의 팔각형 구조는 산상 설교의 참행복(여덟 가지 행복)을 상징한다.

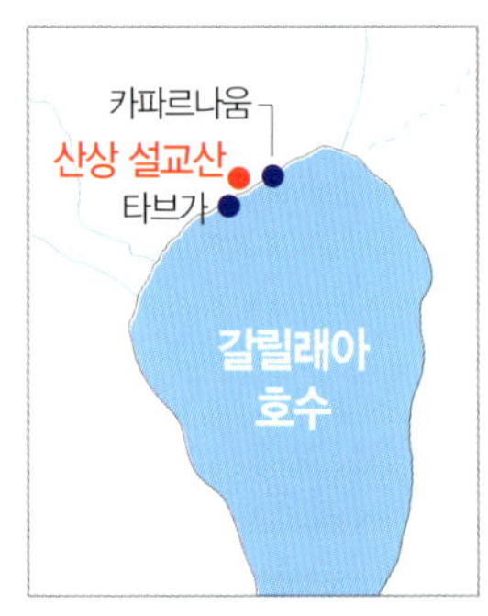

산상 설교산은 갈릴래아 호수 근처의 타브가와 카파르나움 사이에 있다.

"예수님께서는 그 군중을 보시고 산으로 오르셨다. 그분께서 자리에 앉으시자 제자들이 그분께 다가왔다. 예수님께서 입을 여시어 그들을 가르치셨다."
(마태 5,1-2)

관련 주제
예수님의 윤리: 68쪽
하느님 나라: 38-39쪽
라삐들: 74쪽

새로운 율법인가?

산상 설교는 마태오 복음서에 나오는 '다섯 개의 긴 가르침 묶음'(5-7장, 10장, 13장, 18장, 24-25장) 가운데 첫 번째이다. 이 때문에 어떤 이들은 예수님의 이 가르침을 '새로운 율법'으로 생각하기도 한다. 이 가르침이 모세의 율법(탈출 19,3-20,21)처럼 '산'에서 선포되었으며, '다섯 개의 긴 가르침 묶음'이 오경(창세기, 탈출기, 레위기, 민수기, 신명기)을 반영하는 구조로 보이기 때문이기도 하다. 그러나 산상 설교가 '새로운 율법'으로 보일 수 있더라도, 이 가르침이 '기쁜 소식', 곧 복음 εὐαγγέλιον이라는 맥락 속에서 선포된다는 점에 주목해야 한다(마태 4,23). 즉 율법 조항들을 지키려고 애쓰는 행위를 통해서가 아니라, 오직 이 기쁜 소식에 응답함으로써만 산상 설교가 제시하는 근본적인 삶의 방식을 받아들일 수 있다는 것이다.

산상 설교는 누구를 위한 것인가?

산상 설교가 요구하는 바가 너무나도 도전적이어서, 이를 해석하는 관점이 다양하다.

- 노벨 평화상 수상자 알베르트 슈바이처는 산상 설교의 가르침이 너무나 변혁적이기 때문에, 예수님께서 자신의 죽음과 세상의 종말 사이의 짧은 기간 동안 적용될 '한시적 윤리'로 이를 구상하셨을 것이라고 주장했다.
- 성 토마스 아퀴나스는 산상 설교의 내용을 두 가지로 나누어 해석했다. 하나는 구원을 받기 위해 모든 사람이 지켜야 하는 '계명'이고, 다른 하나는 선택적으로 따를 수 있는 '권고'로 주로 성직자들이 우선적으로 따라야 한다고 보았다. 그러나 산상 설교 본문에는 이러한 구분이 명시되어 있지 않다.
- 마르틴 루터는 산상 설교에 '두 영역'의 교리, 즉 세속적 영역과 영적 영역이 있다고 주장했다. 그는 교회에서는 그리스도인들이 산상 설교의 모든 명령에 따라야 하지만, 사회에서는 자연법(상식)이 우선한다고 여겼다. 그러나 이러한 접근에는 산상 설교의 어떤 부분은 따르고 어떤 부분은 따르지 않아도 되는 것처럼 보이는 위험성이 내포되어 있다.

그러나 예수님께서 이 산상 설교의 가르침을 삶의 모든 영역에서 모든 제자들(그리스도인)이 따라야 하는 삶의 방식으로 보셨다는 점은 명확하다.

"너희는 세상의 소금이다. … 너희는 세상의 빛이다." (마태 5,13-14).
예수님의 제자들은 소금처럼 세상에 맛을 더하고 부패를 막으며, 빛처럼 사물의 진실을 드러내고 길을 밝혀 더 나은 세상을 만들어 나가야 한다.

예수님과 율법

예수님을 반대하던 사람들의 생각과 달리, 예수님께서는 구약을 폐지하러 오신 것이 아니라 '완성'하러 오셨다. 즉 율법이 예고하고 지향하던 모든 것을 성취하기 위해 오신 것이다. 예수님께서는 모든 것이 이루어질 때까지 율법에서 한 자 한 획도 없어지지 않을 것(마태 5,17-18)이라고 하셨다. 이 말씀 뒤에 이어지는 가르침(마태 5,21-48)은 예수님께서 마치 율법을 폐지하시는 것처럼 보일 수 있다. 그러나 예수님께서 실제로 맞선 것은 구약의 가르침 자체가 아니라, 그것에 대한 '라삐들의 해석'이었다. 예수님께서는 사람들이 라삐들에게서 들은 것("너희는 ~라고 들었다.")과 예수님 자신의 가르침("그러나 나는 너희에게 말한다.")을 대조하시며, 라삐들의 형식적인 신앙의 허점을 꿰뚫고 더 깊은 차원의 의로움을 요구하셨다.

예수님께서는 신실한 유다인으로서 성전세를 납부하시는 등(마태 17,24-27) 율법을 준수하셨다. 그 율법을 지키는 것이 사람들을 자유롭게 하기보다 옭아맬 경우에는 그것을 깨는 것을 두려워하지 않으셨다. 그래서 그분은 안식일에 병자를 고치는 일을 주저하지 않으셨던 것이다.

튼튼한 반석

산상 설교는 집 짓는 이들의 비유로(마태 7,24-27; 루카 6,46-49) 끝을 맺으며, 인생에서 견고한 토대가 얼마나 중요한지를 강조한다. 여름에는 땅이 단단해 보여 집을 짓기에 적합해 보일 수 있으나, 겨울비가 내리면 기초 없이 지은 집은 금세 무너질 것이다. 예수님께서는 이 비유로써 이사야 예언자가 예언했던 대로, 당신 자신이 바로 하느님께서 지으시는 건물의 튼튼한 기초로 쓰일 '모퉁잇돌'(이사 28,16)이라고 주장하신 것이다.

핵심 구절
"행복하여라, 마음이 가난한 사람들! 하늘 나라가 그들의 것이다."(마태 5,3)

예수님의 가르침: 거룩함

거룩한 다름

예수님께서 하느님 사랑을 강조하신 것을, 사람들이 어떤 잘못을 저질러도 괜찮다는 식의 감상주의로 오해해서는 안 된다. 구약 시대의 예언자들처럼, 예수님께서는 하느님의 사랑을 힘 있게 선포하면서도 하느님의 거룩함에 대한 강한 도전을 함께 제시하셨다. 하느님의 거룩함을 일상에서 실천하고자 했던 바리사이들은 율법을 해야 할 일과 하지 말아야 할 일 차원으로 축소시켰다. 그러나 예수님께서는 진정한 거룩함은 사람의 내면에서 시작되며 내면이 변화해야만 우리가 진정으로 달라질 수 있다고 하셨다. 예수님은 율법 정신을 시대 안에서 참되게 구현하신 것이다.

구별됨

'거룩하다'는 말은 '따로 떼어 놓다' 또는 '다르다'를 의미한다. 구약 성경은 하느님께서 모든 면에서 우리와 전적으로 다르시기 때문에 거룩하다고 본다. 같은 논리로 예루살렘은 성전이 있는 도시로서 다른 도시들과 달리 거룩한 도시로 불렸으며, 이스라엘도 다른 민족들과 다르다는 점에서 거룩한 민족으로 간주되었다.

예수님 당시의 종교 지도자들과 유다인들은 거룩함이야말로 이스라엘의 정체성 유지에 가장 중요한 요소라고 믿었다. 그래서 이스라엘을 다른 민족들과 구별 짓는 할례, 십일조, 안식일 준수, 전례적 정결과 같은 규정들이 점차 강조되었고, 결국 이들이 왜 다른 민족들과 달라야 하는지에 대한 근본적인 이유보다 이러한 외적인 규정들이 더 중요해졌다. 그러나 예수님께는 이러한 외적 형식에 치중하는 것이 본질적인 의미를 잃은 것으로 보였다. 예수님께 거룩함이란 전례적 부정함을 피하려고 부정한 것에서 멀어지는 것이 아니라, 오히려 부정한 것을 변화시키기 위해 부정한 것 속으로 들어가는 것을 의미했다.

정결과 부정(깨끗함과 더러움)

구약 성경에서는 어떤 것들을 '부정한 것'으로 간주한다. 이는 이스라엘 백성과 그들의 땅, 그리고 하느님과의 관계를 더럽힐 수 있는 것들이었다. 여기에는 다음과 같은 규정들이 포함되었다.

- 음식 규정: 돼지고기나 동물의 피 등을 먹지 말 것 등
- 도덕 규정: 가까운 가족(친족)과의 성관계 금지 등
- 종교 규정: 영매와 관계를 맺거나 부적절한 제물 바치지 않기 등
- 실천 규정: 나병 환자나 동물의 사체에 접촉하지 말 것 등

이 규정들 중 일부(예를 들어 제대로 익히지 않은 돼지고기는 위험하다는 것)는 쉽게 이해할 수 있다. 그러나 다른 규정들은 "내가 거룩하니 너희도 거룩한 사람이 되어야 한다."(레위 11,45)라는 하느님의 명령에 포함된다는 점 외에는 명백한 이유가 없어 보인다. 이러한 규정을 준수하는 것은 신약 시대에도 여전히 일상적인 삶의 일부였다. 그러나 율법 학자들과 바리사이들은 본래 기쁨과 선택의 표지로 여겨졌던 율법을 많은 사람에게 견디기 힘든 짐으로 만들어 버렸다. 예수님께서는 이들이 외적인 것에만 집착하여 본질적인 진리를 깨닫지 못한다고 비판하셨다. 예수님은 외부의 것이 사람을 더럽게 할 수 없으며, 오직 사람의 마음속에서 나오는 것만이 사람을 더럽게 한다고 가르치셨다. "사람 밖에서 몸 안으로 들어가 그를 더럽힐 수 있는 것은 하나도 없다. 오히려 사람에게서 나오는 것이 그를 더럽힌다. … 사람의 마음에서 나쁜 생각들, 불륜, 도둑질, 살인, 간음, 탐욕, 악의, 사기, 방탕, 시기, 중상, 교만, 어리석음이 나온다. 이런 악한 것들이 모두 안에서 나와 사람을 더럽힌다."(마르 7,15.21-23).

유다인들의 미크바
전례적 정결을 위한 목욕용 수조로, 그리스 로도스섬 카할 샬롬 회당 박물관에 있다.

사회적 거룩함

예수님께서는 구약의 예언자들처럼 사회적 불의에 도전하며 사회 정의에 대한 문제를 제기하셨다. 그러나 이 사회적 거룩함을 성취하기 위해 무력으로 저항하는 것을 거부하셨다. 이런 점에서 인도의 비폭력 독립 운동가인 간디가 큰 영감을 받았다. 의사였던 루카 복음사가는 사회 문제에 특히 관심이 많았는데, 그는 다가올 사회적 역전(루카 1,52-53; 6,20-26; 16,19-31)과 사회 정의 및 경제 정의 문제(루카 3,11-14; 4,18-19; 19,1-10)에 대한 예수님의 가르침을 강조했다.

적극적인 거룩함

예수님에게 거룩함이란 무언가를 피해야 할 목록 같은 것이 아니었다. 진정한 거룩함은 너무나 강하여 거룩하지 않은 것과 그 대상마저도 거룩하게 만드는 것이었다. 그래서 예수님께서는 더럽다고 여겨지는 사람과 장소를 피하지 않고, 오히려 적극적으로 그들 가운데로 가셨다. 세리들과 식사하고, 창녀들과 어울리고, 이방인들과 대화하셨다. 예수님은 참된 거룩함은 두려워할 필요가 없다고 믿으셨다. 이로써 예수님께서는 하느님께서 창조 때부터 이스라엘을 통해 이루고자 하셨던 일을 행하셨다. 그러나 이스라엘은 '이방인의 빛'(이사 42,6)이 되는 대신 자기 보호에만 급급했다. 예수님께서는 시메온이 아기 예수님에 대해 예언한 대로 진정한 꿰뚫는 빛이 되셔서, 모든 이의 마음속 깊은 생각을 드러내셨다.

그 광경을 보고 있던 백인대장은 하느님을 찬양하며, "정녕 이 사람은 의로운 분이셨다." 하고 말하였다.
(루카 23,47)

관련 주제
바리사이: 18쪽
번영 복음: 71쪽
산상 설교: 46-47쪽

회칠한 무덤

사진은 예루살렘이 내려다보이는 올리브산에 위치한 150,000여 개의 무덤 일부이다. 라삐들의 토론과 법률적 견해를 집대성한 탈무드에 의하면, 이곳은 죽은 자의 부활이 일어나는 곳이다. 오늘날에도 경건한 유다인들은 사후에 이곳에 묻히기를 원한다.
예수님께서는 바리사이들을 '회칠한 무덤'이라고 부르셨다(마태 23,27). 유다인들은 일 년에 한 번씩 무덤에 회칠을 하였는데, 그 이유는 성전으로 순례 오는 사람들이 특히 밤 같은 때에 실수로 몸이 닿아 부정하게 됨으로써, 성전 전례에 참석하지 못하는 경우가 일어나지 않도록 하기 위해서이다. 예수님께서는 바리사이들을 회칠한 무덤으로 비유하셨는데, 이는 바리사이들이 회칠한 무덤처럼 겉으로는 아름답게 보이지만, 속은 더러운 것으로 가득 차 있다는 것이다.

올바른 우선순위

"불행하여라, 너희 위선자 율법 학자들과 바리사이들아! 너희가 박하와 시라와 소회향은 십일조를 내면서, 의로움과 자비와 신의처럼 율법에서 더 중요한 것들은 무시하기 때문이다. 그러한 십일조도 무시해서는 안 되지만, 바로 이러한 것들을 실행해야만 했다. 눈먼 인도자들아! 너희는 작은 벌레들은 걸러 내면서 낙타는 그냥 삼키는 자들이다."(마태 23,23-24).
예수님께서는, 잔에서 모기는 열심히 걸러 내면서 그 안에 있는 낙타는 알아차리지 못한다는 이 어처구니없는 과장을 통해, 바리사이들의 거룩함에 대한 시각이 인생의 큰 문제들은 무시한 채 사소한 세부 사항에 지나치게 얽매여 있음을 묘사하신다. 이는 그들이 삶에서 더 중요한 문제들, 곧 의로움, 자비, 신의를 무시한 채, 세세한 규정에만 지나치게 집착하는 거룩함에 대한 왜곡된 이해를 지적하신 것이다.

거룩함과 돈

예수님께서는 기도보다 돈에 관해 더 많이 가르치셨다. 그러나 그 가르침은 최근 서구 중산층 그리스도교의 일부 분파에 등장한 '번영 신학'과는 다르다. 유다교는 부富 자체를 죄악시하지는 않았지만(아브라함도 부유했다), 그 쓰임에 대해서는 엄격한 윤리적 기준을 제시했다. 예수님 시대에는 사회의 극소수만 부유했고, 가난은 거대한 문제였다. 유다교는 부유한 이들이 가난한 이들에게 자선을 베풀도록 장려했고, 예수님께서도 이를 격려하셨다(마태 6,2-4). 하지만 예수님께서는 부가 하느님 나라에 들어가는 데 큰 장애물이 될 수 있다고 말씀하셨다. 한 부자가 예수님을 찾아왔을 때, 예수님은 그에게 가진 것을 모두 팔아 가난한 이들에게 나누어 주라고 하셨다(루카 18,18-29). 또한 어리석은 부자의 비유(루카 12,13-21)에서 예수님께서는 가족 간의 재산 분쟁 해결을 요청한 사람에게 더 많이 소유하려는 끝없는 욕망이 얼마나 어리석은 것인지를 강조하셨다. 이 비유는 부유함에 대한 지나친 집착과 하느님 나라에 대한 소홀함이 결국 얼마나 큰 문제를 초래할 수 있는지를 보여 준다.

핵심 구절

"행복하여라, 의로움에 주리고 목마른 사람들! 그들은 흡족해질 것이다."
(마태 5,6)

예수님의 가르침: 성령

하느님의 인격적 현존

우리에게 거룩한 삶을 살라고 하신 예수님의 요청은, 우리가 스스로 하느님처럼 될 수 있으니 외부의 도움 없이 혼자 노력하라는 요구가 아니었다. 예수님께서는 거룩한 삶이 오직 하느님의 인격적 현존인 성령을 통해서만 가능하다고 말씀하셨다. 예수님께서는 이 세상을 떠나시며 자신을 대신할 성령을 제자들에게 보내 주시겠다고 약속하셨다. 이제 하느님의 인격적 현존이 언제나 우리와 함께하는 것이다.

힘이 아니라 위격!

성령은 눈에 보이지 않지만, 예수님께서는 성령이 어떤 힘이 아니라 위격person이라고 말씀하셨다. 성령을 묘사하는 이미지가 불, 바람, 물이다 보니 이 사실을 이해하기가 쉽지 않을 때가 있다. 그러나 이 진리는 신약 성경 저자들에게 매우 중요해서, 그들은 이 점을 분명히 하려고 문법 규칙을 넘어서기도 했다. 성령을 뜻하는 그리스어 '프네우마πνεῦμα'는 중성 명사이지만, 성경 저자들은 성령에 대해 기록할 때 항상 남성 대명사를 사용했다. 이는 문법적으로는 일치하지 않지만, 그들에게는 신학적으로 완벽하게 올바른 표현이었다. 예수님께서 성령을 '다른ἄλλος[알로스] 보호자'라고 묘사하셨을 때(요한 14,16) 사용된 '다른'이라는 그리스어는 '똑같은 종류의 다른 하나'를 의미한다. 예수님께서 제자들에게 해 주셨던 모든 것을, 그분께서 하늘에 계신 아버지께 돌아가신 뒤에는 성령께서 계속해 주실 것이기 때문이다.

보호자

최후의 만찬이 이루어진 그 이 층 방에서 성령은 '보호자 παράκλητος[파라클레토스], 요한 14,16.26; 15,26; 16,7)'로 묘사된다. 이 그리스어 단어는 '곁에 있도록 부름받은 이'를 뜻하며, 특히 법정에서 도움을 받기 위해 부른 사람을 가리킨다. 이는 법률적인 의미의 '변호사'와는 다르다. 예수님께서 말씀하신 성령이 바로 그런 분이다. 곧 우리 곁에 오시어 필요할 때 도움을 주시는 분이다.

성령을 '위로자Comforter'라고 하면 오늘날엔 다소 오해의 소지가 있다. 라틴어 '콘포르타레confortare'에서 유래한 '위로하다comfort'라는 단어는 원래 '힘을 북돋우다', '강하게 하다'라는 의미였다. 따라서 처음 성령을 위로자로 호칭했을 때는 성령께서 어떤 상황에서도 우리를 강하게 해 주시는 분이라는 의미였던 것이다.

성령은 누구이신가?

네 복음서 모두 하느님의 영에 대해 말하지만, 성령께서 누구이신지에 대해 가장 많이 알려 주는 것은 요한 복음서이다. 사마리아 여인과의 대화에서(요한 4,4-29), 예수님께서는 예배드리는 장소는 중요하지 않다고 말씀하신다. 중요한 것은 우리가 어떻게 예배를 드리느냐이며, 그 방식은 성령을 통해서만 가능하다는 것이다. 그 이유는 단순하게도 "하느님은 영"(요한 4,24)이시기 때문이다. 성령 없이는 영이신 하느님을 우리가 어떻게 찾을 수 있겠는가? 성령께서는 우리가 하느님과 관계를 맺도록 돕는 존재이다.

예수님께서는 십자가에 못 박히시기 전날 밤 이 층 방에서 앞으로 성령께서 하실 몇 가지 역할에 대해 제자들에게 설명해 주셨다.

- 믿는 이들과 영원히 함께하신다(요한 14,16).
- 하느님의 백성 안에 계시면서 그들이 고아처럼 느끼지 않도록 하신다(요한 14,17-18).
- 예수님의 제자들을 가르치시고 예수님께서 하신 모든 말씀을 기억나게 하신다(요한 14,26).
- 죄와 의로움과 심판에 관한 세상의 그릇된 생각을 밝히신다(요한 16,8-11).
- 믿는 이들을 진리로 이끌어 주신다(요한 16,12-13).
- 예수님을 영광스럽게 하신다(요한 16,14).

성령에 대한 완전한 이해는 예수님께서 돌아가신 후에야 이루어졌지만, 예수님의 가르침에는 성령께서 예수님과 동일한 분이시며, 하느님보다 못한 분이 결코 아니라 하느님 자신이심이 암시되어 있다.

생수의 강

"축제의 가장 중요한 날인 마지막 날에 예수님께서는 일어서시어 큰 소리로 말씀하셨다. "목마른 사람은 다 나에게 와서 마셔라. 나를 믿는 사람은 성경 말씀대로 '그 속에서부터 생수의 강들이 흘러나올 것이다.'" 이는 당신을 믿는 이들이 받게 될 성령을 가리켜 하신 말씀이었다. 예수님께서 영광스럽게 되지 않으셨기 때문에, 성령께서 아직 와 계시지 않았던 것이다."(요한 7,37-39).

초막절 축제 기간 앞선 이레 동안, 사제들은 실로암 못에 가서 물 한 통을 길어 성전으로 다시 가져와 제단에 부었다. 이는 하느님께서 광야에서 조상들에게 물을 마련해 주셨던 것을 기억하는 예식이었다. 이제 여덟째 날, 곧 '축제의 가장 중요한 마지막 날'(요한 7,37)이며 물을 붓는 예식이 없는 그날에, 예수님께서는 당시 유다교의 이 예식을 배경으로 새로운 가르침을 선포하셨다. 예수님께 오는 이들은 단지 물 한 통이 아니라, 구약의 예언자들이 약속했던 대로 그들 안에서부터 흘러나오는 참된 강, 곧 성령의 강을 발견하게 될 것이라고 말씀하신 것이다.

"그분께서는 너희에게 성령과 불로 세례를 주실 것이다."
(마태 3,11)

● 관련 주제
예수님의 의탁: 88-89쪽
하느님과 예수님의 관계: 80-81쪽
삼위일체의 신비: 25쪽

"바람은 불고 싶은 데로 분다. 너는 그 소리를 들어도 어디에서 와 어디로 가는지 모른다. 영에서 태어난 이도 다 이와 같다."
(요한 3,8).
성령과 성령으로 태어난 이들은 바람처럼 예측할 수 없고 통제할 수 없다.

성령을 모독하는 죄

"사람의 아들을 거슬러 말하는 자는 모두 용서받을 것이다. 그러나 성령을 모독하는 말을 하는 자는 용서받지 못할 것이다."(루카 12,10; 마태 12,31-32 참조).

아마도 이 구절보다 더 그리스도인들을 괴롭힌 신약 성경의 구절은 없을 것이다. 실제로 많은 사람들이 자신이 '용서받을 수 없는 죄'를 지은 것은 아닌지 두려워했는데, 이는 자신이 저지른 특정한 죄를 용서받을 수 없는 죄로 해석했기 때문이다. 그러나 문맥을 살펴보면, 예수님께서 말씀하신 용서받을 수 없는 죄는 성령께서 예수님이 누구이신지 계시하심에도 불구하고 이에 지속적으로 응답하기를 거부함으로써 유일한 구원의 희망에서 스스로를 차단하는 것을 말한다. 바리사이들이 예수님의 일을 마귀의 힘으로 행한 것이라고(마태 12,24) 말함으로써 구원의 유일한 희망에서 스스로를 차단했던 것처럼 말이다.

성령을 비둘기 모양으로 묘사한 이미지

조반니 로렌조 베르니니, 1600년경, 성 베드로 대성당, 바티칸.
성경은 성령을 비둘기 모양으로 자주 묘사한다. 이 이미지에서 성령 광채 주변의 수많은 천사들은 하느님의 현존을 드러낸다.

핵심 구절

"너희 가운데 어느 아버지가 아들이 생선을 청하는데, 생선 대신에 뱀을 주겠느냐? 달걀을 청하는데 전갈을 주겠느냐? 너희가 악해도 자녀들에게는 좋은 것을 줄 줄 알거든, 하늘에 계신 아버지께서야 당신께 청하는 이들에게 성령을 얼마나 더 잘 주시겠느냐?"(루카 11,11-13)

예수님의 가르침: 예수님은 누구인가?

우리와 함께 계시는 하느님

많은 사람이 예수님을 '하느님을 사랑하고 사람을 사랑하라.'는 단순한 메시지를 전한 종교적인 스승으로 여긴다. 그러나 이는 예수님께서 가르치신 많은 것, 특히 예수님 자신에 대해 가르치신 부분을 무시한 성급한 결론이다. 예수님의 관심사는 분명 하느님과 하느님의 백성에 있었지만, 동시에 예수님 자신에 대한 것이기도 했다. 예수님은 자신을 하느님 나라가 이 땅에 도래하는 결정적 열쇠이자, 하느님과의 새로운 관계를 여는 분으로 여기셨다. 많은 부분에서 예수님의 메시지는 놀라울 정도로 예수님 자신에게 집중되어 보이기도 한다. 더군다나 예수님께서 자신에 대해 가르치실 때마다, 행동으로 그 주장을 뒷받침하신 것은 우리에게 깊이 생각할 과제를 남기신 것이기도 하다.

예수님은 하느님 나라를 여는 열쇠

많은 예언자가 다가올 하느님 나라를 고대했고, 예수님 시대의 많은 사람도 그 나라를 간절히 기다리고 있었다. 그러나 예수님께서는 그 나라의 열쇠가 바로 당신이며, 지금 당신이 그 문을 열고 있다고 말씀하심으로써 이 기대에 새로운 전환을 가져오셨다. 예수님께서는 자신이 행한 기적에 대해 이의를 제기하는 사람들에게 "내가 하느님의 손가락으로 마귀들을 쫓아내는 것이면, 하느님의 나라가 이미 너희에게 와 있는 것이다."(루카 11,20)라고 대답하셨다. 이로써 하느님 나라가 다른 누구도 아닌 바로 예수님 자신과 불가분하게 연결되어 있음을 분명히 하셨다.

로마 시대 열쇠(1-7세기)
뉴욕 메트로폴리탄 미술관 소장.

예수님의 신성을 나타내는 다른 지표들

예수님께서 스스로 자신의 신성을 주장하신 내용은 다음과 같다.

- 죄를 용서하는 권한(마르 2,1-12)
- 메시아 잔치의 신랑(마르 2,19)
- 안식일의 주인(마르 2,23-28)
- 다윗 임금의 주님(루카 20,41-44)
- '아버지의 집'인 예루살렘 성전을 정화할 권한(마르 11,15-18)
- 최후의 심판에 관여(마태 25,31-46)

물론 주장만으로는 아무런 의미가 없다. 하지만 예수님께서는 죄 없는 삶(요한 8,46)과 표징(이적)들을 통해 자신의 주장을 뒷받침하셨다고 복음서는 전한다.

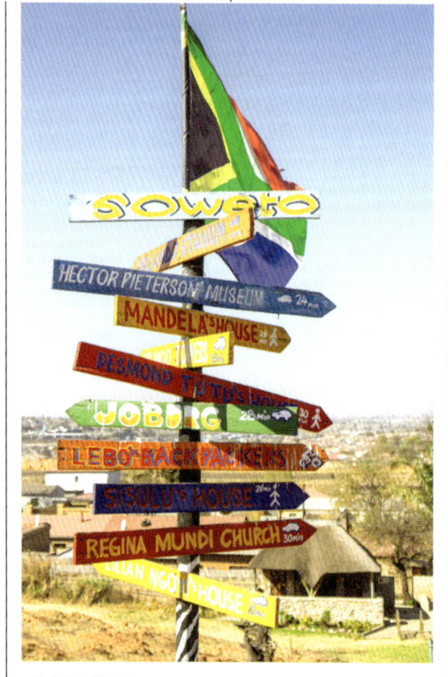

예수님은 길
"나는 길이요 진리요 생명이다. 나를 통하지 않고서는 아무도 아버지께 갈 수 없다."(요한 14,6).
다종교 시대에 자신의 종교가 유일한 길이라고 주장하는 것은 현대의 시류에 맞지 않는 것처럼 보일 수 있다. 그러나 예수님께서는 하느님과의 독자적인 관계 때문에 자신이 하느님께로 가는 유일한 길이라고 주장하셨다.

예수님께서 하느님의 아들이라고 주장하셨는가?

예수님께서 자신이 누구인지 공개적으로 말씀하신 일은 거의 없었다. 그분은 은유적 표현을 선호하셨지만, 그분의 주장은 그럼에도 명확하다. 예를 들어 포도밭 소작인의 비유(마르 12,1-12)에서도 예수님은 자신이 하느님의 아들임을 은유적으로 표현하셨다. 이 비유에서 부재 지주(당시에 많았다)는 수확기에 자신의 몫을 받으러 종들을 보냈다. 소작인들은 연이어 파견된 종들을 때리고 심지어 죽이기까지 했다. 마침내 주인이 자기 아들을 보내며 그들이 존중해 주리라 생각했지만, 소작인들은 그 재산을 차지하고 싶어서 아들마저 죽여 버렸다. 그래서 주인은 직접 와서 그들을 벌하고 다른 이들에게 소작권을 줄 수밖에 없었다. 종교 지도자들은 이 비유를 듣고 예수님께서 자기들을 겨냥한 것을 알아차리고 예수님을 체포할 구실을 찾았다(마르 12,12). 하지만 그들은 예수님이 이스라엘이라는 포도밭을 소유한 하느님의 아들이라고 주장하고 계심을 알아채지 못했다.

예수님이 마지막으로 자신이 누구신지 공개적으로 밝히신 곳은 체포돼 사형 선고를 받는 순간이었다. 그때 대사제가 하느님 앞에서 맹세하라며 "당신이 하느님의 아들 메시아인지 밝히시오."라고 요구하자, 예수님께서는 "네가 그렇게 말하였다."라고 대답하시며, 영광 중에 구름을 타고 다시 오실 것을 묘사하셨다. 대사제 카야파는 이를 신성 모독으로 간주했다(마태 26,62-66).

"그 이름을 임마누엘이라고 하리라." 임마누엘은 번역하면 '하느님께서 우리와 함께 계시다.'는 뜻이다.
(마태 1,23)

● 관련 주제
예수님은 자신이 하느님이심을 아셨을까?: 25쪽
예수님의 칭호: 82-85쪽
하느님과 예수님의 관계: 80-81쪽

'나는 ~이다' 말씀들

요한 복음서에는 일곱 가지의 '나는 ~이다ἐγώ εἰμι[에고 에이미]'라는 말씀이 나온다. 각각은 구약 성경의 핵심적인 사상을 가져온 것이다.

- 생명의 빵(요한 6,35)
- 세상의 빛(요한 8,12; 9,5)
- 양들의 문(요한 10,7.9)
- 착한 목자(요한 10,11)
- 부활이요 생명(요한 11,25)
- 길이요 진리요 생명(요한 14,6)
- 참포도나무(요한 15,1.5)

이 각각의 말씀에서 예수님께서는 우리에게 길을 보여 주거나 진리를 가르쳐 주신다고 주장하신 것만이 아니다. 그분께서는 당신 자신이 바로 그 길이요 진리이며, 구약 시대에 이스라엘을 위해 이 모든 것이 되어 주셨던 하느님 자신이라고 주장하신 것이다.

이 놀라운 주장은 '나는 ~이다'가 불타는 떨기나무 앞에서 모세에게 계시된 하느님의 고유한 이름이었다는 점을 고려할 때 훨씬 더 강력해진다. 모세가 하느님께 그분의 이름을 물었을 때, 하느님께서는 "나는 있는 나다אהיה אשר אהיה[에흐예 아셰르 에흐예]"(탈출 3,14)라고 대답하신다. 이 표현은 히브리어에서 하느님의 이름인 '야훼יהוה'와 깊은 관련이 있다.

예수님께서 바로 이 주장을 하셨다는 사실은 사람들의 반응에서 분명히 드러난다. 예수님은 유다 지도자들과 논쟁하면서 자신은 아브라함이 태어나기 전부터 계셨다(ἐγώ εἰμι)고 하셨다(요한 8,31-59). 그들은 이 말씀의 의미를 놓치지 않았고, 신성 모독죄로 그분께 돌을 던지려 했다. 겟세마니에서도 예수님은 비슷한 방식으로 말씀하셨다. 성전 경비병들이 나자렛 예수님을 찾으러 왔을 때, "내가 바로 그 사람이다(ἐγώ εἰμι)."라는 예수님의 말씀에 대한 성전 경비병들의 반응이 명백하게 그 말씀의 의미를 드러낸다. "그들은 뒷걸음질 치다가 땅에 넘어졌다."(요한 18,6). 그 순간 그들은 하느님의 현존과 마주쳤고 그것이 그들을 두렵게 했던 것으로 보인다.

히브리어로 하느님의 이름 야훼('나는 ~이다'의 뜻)는 아래와 같이 쓴다. 히브리어는 오른쪽에서 왼쪽으로 쓴다.

참포도나무

팔레스티나에서 포도나무 경작은 매우 중요했기 때문에 예수님께서는 포도밭과 관련된 비유를 자주 말씀하셨다. 포도나무가 이스라엘의 국가 상징이라는 점에서도 포도나무는 이스라엘에게 중요한 의미를 지닌다. 예수님께서 자신을 "참포도나무"(요한 15,1)라고 하셨을 때, 이는 자신이 참된 이스라엘이라고 주장하신 것과 같은 말이었다.

핵심 구절

"네가 하느님의 선물을 알고 또 '나에게 마실 물을 좀 다오.' 하고 너에게 말하는 이가 누구인지 알았더라면, 오히려 네가 그에게 청하고 그는 너에게 생수를 주었을 것이다."(요한 4,10)

예수님의 가르침: 예수님의 운명

죽기 위해 오신 분

악의 세력이 판치는 시대에 선한 사람이 비극적인 최후를 맞는 것은 전혀 이상한 일이 아니다. 악에 맞서다가 최후의 순간을 맞이한 용감한 사람들의 사례는 많다. 예수님의 경우도 그들과 마찬가지였을까? 당시 사회를 그토록 뒤흔들어 놓았던 예수님께서 맞이하신 죽음은 불가피한 것이었을까? 일차적인 대답은 '그렇다'일 것이다. 그러나 더 깊이 들어가 보면, 예수님께서는 장차 일어날 일을 예견하셨을 뿐만 아니라, 그 일을 놀라울 정도로 자세하게 예언하셨다. 심지어 바로 이 때문에 자신이 세상에 왔다고 말씀하셨다.

예수님은 자신의 죽음을 예견하셨는가?

예수님께서 자신이 죽임당하리라는 것을 알지 못하셨을 것이라고 주장하는 이들도 있다. 하지만 이는 예수님의 가르침뿐만 아니라 그 가르침의 배경도 고려하지 못한 것이다. 당시 많은 사람들은 메시아를 기대하고 있었다. 그들이 기대한 메시아는 민족의 적들을 물리쳐 줄 구원자였다. 그러나 예수님은 자신의 죽음에 대해 구약 성경이 말하는 메시아 주제를 이사야 예언자의 고난받는 종(이사 52,13-53,12)의 주제와 결합시키셨다. 예수님의 죽음은 이스라엘뿐만이 아닌 '많은 사람'의 구원을 위한 것이다(이사 53,11). 이 두 주제를 결합하면서, 예수님은 그토록 오랫동안 기다려 온 구원이 힘에 의한 것이 아니라, 고난을 통해서 이루어질 것이라고 하신 것이다. 이는 이스라엘뿐만 아니라 '많은' 사람들을 위한 것이고, 압제에 시달리는 이스라엘의 해방만이 아니라, 인류의 근본 문제인 죄를 없애기 위한 것이었다. 이러한 관점에서 볼 때, 자신의 죽음에 관해 이미 예수님이 예견하고 계셨음을 알 수 있다.

요나의 표징

"악하고 절개 없는 세대가 표징을 요구하는구나! 그러나 요나 예언자의 표징밖에는 어떠한 표징도 받지 못할 것이다. 요나가 사흘 밤낮을 큰 물고기 배 속에 있었던 것처럼, 사람의 아들도 사흘 밤낮을 땅 속에 있을 것이다."(마태 12,39-40).

예수님께서는 요나의 이야기만큼이나 극적인 일이 당신에게 일어날 것을 기대하고 계셨으며, 그 기대감을 요나의 이야기를 통해 보여 주셨다. 다시 말해 그것은 명백히 죽어 사라졌던 한 사람이 사흘 만에 다시 살아나는 일을 포함하는 것이었다. 아래 이미지는 헝가리 출신의 현대 구상 화가 조 졸탄의 작품 「요나와 큰 물고기」이다. 그림에서 요나는 평온하고 거의 태아와 같은 자세로 물고기의 입에서 나오는데, 이는 요나의 경험을 일종의 '재탄생'으로 표현한 것으로 보인다.

설명이 시작되다

베드로가 마침내 예수님께서 그리스도(메시아)이심을 깨닫고, 그로 인해 예수님께 칭찬을 받았을 때(마태 16,13-20), 베드로는 아마도 매우 흐뭇했을 것이다. 그러나 그 기분은 오래가지 못했다. "그때부터"(마태 16,21) 예수님께서는 자신이 어떤 메시아가 될 것인지 제자들에게 명확하게 설명하기 시작하셨기 때문이다. 예수님은 정복하는 임금이 아니라 고난받는 종이 될 것이었다(마태 16,21). 예수님께서는 자신이 겪게 될 일을 이렇게 예고하셨다.

- 많은 고통을 겪게 될 것이다.
- 종교 지도자들이 개입하게 될 것이다.
- 결국 죽임을 당하게 될 것이다.
- 사흗날에 되살아날 것이다.
- 이러한 일이 예루살렘에서 일어날 것이다.

그러자 베드로는 메시아가 된다는 의미를 예수님께서 오해하고 계신다고 보고 그분의 생각을 바로잡으려고 시도한다. 그러나 예수님께서는 그런 베드로를 '사탄'이자 '걸림돌'이라며 물리치셨다(마태 16,23). 분명한 것은 그 어떤 것도 예수님께서 걸어가셔야 하는 노정을 멈추게 할 수 없었다는 점이었다.

관련 주제
예수님의 처형: 102쪽
예수님의 부활: 106-107쪽
예수님의 거룩한 변모: 86-87쪽

거룩한 변모(마태 17,1-13)
위의 러시아 이콘이 묘사하는 것처럼, 거룩한 변모 후에 예수님께서는 베드로, 야고보, 요한에게 '사람의 아들이 죽은 이들 가운데에서 되살아날 때까지' 그들이 본 것을 아무에게도 말하지 말라고 당부하셨다. 예수님께서는 비록 자신이 분명 부활하게 될지라도 자신의 수난(마태 17,12)과 죽음을 불러올 배반(마태 17,22-23)을 잊지 않도록 다시 한번 강조하신 것이다.

더욱 구체적으로 알아보기

예수님께서 놀랍도록 정확하게 일주일 후에 자신에게 일어날 일을 예언하신 것은 예루살렘으로 향하는 마지막 여정에서였다(마태 20,17-19). 예수님께서는 다음과 같은 일들을 말씀하셨다.

- 종교 지도자들에게 배반당하실 것
- 사형 선고를 받으실 것(즉 재판이 있을 것)
- 이방인들(로마인들)이 개입하게 될 것
- 조롱당하고 채찍질을 당하실 것
- 십자가형에 처해지실 것
- 사흗날에 되살아나실 것

예수님께서는 자신의 죽음을 어떻게 해석하셨는가?

예수님에게 당신의 죽음은 단순히 하느님께서 우리를 얼마나 사랑하시는지를 보여 주는 예시가 아니었다. 예수님은 자신의 죽음을 다음과 같이 해석하셨다.

- **희생 제물:** 최후 만찬에서 예수님께서는 "이는 죄를 용서해 주려고 많은 사람을 위하여 흘리는 내 계약의 피다."(마태 26,28)라고 말씀하셨다. 이 말씀은 죄의 용서를 위해 제단에 피를 쏟았던 구약 시대의 희생 제사를 떠오르게 하며, 당신의 죽음이 우리의 용서와 관련 있음을 보여 주신다.
- **속량(몸값):** 하느님께서 이스라엘을 이집트의 종살이에서 속량(몸값을 치르고 구원)하신 것처럼(탈출 6,6-8), 예수님께서는 우리를 죄에서 구원하기 위해 속량하실 것이라고 말씀하셨다. "사람의 아들도 섬김을 받으러 온 것이 아니라 섬기러 왔고, 또 많은 이들의 몸값으로 자기 목숨을 바치러 왔다."(마태 20,28).
- **승리:** 예수님의 십자가형은 외견상 실패처럼 보였지만, 예수님께서는 그것을 성공으로 보셨다. 예수님의 마지막 외침인 "다 이루어졌다τετέλεσται[테텔레스타이]."(요한 19,30)는 절망의 외침이 아니라 승리의 외침이었다. 이 그리스어는 '끝냈다!', '성공했다!' 또는 '모든 값을 치렀다!'라는 의미를 지닌다. 이제 하늘에서 번개처럼 사탄이 떨어지는 일이 확실해진 것이다(루카 10,18).

구리 뱀
제임스 티소, 1896-1902년경, 유다인 박물관, 뉴욕, 미국.

"모세가 광야에서 뱀을 들어 올린 것처럼, 사람의 아들도 들어 올려져야 한다. 믿는 사람은 누구나 사람의 아들 안에서 영원한 생명을 얻게 하려는 것이다."(요한 3,14-15).
유다 종교 지도자인 니코데모와 나누신 대화에서 예수님께서는 이스라엘 백성이 독사의 재앙에 시달릴 때 모세가 장대에 구리 뱀을 매달아 놓았던 구약의 이야기를 언급하셨다. 구리 뱀을 바라보는 사람은 누구나 살게 되었듯이(민수 21,4-9), 예수님께서는 자신의 삶의 목적이 자신을 '바라보고' 구원받게 될 사람들을 위해 죽는 것에 있다고 말씀하신 것이다.

핵심 구절
"사람의 아들은 섬김을 받으러 온 것이 아니라 섬기러 왔고, 또 많은 이들의 몸값으로 자기 목숨을 바치러 왔다."
(마르 10,45)

예수님의 가르침: 새로운 공동체

예수님과 함께하는 삶

예수님께서는 '교회'를 구상하셨을까? 아니면 예수님의 제자들이 나중에 발전시킨 것일까? 예수님께서 교회를 세우는 것을 구상하셨더라도, 교회가 수 세기에 걸쳐 다양한 형태로 발전해 온 모습까지 계획하셨는지에 대해서는 알 수 없다(물론 모든 교회가 예수님께서 하신 일과는 많이 동떨어진 종교적 관행을 발전시켜 왔다는 사실은 자명하다.). 그러나 분명한 것은 예수님께서는 새로운 백성, 즉 새로운 이스라엘을 세우려는 온전한 의도를 갖고 계셨다는 점이다. 따라서 그리스도교가 단지 개인의 구원만을 추구하려 한다면 예수님의 가르침과는 전혀 다르다고 할 수 있다.

종말에 대한 예견

예수님 시대 유다인들은 종말이 오기 전에 이스라엘의 열두 지파가 다시 모이게 되리라고 기대했다. 예수님께서 열두 제자를 부르신 것도 이를 의도한 것이었다. 이로써 예수님께서는 자신을 중심으로 이스라엘을 새롭게 모아들이겠다고 선언하신 것이다. 그리고 그것은 결국 종말이 이제 멀지 않았음을 의미하는 것이기도 했다.

새로운 이스라엘

예수님께서는 구약에서 시작된 이야기를 완성하기 위해 오셨지만, 동시에 그 이야기에 새로운 전환을 주셨다. 하느님께서는 여전히 당신 백성 이스라엘을 세우는 일에 전념하셨지만, 그 새로운 이스라엘은 당신을 중심으로 재건된다고 말씀하셨다. 예수님은 당신이 새로운 이스라엘이요, 참포도나무이시며(요한 15,1), 당신의 제자가 되고자 헌신하는 모든 이가 그 새로운 이스라엘의 일원이 될 수 있었다.

궁극적으로 '교회'라 불리게 된 이 새로운 영적 공동체야말로 이제 하느님 백성의 참된 구현체였다. 그리고 이 새로운 공동체는 모든 이에게 열려 있었다. 남자 · 여자 · 노인 · 젊은이 · 버림받은 이 · 나병 환자 · 창녀 · 세리 · 유다인 · 사마리아인 · 비유다인 모두에게 말이다. 뛰어넘어야 할 종교적 장애물도 없었고, 어디에 소속되기 위해 서약을 할 필요도 없었다. 단지 예수님을 따르고자 하는 마음, 예수님의 방식대로 사는 법을 배우려는 의지만 있으면 충분했다.

부활 이후, 예수님의 제자들은 교회 공동체가 가지는 의미를 점점 더 깊이 깨닫게 되었다. 교회는 바오로 사도가 말했듯이 "유다인도 그리스인도 없고, 종도 자유인도 없으며, 남자도 여자도 없습니다. 여러분은 모두 그리스도 예수님 안에서 하나입니다."(갈라 3,28)라는 사실을 깨닫게 되었다. 이 '새로운 이스라엘'은 마침내 옛 이스라엘이 항상 추구했던 모습을 갖추게 되었다. 즉 임금이신 하느님과 함께하는 삶이 어떤 것인지를 삶의 모범으로 보여 주는 백성, 또한 하느님과 함께 산다는 이 좋은 소식을 다른 사람들과 나누기를 열망하는 공동체가 되어 가고 있었다.

카리타스 인터내셔널Caritas Internationalis은 가톨릭 교회의 국제 구호 및 개발 기구로, 인종이나 종교, 문화 구별 없이 도움이 필요한 이들에게 사랑을 실천하는 단체이다. 사진은 에티오피아 호젠 지구의 한 가족에게 음식을 제공하여 함께 식사하는 모습이다.

"사도들이 예수님께 모여 와, 자기들이 한 일과 가르친 것을 다 보고하였다."
(마르 6,30)

● 관련 주제
예수님의 교회: 112-113쪽
제자됨: 40쪽
왜 열둘인가?: 34쪽

예수님께서 교회에 대해 가르치셨는가?

'교회', 그리스어로 ἐκκλησία[에클레시아]라는 단어는 복음서에서는 마태오 복음서에만 두 번 나온다. 16장 18절에서 예수님께서는 반석인 베드로와 그의 고백 위에 교회를 세우겠다고 약속하셨고, 18장 15-17절에서는 제자들에게 공동체 내 분쟁을 해결하는 방법을 가르치시며, 먼저 당사자와 직접 해결하거나 필요하면 다른 사람의 도움을 받고, 그래도 해결되지 않으면 교회에 그 문제를 가져가라고 말씀하신다. 그렇다면 예수님께서 교회를 언급하신 것이 두 차례뿐이므로, 예수님은 교회에 대해 가르치지 않으셨다고 봐야 할까? 그리고 이는 마태오 복음사가가 나중에 자신의 관점을 예수님의 말씀에 덧붙였다는 의미일까?

비록 '교회'라는 단어는 복음서에서 흔하지 않지만, 그 개념은 분명히 존재한다. 참으로 예수님의 핵심 메시지인 하느님 나라는 공동체 없이는 불가능하다. 임금의 통치는 한 사람 위에 행사될 수 없고, 오직 한 백성 위에서만 행사될 수 있다. 구약 성경 전체에서 드러나듯이 하느님의 관심은 개별 인물을 구원하는 것이 아니라, 언제나 공동체로서 백성을 세우는 데 있었다는 점은 분명하다. 따라서 예수님께서 갑자기 이러한 백성 전체를 향한 하느님 구원의 본질적 측면을 무시하셨다는 것은 상상할 수 없는 일이다. 특히 하느님 나라 선포가 예수님의 가르침의 중심에 있었기에 이 점은 더욱 분명하다.

새로운 공동체의 특징

예수님께서 세우시려던 새로운 공동체는 유다교가 소중히 여겼던 할례나 안식일 준수와 같은 겉으로 드러나는 표지나 규정을 요구하지 않았다. 오히려 이 공동체는 다음과 같은 것들을 통해 서로와 타인을 위한 헌신적인 태도와 행동으로 특징지어졌다.

- 받아들임(루카 5,27-32)
- 용서(마태 18,21-35)
- 서로 사랑함(요한 13,34-35)
- 원수를 사랑함(루카 6,32-36)
- 다른 사람에게 내어 줌(루카 12,33)
- 하느님을 신뢰함(마태 6,25-34)
- 서로 섬김(요한 13,12-17)
- 겸손(마태 18,1-4)
- 하느님 아버지께 기도로 의지함(마태 6,5-13)

이스라엘에서 가장 오래된 성당 건물

2005년, 이스라엘 북부 므기또의 한 교도소 부지에 있는 직사각형 건물의 유적에서 잘 보존된 이 모자이크가 발견되었다. 3세기 초의 것으로 추정되는 모자이크에는 초기 그리스도교 상징인 물고기 두 마리와 함께 그리스어로 비문이 적혀 있었다. 그 비문의 내용은 이 건물이 '주 예수 그리스도를 기념'하기 위해 헌정되었고, 가이아누스라는 로마 군대의 장교가 비용을 지불했으며, 에코프토스라는 여성이 제대를 기증했다는 것이었다.

이곳은 콘스탄티누스 황제의 개종 시기보다 앞서 지어졌으며, 지금까지 발견된 가장 오래된 성당 건물 유적이다. 이 이전까지 그리스도인들은 주로 가정집에서 비밀리에 모여 성찬례를 거행했다. 므기또 유적 외에 가장 오래된 성당 건물 유적으로는 시리아의 두라 에우로포스에 있는 가정 교회(기원후 235-256년경)가 있으며, 콘스탄티누스 황제 이후에 세워진 것으로는 예루살렘의 주님 무덤 성당(기원후 330년경)이 유명하다.

4가지 핵심 실천

루카는, 예수님께서 승천하시고 성령 강림을 겪은 후, 제자들이 정기적으로 모여 네 가지 일을 했다고 전한다. 즉 사도들의 가르침을 듣고, 친교를 나누며, 빵을 떼어 나누고, 함께 기도한 것이었다(사도 2,42). 이러한 점들은 초기 교회 공동체 모임의 특징이었으며, 이 모임들은 제자들이 예수님과 함께 살았던 그 삶에 확고히 뿌리를 두고 있었다. 그들은 단지 예수님께서 그들에게 하신 일을 계속해서 실천하며 공동체의 삶을 살아간 것이다.

핵심 구절

"두 사람이나 세 사람이라도 내 이름으로 모인 곳에는 나도 함께 있다."(마태 18,20)

예수님의 가르침: 하느님의 심판

종말의 시작

예수님은 하느님의 사랑을 전하는 동시에 하느님의 심판도 전하기를 꺼리지 않으셨다. 예수님에게 이 둘은 양립할 수 없는 모순이 아니라, 동전의 양면과 같았다. 잘못을 저지른 사람을 적당히 넘겨주는 사랑은 진정한 사랑이 아니며, 사랑이 없는 정의도 진정한 정의가 될 수 없다. 이 두 측면은 예루살렘을 사랑하면서도 예루살렘에 닥칠 심판을 예언하신 예수님의 태도에서 볼 수 있다(마태 23,37-38). 그러나 예수님은 예루살렘에 일어날 일이 단지 그 도시에만 해당하는 것이 아니라, 그분께 응답하지 않는 모든 사람에게 닥칠 일임을 보여 주는 표징이라고 하셨다.

심판의 날

예수님은 자신의 재림과 심판 때에 일어날 일에 대해 자주 말씀하시면서도, 그 일이 아직 일어나지 않은 것이라고 하셨다. 예를 들어, 미나의 비유(루카 19,11-27)에서 이를 볼 수 있다. 멀리 떠났던 주인이 돌아와서, 종들이 그의 재산을 어떻게 다루었는지 회계하고 그에 따라 상을 주었다. 충실한 종들에게는 상이 기다리지만, '하느님이 자기들의 임금이 되는 것을 바라지 않은 저 원수들'(루카 19,27)에게는 심판이 기다린다고 예수님께서는 말씀하셨다. 하느님의 최종 심판은 결국 오게 될 것이다.

앞날을 내다보심

예수님께서는 역사가 끝없이 돌고 도는 것이 아니라 종말을 향해 나아가고 있다고 보셨다. 그러나 동시대의 유다인들과는 달리, 예수님께서는 종말이 한 번의 사건이 아니라 두 단계로 올 것이라고 보셨다. 성전이 무너질 것이라는 예수님의 예언에 제자들은 두 가지 질문을 했다. "그런 일이 언제 일어나겠습니까? 또 스승님의 재림과 세상 종말의 표징은 어떤 것입니까?"(마태 24,3). 이 두 질문과 그에 대한 예수님의 답변을 분리해서 이해하지 못하면, 예수님께서 두 단계로 다가올 것이라고 보신 미래에 대해 잘못된 견해를 갖게 된다.

첫 번째 단계: 예루살렘의 파괴(마태 24,1-28)

예수님께서는 가까운 미래에 어려운 시기가 닥칠 것이라고 말씀하셨다.

- 많은 거짓 메시아가 나타나 이스라엘을 선동할 것이다(마태 24,4-5).
- 전통적인 예언의 이미지로 묘사되는 많은 재난이 있을 것이다(마태 24,6-8).
- 예수님의 제자들은 박해를 받게 될 것이며, 그 시기에 제자들은 다른 나라들로 퍼져 나갈 것이다(마태 24,9-14).
- 예루살렘이 공격당하고, '황폐를 부르는 혐오스러운 것'이 성전에 세워질 것이나, 당신의 제자들은 예루살렘에서 피신하면 이를 피할 수 있을 것이다(마태 24,15-22).
- 그러나 제자들은 이 모든 것을 최후 종말로 착각해서는 안 된다(마태 24,23-28).

예수님께서는 다가올 민족들 간의 전쟁에 참여하지 말라고 제자들에게 경고하셨는데, 이는 그 전쟁이 결국 파국으로 끝날 것이기 때문이었다. 그 이후에도 삶은 계속될 것이고, 복음도 계속 전파되어, 하느님의 최후 심판이 오기 전까지 모든 이가 예수님에게 돌아올 기회를 얻게 될 것이다.

두 번째 단계: 마지막 날들(마태 24,29-25,46)

예수님께서는 "그 무렵 환난이 지난 뒤"(마태 24,29) 결국 종말로 이어질 사건들이 일어날 것이며, 그 종말은 당신의 재림과 하느님의 심판으로 나타날 것이라고 말씀하셨다(마태 24,44-25,46).

- 삶은 평상시처럼 계속될 것이다(마태 24,37-39).
- 전통적인 묵시 문학적 언어로 묘사되는 마지막 전투가 있을 것이다(마태 24,29-30).
- 예수님께서 다시 오셔서 제자들을 모으실 것이다(마태 24,30-31). 그러나 그 시기는 아무도 알 수 없으므로, 항상 준비하고 있어야 한다(마태 24,32-25,13).
- 우리는 이 중간 시기를 지혜롭게 사용해야 하며(마태 25,14-28), 예수님을 거부한 자들에게는 하느님의 심판이 반드시 따를 것임을 알아야 한다(마태 25,31-46).

티투스 황제의 개선문 부조 복제품(부분)

로마인들이 예루살렘 성전에서 약탈한 전리품들을 옮기는 모습.

"예루살렘은 다른 민족들의 시대가 다 찰 때까지 그들에게 짓밟힐 것이다."
(루카 21,24)

● 관련 주제
성전에 대한 태도: 17쪽
예루살렘: 16쪽
예수님의 재림: 120쪽

성전의 종말

예수님께서 성전에서 나가실 때에 제자들 가운데 한 사람이 말하였다. "스승님, 보십시오. 얼마나 대단한 돌들이고 얼마나 장엄한 건물들입니까?" 그러자 예수님께서 그에게 이르셨다. "너는 이 웅장한 건물들을 보고 있느냐? 여기 돌 하나도 다른 돌 위에 남아 있지 않고 다 허물어지고 말 것이다."(마르 13,1-2).

갈릴래아의 시골 젊은이들에게 예루살렘 성전은 분명 놀랍게 보였을 것이다. 그러나 예수님께서는 그 외관에 속지 않으시고 파괴를 예언하셨다. 기원후 70년, 로마인들은 4년 간의 전쟁 끝에 예루살렘의 방어선을 뚫고 성전을 약탈했다. 그리고 다니엘서의 예언대로 "황폐를 부르는 혐오스러운 것"(다니 11,31)을 성소에 세웠다(마태 24,15). 그들이 세운 군기에는 황제의 휘장이 새겨져 있었으므로, 이는 성전의 최종적인 모독을 확증하는 것이었다. 그러고 나서 그들은 성전에 불을 질렀고, 성전의 금 장식들이 녹아 거대한 돌들 사이의 틈으로 스며들자 병사들은 그 금을 얻기 위해 돌들을 부수었다.

오른쪽 사진은 지금까지 유일하게 남아 있는 예루살렘 성전산의 서쪽 벽(통곡의 벽)의 모습이다. 성전은 이제 끝났고, 하느님께서 바라시는 것과는 전혀 무관한 것이 되었다. 역사적으로는 로마인들이 파괴했지만, 신학적 관점에서 이는 하느님께서 행하신 심판으로 이해되었다.

부자와 라자로의 비유
베른하르트 슈뢰더(렘브란트 그림 바탕), 1767-1780년, 국립 미술관, 암스테르담, 네덜란드.

영원한 운명

부자와 라자로의 비유(루카 16,19-31)에서, 예수님께서는 완전히 다른 두 사람의 운명을 대조하셨다. 한 사람은 엄청나게 부유한 사람이었고, 다른 한 사람은 날마다 그의 집 대문 앞에 앉아 있던 가난한 사람이었다. 라자로(예수님의 비유에서 유일하게 이름이 있는 인물)는 죽어서 '아브라함 곁'으로 갔다. 이는 낙원을 가리키는 라삐들 표현으로, 의인들이 미래의 완전한 구원을 기다리는 곳이다. 무심했던 부자도 죽어서 저승, 즉 하데스(지옥이 아님)로 갔는데, 유다교에서는 악인들이 그곳에서 최후의 심판을 기다린다고 믿었다. 부자는 그곳에서 너무나 고통스러워 아브라함에게 라자로를 보내 물을 달라고 애원했다(그는 라자로에게 결코 그런 일을 해 준 적이 없었다.). 그러나 아브라함은 "우리와 너희 사이에는 큰 구렁이 가로놓여 있어, 여기에서 너희 쪽으로 건너가려 해도 갈 수 없고 거기에서 우리 쪽으로 건너오려 해도 올 수 없다."(루카 16,26)라고 말한다. 그래서 부자는 아브라함에게 라자로를 보내 그의 형제들에게 닥칠 운명에 대해 경고하게 해 달라고 간청했지만, 아브라함은 그들이 성경 말씀을 듣지 않는다면, 죽은 이들 가운데 누가 다시 살아나도 믿지 않을 것이라고 답한다. 이는 명백히 예수님 자신의 부활을 암시하는 것이다. 이 이야기를 통해 예수님은 내세의 삶이 확실히 존재하고, 종말 때 심판과 보상이 존재하며, 죽음 이후에는 운명을 바꿀 수 없음을 강조하셨다. 결국 현세의 삶이 우리가 결정을 내릴 수 있는 유일한 기회인 것이다.

핵심 구절

"나를 물리치고 내 말을 받아들이지 않는 자를 … 내가 한 바로 그 말이 마지막 날에 그를 심판할 것이다."
(요한 12,48)

예수님의 기적: 병을 이기는 힘

하느님 나라의 표징

기적은 예수님의 공생활에서 중요한 부분을 차지한다. 사실 마르코 복음서의 3분의 1이 기적에 관한 이야기이다. 그러나 예수님의 기적은 제자들을 끌어모으는 수단도 아니었고, 심지어 동정심의 일차적인 표현도 아니었다. 예수님의 병 치유는 하느님 나라를 이 세상에 드러내 보여 주는 것이자, 하느님께서 다스리실 때 어떤 일이 일어나는지를 보여 주는 것이었다. 즉 병의 치유를 통한 인간 몸의 변화는 예수님께서 전해 주신 인간 조건의 근본적인 변화를 보여 주는 가시적 표징이었다.

갈릴래아 호수 주변의 기적들

복음서는 35가지의 구체적인 기적을 기록하고, 그 외에도 더 많은 기적들을 언급한다. 예수님이 행하신 이 기적들 중 많은 수가 갈릴래아 호수 주변에서 일어났다.

1 카파르나움
- 마귀 들린 사람을 해방시키심(마르 1,21-28)
- 베드로의 장모의 열병을 치유하심(마르 1,29-31)
- 중풍 병자를 치유하심(마르 2,1-12)
- 백인대장의 중풍 걸린 하인을 치유하심(마태 8,5-13)
- 야이로의 죽은 딸을 살리심(마르 5,21-24.35-43)
- 하혈병을 앓는 여인을 치유하심(마르 5,25-34)
- 많은 물고기를 잡게 하심(루카 5,1-11)

2 코라진
- 믿지 않는 사람들로 인해 몇 가지의 기적만을 행하심(마태 11,20-24)

3 벳사이다
- 눈먼 사람을 치유하심(마르 8,22-26)
- 오천 명을 먹이심(루카 9,10-17)

4 갈릴래아 호수와 겐네사렛
- 물 위를 걸으시고 겐네사렛의 병자들을 치유하심(마태 14,22-36)
- 풍랑을 가라앉히심(마태 8,23-27)

5 가다라 지역
- 마귀 들린 사람을 해방시키심(루카 8,26-39)

예수님의 기적에 대한 비그리스도교적 증언

"[예수는] 놀라운 일들을 행한 이였다. … ."
(요세푸스)

"[예수는] … 마술을 행하고 이스라엘을 배교로 이끌었다."
(유다 탈무드, 산헤드린 43a)

눈먼 이와 귀먹은 이의 치유

예수님은 특히 눈먼 이와 귀먹은 이를 많이 치유해 주셨다. 이는 예수님께서 전하려 했던, 영적인 눈과 귀가 열림을 상징적으로 보여 준다. 요한 복음서에서 예수님은 날 때부터 눈먼 사람을 고치신다(요한 9,1-12). 이 일은 즉시 바리사이들과의 논쟁으로 이어지는데, 그 기적이 안식일에 이루어져서이다. 그래서 예수님께서는 그 기회를 빌려 바리사이들이 영적인 눈멂을 직면하게 하셨다(요한 9,13-41). 눈먼 이와 귀먹은 이의 치유는 유다인들에게 매우 의미 있는 일이었다. 이사야 예언자가 이미 700년 전에 눈먼 이와 귀먹은 이의 치유를 메시아 활동의 핵심적인 부분으로 예언했기 때문이다(이사 29,18; 35,5-6). 그래서 헤로데에 의해 감옥에 갇힌 세례자 요한이 예수님이 정말 메시아인지 의심했을 때, 예수님은 그가 보낸 사람들에게 이렇게 말씀하신다. "요한에게 가서 너희가 보고 듣는 것을 전하여라. 눈먼 이들이 보고 다리저는 이들이 제대로 걸으며, 나병 환자들이 깨끗해지고 귀먹은 이들이 들으며, 죽은 이들이 되살아나고 가난한 이들이 복음을 듣는다."(마태 11,4-5).

기적과 믿음

기적과 믿음의 관계를 논할 때 다음 사항을 유념해야 한다.
- 기적은 항상 믿음에 달려 있었던 것은 아니다. 기적을 경험한 이들 중에는 믿음이 거의 없던 이들도 있었다(요한 5,6-7; 마태 9,21).
- 기적이 항상 믿음을 낳았던 것도 아니다. 나병 환자 열 명이 치유받았으나 단지 한 사람만 돌아와 감사를 드렸다(루카 17,11-19).

예루살렘에 있는 주랑이 다섯 채 딸린 벳자타 못 유적지

이곳에서는 못 속의 물이 출렁거릴 때, 가장 먼저 못으로 들어가면 병이 나을 것이라고 믿는 병자들이 모여 있었다. 여기에서 예수님은 38년 동안 앓던 사람을 고치셨다(요한 5,1-15). 38년이라는 시간은 그가 정말로 불구자였음을 당시 사람들이 모두 충분히 알 수 있는 시간이었다. 예수님께서 그 앓던 이에게 그 자신이 치유되기를 진심으로 바라는지 물어 보셨던 이유는, 병이 치유되면 그의 유일한 생존 수단인 구걸을 더 이상 할 수 없기 때문이었을 수도 있다.

"예수님께서는 주님의 힘으로 병을 고쳐 주기도 하셨다."
(루카 5,17)

● 관련 주제
악령: 91쪽
하느님 나라: 38-39쪽
자연법칙을 지배하는 힘: 62-63쪽

예수님의 치유가 놀라웠던 이유

당대 사람들은 예수님이 어떤 기적을 행하셨느냐보다 그것을 누구에게 행하셨느냐에 더 놀랐다. 유다교 지도자들이 보기에 예수님은 나병 환자, 버림받은 이들, 종교적으로 부정한 이들, 비유다인처럼 기적을 베풀기에 합당하지 않은 부류의 사람들을 고치셨기 때문이다. 이런 치유의 예는 동시대 어떤 유다 문헌에서도 찾아보기 힘들다. 예수님의 반대자들이 문제 삼았던 것은 예수님께서 치유받을 자격이 없는 사람들을 고쳐 주셨다는 점이었다. 그러나 그것이 바로 예수님의 핵심 메시지였다. 예수님의 치유는 하느님께서 어떤 분이신지를 드러내는 표징이자 하느님 나라가 이미 시작되었음을 구체적으로 보여 주는 시연이며, 영적 유배로부터의 해방이라는 희망을 미리 맛보는 것이었다.

병자를 치유하시는 그리스도
장 주브네, 1717년 이전, 바르샤바 국립 미술관, 바르샤바, 폴란드.
이 그림은 예수님의 기적적인 치유 행위를 묘사한다.

기적은 가능한가?

어떤 사람들은 예수님의 기적에 대해 회의적이며, 그것을 원시적 미신으로 치부하기도 한다. 그러나 포스트모더니즘이 보여 주듯이, 과학적 세계관만이 유일하게 타당한 진리라고 할 수는 없으며, 고대인들이 기적을 믿었다는 이유만으로 그들을 어리석거나 다른 이들을 속이는 자로 여기는 것은 극단적 오만이라 할 수 있을 것이다. 실제로 오늘날 세계 인구의 대다수는 영적 차원을 믿으며 그에 따라 살아가고 있고, 믿는 이들 가운데에서는 여전히 예수님의 이름으로 치유가 이루어지고 있다.

예수님의 치유 중 일부는 심리적 요인이 작용한 것이었을까? 아마도 그랬을 수도 있다. 현대 의사의 치유와 마찬가지로 말이다. 그러나 그것이 기적의 진정성을 떨어뜨리지는 않는다. 그러나 어떤 치유는 심리적인 것일 수 없다. 예를 들어, 로마 백인대장의 하인이 멀리서 치유된 사건(마태 8,5-13)은 백인대장이 예수님께서 기도하시는 바로 그 순간에 하인이 치유되었다는 사실을 알게 된 것이었다.

예수님의 치유 방식

예수님께서 사람들을 치유하실 때 단순한 방법부터 더 독특한 방법에 이르기까지 다양한 방식을 사용하셨다.

- 사람들에게 손을 얹으심(마르 6,5)
- 병을 꾸짖으심(루카 4,39)
- 마귀를 쫓아내거나(마태 17,18), 꾸짖으심(마르 9,25)
- 병자들에게 어떤 행동을 명령하심(마르 2,10-12)
- 눈에 진흙을 바르시고(요한 9,6), 귀에 손가락을 넣으심(마르 7,33)

치유는 대부분 즉각적으로 이루어졌지만, 어떤 치유는 서서히 이루어지기도 했다(마르 8,22-25).

왜 비밀을 명하셨는가?

기적 행위를 모든 사람에게 알려서 많은 신뢰를 얻는 것이 자연스러운데, 예수님은 왜 자신이 행한 기적을 비밀로 하라(마르 1,43-44)고 자주 말씀하셨을까? 예수님은 당신이 기적과 같은 초자연적 힘과 무력으로 이스라엘을 해방시키는 메시아로 알려지기를 원치 않으셨다. 예수님의 사명은 그러한 것들과 거리가 멀었기 때문에 종종 치유 기적을 비밀에 부치라고 명령하셨다(물론 사람들은 예수님의 이 말씀을 따르지 않았다. 마르 1,45).

핵심 구절

"내가 진실로 진실로 너희에게 말한다. 나를 믿는 사람은 내가 하는 일을 할 뿐만 아니라, 그보다 더 큰 일도 하게 될 것이다. 내가 아버지께 가기 때문이다."
(요한 14,12)

예수님의 기적: 자연을 다스리는 힘

창조주 하느님의 권능을 지니신 분

예수님의 기적이 치유에만 머물렀다면, 심리적 현상이나 의학적 통찰로 설명하려는 시도가 가능할지도 모른다. 그러나 그분의 기적은 설명 가능한 범위를 넘어, 하느님 나라의 도래를 알리는 강력한 '표징σημεῖον[세메이온]'으로 제시된다. 따라서 이 표징들은 '어떻게 가능했는가'라고 묻기보다 '예수님이 누구신가'를 드러내는 데 목적이 있다. 복음서 저자들에게 이 기적들은, 창조주이신 예수님께서 당신의 피조물을 통해 구원 활동을 펼치시는 당연하고도 놀라운 사건이었다.

타브가에 있는 비잔틴 양식의 이 모자이크는 5,000명을 먹이신 예수님을 기리기 위해 제작되었다. 이 모자이크에서 물고기는 두 개의 등지느러미를 가진 것으로 묘사되어 있는데, 이를 통해 모자이크의 작가가 갈릴래아의 물고기에 대해 잘 알지 못했음을 알 수 있다.

많은 군중을 먹이시다

복음서에는 예수님께서 기적적으로 군중을 먹이신 이야기가 두 번 기록돼 있다. 한 번은 5,000명을, 다른 한 번은 4,000명을 먹이신 것이다. 예수님께서도 이 두 사건을 별개의 사건으로 언급하셨다(마태 16,8-10). 그중 5,000명을 먹이신 기적은 네 복음서에 모두 기록된 기적이다(마태 14,13-21; 마르 6,30-44; 루카 9,10-17; 요한 6,1-15). 그런데 오직 요한 복음서에만 한 어린 소년이 빵 다섯 개와 물고기 두 마리를 가지고 있었다고 기록되어 있다(요한 6,9). 아마도 이 빵 다섯 개와 물고기 두 마리는 그 어린 소년의 점심이었을 것으로 실제 양이 많지 않았을 것이다. 그러나 예수님은 이것으로 남자 5,000명뿐만 아니라 여자와 아이들까지(마태 14,21) 모든 군중을 먹이셨을 뿐만 아니라 먹고 나서도 열두 광주리를 채울 만큼 남았다. 열둘이라는 숫자는 이스라엘 지파를 상징하는 수였으므로 예수님은 이 표징을 통해 자신이 모든 하느님의 백성을 만족시킬 수 있는 능력을 가지고 있음을 보여 주신 것이다.

창조주의 창조

예수님의 자연 기적(자연에 대한 기적)은 네 가지 범주로 나눌 수 있다.

- ■ 통제(예: 풍랑을 잠재움)
- ■ 확장(예: 5,000명의 사람들을 먹임)
- ■ 지배(예: 물 위를 걷는 것)
- ■ 정복(예: 죽은 자를 살리는 것)

유다인의 사고에서 이 중 어느 것도 하느님께는 불가능하지 않았다. 그들에게 '자연'은 스스로 존재할 수 있는 독립적인 실체가 아니라, 창조주 하느님께서 직접 관장하시는 창조주의 피조물이었기 때문이다. 일반적으로 창조주의 이 우주는 시계 장치처럼 작동하지만, 필요할 경우 창조주의 목적에 맞게 움직일 수 있다(여호 10,12-13; 2열왕 20,8-11).

요한 복음서의 일곱 가지 표징

요한 복음사가는 예수님께서 행하신 기적들을 많이 알고 있었지만, 단지 일곱 기적만을 '표징'이라고 부르며 복음서에 기록했다(요한 20,30-31). 이 표징들은 단순한 힘의 과시가 아니라, 그 자체를 넘어 목적지를 가리키는 표지판처럼 더 깊은 의미를 드러낸다. 각각의 표징에는 깊은 의미가 담겨 있으며, 때로는 예수님께서 직접 그 의미를 설명하시기도 한다. 이 표징들은 사람들로 하여금 스스로 성찰하고 믿음에 이르도록 이끌기 위해 기록된 것이다. 요한 복음사가가 전하는 일곱 가지 표징은 다음과 같다.

- ■ 카나에서 물을 포도주로 만드심(요한 2,1-11)
- ■ 왕실 관리의 아들을 치유하심(요한 4,46-53)
- ■ 벳자타 못에서 병자를 치유하심(요한 5,1-14)
- ■ 5,000명을 먹이심(요한 6,1-15.22-59)
- ■ 물 위를 걸으심(요한 6,16-21)
- ■ 태어날 때부터 눈먼 사람을 치유하심(요한 9,1-41)
- ■ 라자로를 다시 살리심(요한 11,1-44)

5,000명을 먹이신 표징(부분)
후안 데 에스피날, 1750년경, 세비야 시청, 세비야, 스페인.

"도대체 이분이 누구시기에 바람과 호수까지 복종하는가?"
(마르 4,41)

● 관련 주제
예수님의 부활: 106쪽
'나는 ~이다'라는 표현: 53쪽
카나의 혼인 잔치: 32쪽

두 가지 자연 기적

■ **풍랑을 가라앉히시다**(마태 8,23-27; 마르 4,35-41; 루카 8,22-25)

과거에 어부였던 제자들마저 겁에 질릴 정도로 강한 풍랑이 몰아쳤지만 예수님은 너무 지쳐 잠이 드셨다. 제자들은 자신들이 물에 빠져 죽으리라 생각했지만, 예수님께서 잠에서 깨어 바람을 꾸짖고 호수에 "'잠잠해져라. 조용히 하여라!' 하시니 바람이 멎고 아주 고요해졌다."(마르 4,39). 예수님께서 제자들의 부족한 믿음을 꾸짖으시는 장면에서 제자들의 반응을 상상해 볼 수 있다.

■ **물 위를 걸으시다**(마태 14,22-33; 마르 6,45-52; 요한 6,16-21)

제자들이 또 다른 풍랑으로 호수 위에서 고생하고 있을 때, 예수님께서 물 위를 걸어 그들에게 다가가셨다. 당연하게도 제자들은 겁에 질렸고, 베드로는 예수님을 따라 물 위를 걸으려 했지만 이내 믿음이 약해져 물에 빠지고 말았다(마태 14,28-30). 그의 믿음이 약한 것을 부드럽게 꾸짖으신 예수님의 말씀(마태 14,31)은, 제자들이 굳건한 믿음을 지녔더라면 그들 역시 놀라운 일을 할 수 있었으리라는 점을 암시한다.

물론 이러한 사건들은 현실적으로 불가능하다. 풍랑이 사람의 명령으로 잠잠해질 리 없고, 사람이 물 위를 걸을 수도 없다. 그러나 이 기적들에 대해 합리적인 설명을 찾으려는 시도(예를 들어 폭풍이 멈춘 것은 단순한 우연이었다는 식의 해석)는 이 이야기가 전하려는 핵심을 놓치는 것이다. 이 기적 이야기들의 핵심은 물리적인 현상의 설명이 아니라, 신학적인 메시지에 있다. 이 기적들은 바로 예수님께서 창조주 하느님의 권능을 지니신 분임을 선포하는 이야기다.

갈릴래아 호수 쪽을 향하고 있는 아르벨산
남서쪽에서 불어오는 바람이 이 산을 통과하면서 호수에 갑작스럽게 맹렬한 풍랑을 일으키곤 한다(마태 8,24).

죽은 이들을 되살림

■ **나인 과부의 아들**(루카 7,11-17)

예수님은 남편과 아들 모두를 잃어 혼자가 된 과부를 불쌍히 여기셨다. 예수님께서 관 속의 죽은 아들에게 "일어나라!"고 하시자, 그 아들이 그대로 일어났다. 사람들은 '우리 가운데 큰 예언자가 나타났다.'며 놀랐고, 엘리야 예언자가 행한 비슷한 기적(1열왕 17,8-24)을 떠올렸을 것이다. 그들은 결국 '하느님께서 당신 백성을 찾아오셨다.'는 결론에 도달했다.

■ **야이로의 딸**(마태 9,18-26; 마르 5,21-43; 루카 8,40-56)

치유를 청하는 한 여인 때문에 지체되어, 예수님께서 야이로의 집에 도착했을 때 야이로의 딸은 이미 죽은 상태였다. 예수님께서 애도하는 이들에게 딸은 죽은 것이 아니라 자고 있다고 하시자 그들은 비웃었다. 예수님은 그들을 모두 밖으로 내보내고 소녀에게 "일어나라!" 하셨고, 소녀는 그대로 일어났다. 복음사가가 예수님의 실제 말씀인 아람어 "탈리타 쿰!(어린 소녀야, 일어나라!)"을 기억하고 기록한 것은 이 사건이 얼마나 깊이 각인되었는지를 보여 준다.

■ **라자로**(요한 11,1-44)

라자로는 예수님의 친구였지만, 예수님께서는 그가 아프다는 소식을 들으시고도 일부러 계시던 곳에 더 머무르셨다(요한 11,1-44). 예수님이 도착했을 때, 라자로는 이미 죽은 지 나흘이 지난 상태였다. 그러나 이는 예수님을 막지 못했다. 그분께서는 당신 자신이 '부활이요 생명'이라고 선언하셨다(요한 11,25). 예수님께서는 무덤을 막은 돌을 치우게 하시고 라자로를 밖으로 불러내셨다. 라자로는 다시 살아나 걸어 나왔고, 모든 이가 너무나 큰 충격에 빠져 그의 수의를 벗길 생각조차 하지 못했다.

물론 이 세 사람 모두 훗날 다시 죽음을 맞았을 것이다. 그러나 그들의 소생은 그 자체로 예수님 자신의 부활과, 마지막 때에 그분을 믿는 모든 이가 누리게 될 부활의 강력한 표징이 되었다.

베타니아에 있는 라자로의 무덤.

핵심 구절

"나다. 두려워하지 마라."(요한 6,20)

예수님의 비유

설명된 하느님 나라의 신비

예수님의 기적이 하느님 나라를 눈으로 보여 주는 증거라면, 예수님의 비유는 하느님 나라에 대한 설명이다. 예수님께서는 일상생활에서 가져온 단순한 이야기들을 통해 하느님 나라에 관한 심오한 진리와 그 나라가 작동하는 방식을 드러내셨다. 예수님의 이야기와 표징은 다른 종교적 가르침이 닿지 못하는 곳까지 파고드는 힘이 있었다. 때로는 사람들이 갈망하던 부분을 채워 주면서도, 때로는 그들이 건드리기 싫어하는 부분을 자극하기도 했다. 이 단순한 이야기와 표징들 이면에는, 때로는 그 의미가 명백하게 드러나기도 하고 때로는 믿음을 이끌어 내기 위해 비밀스럽게 감추어져 있기도 한 영원의 신비가 놓여 있다.

예수님의 유명한 비유들

비유 제목	마태오	마르코	루카
집을 지은 두 사람의 비유	7,24-27		6,46-49
착한 사마리아인의 비유			10,25-37
어리석은 부자의 비유			12,13-21
씨 뿌리는 사람의 비유	13,1-23	4,1-20	8,4-15
되찾은 양의 비유	18,12-14		15,3-7
되찾은 아들(탕자)의 비유			15,11-32
부자와 라자로의 비유			16,19-31
매정한 종의 비유	18,23-35		
열 처녀의 비유	25,1-13		
탈렌트의 비유	25,14-30		19,11-27
양과 염소의 비유	25,31-46		

비유의 특징

- 일반적으로 하나의 핵심 요점을 가진다.
- 대체로 짧고, 불필요한 묘사는 모두 생략한다.
- 대부분 일상생활에 바탕을 두지만, 때로는 충격을 주기 위해 터무니없는 과장을 사용하기도 한다.
- 비유는 진리를 드러내는 만큼이나 감출 수도 있다(마르 4,10-12).

이야기의 힘

그리스 철학에 뿌리를 둔 서양 교육은 주로 원칙 · 개념 · 이론에 기반을 둔다. 그러나 세계의 많은 문화권에서 지식은 이야기를 통해 전달되며, 이는 유다인들에게도 마찬가지였다. 구약 성경의 상당 부분은 이야기로 이루어져 있다. 즉 하느님께서는 한 민족이 역사 속에서 체험한 이야기를 통해 영원한 진리를 드러내시며, 그 큰 이야기 자체도 수많은 개별 이야기들로 구성된다. 따라서 이야기를 사용하신 예수님의 방식은 진리를 전달하는 오랜 유다적 전통을 따르는 것이었다.

예수님 가르침의 3분의 1가량은 더 깊은 의미를 지닌 이야기, 즉 비유의 형태를 띤다. 일반적으로 비유에는 핵심적인 요점이 딱 하나 있다. 그런데 모든 세부 사항에서 숨은 의미를 일일이 찾으려다 보면 그 요점을 놓치기 쉽다. 비유는 농담과 같아서, 그것을 설명하려고 애쓰는 순간 그 묘미를 망치게 된다.

하느님 나라 비유

마태오 복음서 13장에 모여 있는 비유들은 주로 "하늘 나라는 …와 같다."라는 말로 시작한다. 이 비유들은 모두 하느님 나라가 유다인들이 기대했던 방식이 아니라, 사실은 이미 이 세상에 와 있다는 점을 강조한다. 또한 그 모두가 하느님 나라는 미미하게 시작하지만 반드시 승리하게 될 운명임을 말한다. 그 나라를 비유하면 다음과 같다.

- 온갖 방해를 극복하고 자라나는 씨앗(마태 13,1-23)
- 숨 막히게 하는 가라지에도 불구하고 확실하게 거두어들일 수확물(마태 13,24-30.36-43)
- 가장 큰 식물이 되는 아주 작은 겨자씨(마태 13,31-32)
- 반죽 전체에 스며드는 적은 양의 누룩(마태 13,33)
- 가진 모든 것을 팔아서 살 만한 가치가 있는 보물(마태 13,44-46)
- 세상 종말 때에 좋은 것과 나쁜 것을 가려내는 그물(마태 13,47-50)

겨자씨(갈색과 흰색).

"예수님께서 그들에게 많은 것을 비유로 말씀해 주셨다."
(마태 13,3)

● 관련 주제
'나는 ~이다'라는 표현: 53쪽
하느님 나라: 38-39쪽
살아 있는 물의 강: 50쪽

착한 사마리아인의 비유

예루살렘에서 유다 광야를 지나 예리코로 가는 길은 착한 사마리아인의 비유(루카 10,25-37)의 배경이 되는 곳이다. 이 길에서 한 여행자가 강도를 만나 죽을 지경에 이르지만, 종교인들은 그를 외면하고 지나친다. 정작 그를 구한 이는 유다인들이 경멸하던 사마리아인이었다.

이 비유의 핵심 메시지는 분명하다. 한 율법 학자가 예수님께 "누가 저의 이웃입니까?"라고 질문한 데 대한 답이다. 사마리아인을 경멸하던 이들에게 들려주신 이 비유의 대답은 단순하면서도 충격적이었다. 바로 도움이 필요하거나 도움을 주는 사람이 곧 이웃이라는 것이다. 물론 이 비유가 착한 유다인이 사마리아인을 돕는 이야기였다면 유다인들이 받아들이기 훨씬 더 쉬웠을 것이다. 그러나 예수님께서는 듣는 이의 편견에 맞춰 이야기의 본질을 타협할 생각이 없으셨다. 오히려 충격 요법으로 기존의 생각을 뒤엎으셨다.

요한 복음서의 주요 상징

요한 복음서는 공관 복음서와 같은 이야기 형식의 비유 대신, 구약 성경에 깊이 뿌리내린 강력한 상징들을 통해 예수님이 누구신지를 드러낸다. 그중 몇 가지 주요 상징은 다음과 같다.

■ **포도나무**

구약 성경에서 포도나무는 하느님의 백성인 이스라엘을 나타내는 대표적인 상징이다(이사 5,1-4). 예수님께서는 바로 이 상징을 당신 자신에게 가져오시어, 당신이 "참포도나무"(요한 15,1)라고 선언하신다. 이는 당신이야말로 하느님의 참된 백성을 이루는 중심이며, 신자들은 그분께 붙어 있을 때에만 생명의 열매를 맺을 수 있다는 상징적인 선언이다(요한 15,2-8).

■ **빛**

빛은 구약 성경에서 하느님의 현존과 선하심을 드러내는 중요한 상징이었다. 예수님께서는 바로 이 상징을 사용하여 "나는 세상의 빛이다."(요한 8,12)라고 말씀하신다. 이는 당신께서 이스라엘을 넘어 온 세상에 하느님의 생명과 진리를 비추는 유일한 분이심을 상징적으로 보여 주는 가르침이다.

■ **물**

생명을 주고 정화하는 물 역시 구약에서 하느님의 영과 그분의 생명력 넘치는 돌보심을 나타내는 핵심 상징이었다(이사 44,3; 에제 36,25-27; 47,1-12). 예수님께서는 목마른 이를 부르시며, 당신을 믿는 이에게서 "생수의 강들이 흘러나올 것"(요한 7,38)이라고 약속하신다. 이로써 예수님께서는 당신이야말로 성령을 통해 영원한 생명을 주는 근원이심을 극적으로 상징하신다.

종말에 관한 비유

마태오 복음사가는 세상 종말에 관한 여러 비유를 한데 모아 놓았다.

- **충실한 종과 불충실한 종(마태 24,45-51)**: 이 비유는 우리가 맡은 삶과 책임을 끝까지 충실하게 살아갈 것을 촉구한다.
- **슬기로운 처녀와 어리석은 처녀(마태 25,1-13)**: 언제 오실지 모르는 주님의 재림에 항상 깨어 준비해야 함을 일깨워 준다.
- **탈렌트(마태 25,14-30)**: 하느님께서 우리에게 주신 재능과 기회를 지혜롭게 사용해야 함을 강조한다. 그분께서 언젠가 그 결과를 물으실 것이기 때문이다.
- **양과 염소(마태 25,31-46)**: 마지막 심판의 기준이 바로 이웃을 돌보는 자비로운 삶에 있음을 분명히 보여 준다.

가르침에 담긴 삶의 소재들

예수님의 가르침은 위대한 진리를 설명하기 위해, 다음과 같이 아주 평범하고 일상적인 모습들을 그 핵심 '소재'로 삼기도 한다.

- **탄생(요한 3,3-7)**: 영적 재탄생의 가르침
- **혼인 잔치(마태 25,1-13)**: 깨어 준비하는 삶의 중요성
- **농사(요한 4,35)**: 복음 선포의 시급함에 대한 가르침
- **일상생활(마태 5,13-16)**: 신자들의 역할을 '소금'과 '등불'에 비유하심
- **자연(마태 6,26-30)**: 모든 걱정을 하느님께 맡김

그 밖의 다른 비유들

앞의 비유들 외에도, 다음과 같이 신앙생활의 다양한 주제를 다룬다.

- **기도**: 포기하지 않고 끊임없이 기도할 것을 가르치는 '과부와 불의한 재판관 비유'(루카 18,1-8)
- **의로움과 위선**: 스스로를 의롭다고 여기는 교만한 태도를 경계하시는 '바리사이와 세리의 비유'(루카 18,9-14)
- **용서**: 우리가 받은 헤아릴 수 없는 용서에 비추어 이웃을 용서해야 함을 보여 주는 '무자비한 종의 비유'(마태오 18,21-35)
- **재물의 위험성**: 재물을 신뢰하는 삶의 허무함을 경고하는 '어리석은 부자 비유'(루카 12,13-21)

핵심 구절

"너희에게는 하느님 나라의 신비를 아는 것이 허락되었다."(루카 8,10)

예수님의 권위

현실에서 실현되는 말씀

예수님의 권위는 그분의 존재 자체, 즉 삶과 인격이 온전히 일치하는 진실함에서 나왔다. 사람들이 그분을 위선 없는 '진정한 분'으로 느꼈기에 그토록 말씀에 귀를 기울인 것이다. 이는 율법 학자들의 지식이나 바리사이들의 업적, 로마인들의 지위 같은 외적인 조건에서 나오는 권위와는 근본적으로 달랐다.

예수님의 말씀에 담긴 권위

예수님의 시대에 라삐들에게 질문을 하면 명쾌한 답을 듣기 어려웠다. 라삐들은 보통 이전 라삐들의 말을 인용하며, 한쪽의 가르침과 다른 쪽의 가르침 사이에서 균형을 잡으려 애썼다. 그러나 예수님께서는 언제나 솔직한 질문에 솔직한 답을 주셨고, 이는 사람들에게 깊은 인상을 남겼다(마태 7,28-29). 산상 설교에서 예수님은 여섯 번이나 "너희는 …라고 들었다. 그러나 나는 너희에게 말한다."라며 율법 학자와 자신의 가르침을 대조하셨다(마태 5,21-22.27-28.31-32.33-34.38-39.43-44). 사실 예수님께서는 자신의 말씀에 대한 권위를 굳게 믿으셨기에 "하늘과 땅은 사라질지라도 내 말은 결코 사라지지 않을 것이다."(루카 21,33)라고 말씀하실 수 있었다. 만일 예수님께서 초자연적인 능력으로 자신의 주장을 뒷받침하지 않으셨다면, 과대망상으로 치부되었을 것이다. 그러나 예수님은 이처럼 대담한 말씀을 하셨음에도, 자신의 권위가 본래 자신의 것이 아니라 하늘에 계신 아버지와의 관계에서 비롯된다는 것을 분명히 알고 계셨다(요한 3,34-35; 5,19-23; 17,2).

종교 지도자들은 예수님의 권위가 어디에서 비롯된 것인지 밝히라고 요구했지만, 예수님께서는 대답을 거부하셨다(마르 11,27-33). 이는 보아야 할 것을 보지 않으려는 사람이야말로 눈먼 이와 다름없기 때문이었다. 예수님의 권위는 마르코 복음서 12장 13-17절에 나오는 성전세 이야기에서 분명히 드러난다.

세금을 바치는 그리스도(부분)
테오도로 부예르만스, 1674년.

안식일 등 유다교 축제를 마무리하는 유다교 의식(하브달라).

안식일의 주인이신 예수님

예수님의 권위에 대한 주장은 안식일 논쟁에서 정점에 달했다. 유다교 지도자들에게 안식일 준수는 유다인의 정체성을 나타내는 결정적인 표지였는데, 그들은 예수님께서 병자를 치유하시거나(루카 13,10-17; 요한 9,13-16) 제자들이 밀 이삭을 뜯도록 내버려 두시는(마태 12,1-7) 등 안식일 규정을 끊임없이 무시하신다고 느꼈다. 그들의 눈에는 이 모든 것이 '일'이었기 때문이다.

그러나 대부분의 경우 예수님께서는 안식일 자체보다 그것을 둘러싼 수많은 율법 학자들의 규정을 깨뜨리셨다. 종교 지도자들이 그토록 받아들이기 힘들어했던 것은 바로 율법 학자들의 권위에 대한 이러한 도전이었다. 예수님께서는 율법의 조항 자체를 넘어서셨던 때도 있었지만, 이는 율법을 폐지하려는 것이 아니라, 절박한 인간의 필요가 율법의 본래 목적인 사랑과 자비의 정신에 더 부합한다고 보셨기 때문이다. 그래서 예수님께서는 안식일에 사람들을 치유하셨고, 배고픈 제자들이 밀 이삭을 뜯었을 때('추수'이므로 금지된 행위) 그들을 꾸짖지 않으셨다. 오히려 비판하는 이들에게 다윗 임금 역시 절박한 상황에서 비슷한 일을 했다는 사실을 상기시키셨다(마르 2,23-28). 예수님께는 "안식일이 사람을 위하여 생긴 것이지, 사람이 안식일을 위하여 생긴 것은 아니"(마르 2,27)었기 때문이다.

복음서에 예수님의 안식일 활동이 자주 언급되는 것은, 이 문제가 당시에 얼마나 뜨거운 논쟁거리였는지를 잘 보여 준다. 그러나 예수님께서 안식일에 행하신 일들은 강력한 상징이었다. 안식일의 쉼이 하느님의 '옛 창조'를 기억하는 행위라면, 그분이 안식일에 일으키신 기적들은 당신께서 가져오신 '새로운 창조'를 선포하는 행위였기 때문이다.

안식일의 금지 규정

다음은 예수님 시대에 라삐들이 안식일에 금지한 많은 활동 중 일부이다.

- 900미터(2,000큐빗) 이상 걷는 행위
- 치통을 완화하기 위해 치아에 식초를 바르거나 마시는 행위(단, 음식을 먹을 때 식초에 찍어 먹는 것은 허용됨.)
- 무화과 하나보다 더 무거운 물건을 운반하는 행위(안식일에 금지된 39가지 노동 유형 중 하나가 '운반'이었다.)
- 생명이 위험에 처한 경우를 제외한 의료 행위(생명이 위급한 상황에서는 안식일의 모든 규정보다 생명을 구하는 일이 우선시됨.)

"이게 어찌 된 일이냐? 새롭고 권위 있는 가르침이다."
(마르 1,27)

관련 주제
'나는 ~이다'라는 표현: 53쪽
예수님의 기적: 60-63쪽
바리사이: 18쪽

율법의 완성자이신 예수님

예수님께서는 유다인들의 성경을 하느님의 말씀으로 온전히 받아들이셨다. 그래서 그분은 사탄을 물리치실 때(마태 4,1-11), 당신의 행동에 정당성을 부여하실 때(마태 12,12-13), 위선자에게 맞서실 때(마르 7,1-8), 질문에 답하실 때(루카 10,25-28) 그리고 논쟁을 끝내실 때(마태 22,41-46) 성경을 자주 인용하셨다. 예수님은 성경의 예언들을 믿으셨고(마태 26,31), 성경의 이야기들을 받아들이셨다(마태 12,39-42). 예수님께서는 성경의 진실성을 인정하시며 "율법에서 한 자 한 획도 없어지지 않을 것"(마태 5,18)이며, 성경은 폐기될 수 없다(요한 10,35)고 하셨다.

산상 설교에서처럼, 예수님은 종교 전통의 이면을 파고들어 성경의 본질적 메시지에 도달하셨는데, 이는 종종 사람들을 불편하게 했다. 그러나 그분의 재해석이 규정을 언제나 더 쉽게 만든 것은 아니었다. 때로는 오히려 더 어렵게 만들기도 했다. 예를 들어 이혼에 관한 논쟁에서 예수님은 모세가 이혼을 허락했다는 사실을 인정하면서도, 하느님의 본래 뜻은 부부가 평생을 충실하게 함께 사는 것이라고 말씀하셨다. 그래서 아내가 음행한 경우 외에 아내를 버리고 다른 여자와 혼인하면 간음하는 것이라고 하셨는데(마태 19,1-12), 이는 제자들조차 차라리 독신으로 지내는 것이 더 낫겠다고 생각할 정도로 엄격한 가르침이었다.

기원전 2세기경의 것으로 추정되는 '이사야서 두루마리'(부분)

1947년부터 사해 부근의 동굴들에서 발견된 고대 유다교의 문서들로, 현존하는 가장 오래된 구약 성경 사본 중 하나이기에 그 가치가 매우 높다. 이사야서는 예수님께서 당신의 가르침을 뒷받침하기 위해 가장 자주 인용하신 구약 성경 중 하나이기도 하다.

궁극적인 도전

인간은 삶의 거의 모든 영역에서 권위를 행사해 왔지만, 죽음의 영역에서만큼은 결코 성공한 적이 없다. 그러나 복음서에는 예수님께서 죽은 이를 살리신 세 가지 사건(야이로의 딸, 나인 과부의 아들, 그리고 라자로의 이야기)이 기록되어 있다. 그리고 예수님께서 십자가에 못 박혀 돌아가실 때, 잠들었던 성도들이 되살아나는 일이 있었다(마태 27,51-53). 이는 예수님의 부활을 예표하는 상징적인 사건들이다. 인간 삶의 마지막 도전인 죽음을 정복하는 것은 예수님께서 가지신 권위를 드러내는 가장 중요한 표현이다.

위임된 권위

예수님께서는 자신의 권위를 제자들에게도 위임하시어 자신이 하시던 모든 일을 그들도 하도록 파견하셨다(마르 3,14-15; 마태 28,18-20). 이는 제자들에게 말씀 선포, 치유, 용서, 가르침, 그리고 예수님께서 하시던 모든 일을 행할 수 있는 권한을 주신 것이다.

행동하는 권위

예수님께서는 단지 권위를 주장하는 것에 그치지 않으시고, 다음과 같은 방법으로 자신의 권위를 증명하셨다.

- 병자 치유
- 마귀 축출
- 기적
- 죄의 용서
- 죽은 이를 되살림

핵심 구절

"이제 사람의 아들이 땅에서 죄를 용서하는 권한을 가지고 있음을 너희가 알게 해 주겠다. … '내가 너에게 말한다. 일어나 네 평상을 가지고 집으로 가거라.'"
(루카 5,24)

예수님의 윤리

선한 존재가 되어 선을 행하다

오늘날까지 수많은 사람이 예수님의 윤리관을 높이 평가해 왔다. 심지어 무신론자로 유명한 리처드 도킨스조차도 예수님을 "역사상 가장 위대한 윤리적 혁신가 중 한 명"이라고 묘사했을 정도이다. 예수님의 가르침은 그 이전의 윤리 사상들을 뛰어넘는 새로운 경지를 보여 주었으며, 그 특별함은 다음 두 가지 점에서 더욱 두드러진다. 첫째, 예수님은 높은 수준의 삶의 방식(윤리)을 가르치셨을 뿐만 아니라, 실제로 그렇게 사셨다. 둘째, 예수님의 가르침은 당신의 전체 메시지와 본질적으로 연결되어 있다. 따라서 우리는 그분이 누구이시며 왜 이 세상에 오셨는지에 대한 그분의 가르침은 거부하면서 그분의 윤리만을 높이 평가할 수는 없다. 예수님에게 있어서 선한 일을 하는 것은 선한 사람이 되는 것에서부터 비롯되었기 때문이다.

예수님의 윤리적 가르침들의 예

예수님께서 가르치신 윤리적 주제들이 많은데, 마태오 복음서에는 다음과 같은 주제들이 나온다.

- 가치관(마태 5,3-11)
- 분노(마태 5,21-22)
- 용서(마태 5,23-26)
- 복수(마태 5,38-42)
- 원수(마태 5,43-48)
- 결혼(마태 5,31-32; 19,1-12)
- 성性(마태 5,27-30)
- 어린이(마태 18,1-5)
- 말과 맹세(마태 5,33-37)
- 자선(마태 6,2-4)
- 물질주의(마태 6,19-33)
- 남을 판단함(마태 7,1-5)
- 사회적 책임(마태 22,15-21)

가장 큰 두 계명

훌륭한 스승들은 대체로 일관된 윤리 체계를 개발했다. 예수님 시대의 율법 학자들 역시 성경의 내용을 삶 전반에 적용하여 수없이 많은 일상 규정을 만들어 냈다. 그러나 예수님의 접근 방식은 달랐다. 예수님께서는 윤리 체계를 세우지 않으시고, 모든 것을 아우르는 두 가지 핵심 원칙을 제시하셨다.

- 네 모든 것을 다하여 주 너의 하느님을 사랑하여라.
- 네 이웃을 너 자신처럼 사랑하여라.

예수님께서는 이 두 가지 원칙이 하느님께서 원하시는 모든 것을 완성한다고 말씀하셨다(마태 22,36-40). 예수님께서는 시스템과 규칙만으로는 결코 사람의 윤리적 행동이 변화되지 않는다고 보셨다. 예수님께 중요한 것은 사람의 마음을 변화시키는 사랑의 실천이었다.

황금률

다른 종교나 철학에는 "남이 나에게 하기 원치 않는 일은 남에게 행하지 마라."와 같은 부정적 방식의 황금률이 있다. 그런데 예수님께서는 이를 완전히 긍정적인 방식으로 말씀하셨다. "남이 너희에게 해 주기를 바라는 그대로 너희도 남에게 해 주어라."(마태 7,12; 루카 6,31). 이렇듯 그리스도교 윤리는 수동적이 아니라 능동적인 것이다.

하느님 나라의 윤리

예수님의 윤리적 가르침은 그분의 핵심 선포인 '하느님 나라'와 분리할 수 없다. 그 가르침은 마지막 때가 바로 당신을 통해 이 세상에 도래하고 있다는 종말론적 믿음에 깊이 뿌리내리고 있기 때문이다. 그러므로 예수님의 가르침에서 윤리만 떼어 내어 따르는 것은 불가능하다. 그분의 윤리는 그분을 인격적으로 따를 때에만 온전한 의미를 지닌다. 예수님의 초대는 윤리 체계를 따르라는 것이 아니라, "나를 따라오너라."(마르 1,17)라는 것이다. 진정한 신앙인의 삶은 바로 이 부르심에 응답할 때 시작된다. 물론 어떤 이들은 이 가르침이 너무 이상적이어서 비현실적이라거나, 세상 종말 이전의 짧은 기간에만 유효한 임시 지침일 뿐이라고 주장하기도 한다. 그러나 예수님을 인격적으로 따르기로 결단할 때, 그 가르침은 더 이상 막연한 이상이 아니라 우리 삶에서 실현 가능한 구체적인 길이 된다.

"단순한 인간에 불과한 사람이 예수님처럼 자신을 '하느님의 아들'이라고 말한다면, 그 사람은 위대한 윤리적 도덕적 스승이 아니다. 그는 자신이 '나는 삶은 달걀이다.'라고 주장하는 사람처럼 미치광이일 것이다. 만일 미치광이가 아니라면 아마 지옥에서 온 악마일 것이다. 이제 당신은 선택해야 한다. 이 사람(예수님)을 과거에도 그랬고 지금도 그러한 하느님의 아드님으로 받아들이든지, 아니면 미친 사람이거나 악마로 여기는 것 중에서 말이다. 그를 어리석은 자라며 그 입을 닫게 할 수도 있고, 그를 악마로 여기며 침을 뱉고 죽일 수도 있다. 아니면 그의 발 앞에 엎드려 그를 주님이라고 부를 수도 있다. 그러나 그가 위대한 도덕적 스승이라는 식의 선심 쓰는 듯한 어리석은 말은 하지 말자. 그분은 그런 생각의 여지를 우리에게 남기지 않았다. 그럴 의도도 없으셨다." –C. S. 루이스

예수 그리스도(부분)

렘브란트, 1648년경, 국립 회화관, 베를린, 독일.

"그는 선한 사람이오." 하는 이들이 있었다.
(요한 7,12)

관련 주제
예수님의 생활 방식: 70-71쪽
하느님 나라: 38-39쪽
산상 설교: 46-47쪽

윤리적 가르침의 두 가지 핵심 영역

이 책에서 예수님의 윤리적 가르침을 모두 다루는 것은 불가능하다. 그러나 다음은 예수님의 근본적이면서도 혁신적인 윤리적 접근 방식을 보여 주는 두 가지 주요 사례이다.

1. 가난한 사람들

예수님께서는 가난하고 궁핍한 이들을 항상 소중히 여기셨고 그들로부터 큰 환대를 받으셨다(마태 5,3; 마르 12,41-44). 예수님께서는 제자들에게 가난한 사람들을 돌보라고 요구하셨고(마태 6,2-4; 19,21; 루카 12,33; 14,13-14; 요한 13,29), 초대 교회는 이를 최우선 과제로 삼았다(사도 2,45; 4,34-35; 24,17; 갈라 2,10). 예수님께서는 우리의 도움이 필요한 이들을 어떻게 돌보는지가 최후 심판의 중요한 기준이 될 것이라고 말씀하셨다(마태 25,31-46).

자비의 일곱 가지 행위

피테르 브뤼헐(소), 1616년 이후, 개인 소장. 가난한 이들을 돌보는 것은 교회의 본질적 사명이며 수많은 그리스도인이 이 사명을 충실히 수행해 왔다.

2. 비폭력

예수님께서는 당신 시대에 만연했던 여러 형태의 폭력을 거부하셨다. 정치적 차원에서 예수님은 로마인들을 무찌를 군사적 메시아에 대한 군중의 기대를 저버리셨고, 오히려 제자들에게 기대 이상의 친절로 승리하라고 가르치셨다(마태 5,41). 개인적 차원에서는 보복하지 말고 다른 뺨마저 내밀라고 말씀하셨다(마태 5,38-39). 예수님이 붙잡히실 때 베드로가 예수님을 지키려고 칼을 휘둘러 대사제의 종 말코스의 귀를 자르자, 예수님께서는 베드로에게 칼을 거두라고 하시며, 당신 아버지 하느님께서 원하시면 얼마든지 당신을 보호하실 수 있다고 말씀하셨다(마태 26,47-56; 요한 18,3-11).

마틴 루서 킹 주니어
Martin Luther King Jr

미국의 시민운동가로 비폭력에 대한 예수님의 가르침을 깊이 신봉한 인물이었다.

윤리적 동기

보상을 바라거나 처벌을 두려워하여 행동하는 것은 가장 높은 수준의 윤리 도덕적 동기로 보기 어렵다. 예수님께서는 대가를 바라지 않는 선행(루카 14,12-14)이 가장 높은 수준의 동기라고 믿으셨다. 또한 단순히 자신이 하느님의 뜻을 행했다는 사실만으로, 그리고 언젠가 하느님께서 "잘하였다, 착하고 성실한 종아!"(마태 25,23)라고 말씀하실 것을 아는 것만으로 충분하다고 가르치셨다.

그러나 예수님께서는 동시에 하느님께서 의로운 행동에는 상을 주시고(마태 6,4), 나쁘거나 이기적인 행동에는 벌을 내리신다고도 말씀하셨다(마태 25,41). 예수님은 모든 일이 그 결과로 판단된다고 믿으셨다. 그래서 "좋은 나무는 모두 좋은 열매를 맺고 나쁜 나무는 나쁜 열매를 맺는다."(마태 7,17)라고 하셨다. "좋은 열매를 맺지 않는 나무는 모두 잘려 불에 던져진다."(마태 7,19)라고도 하셨다. 사람의 경우도 마찬가지다. 이러한 원리를 알면서도 단호히 말하지 않고 묵과하는 것이야말로 가장 비윤리적인 일일 것이다.

핵심 구절

"남이 너희에게 해 주기를 바라는 그대로 너희도 남에게 해 주어라."
(루카 6,31)

예수님의 생활 방식

단순한 삶

제3 세계 국가를 방문하는 이들은 종종 그곳 사람들이 가진 것은 거의 없지만 행복해 보이는 모습에 충격을 받는다. 반면, 서구인들은 많은 것을 소유하고 있음에도 만족할 줄 모르는 것처럼 보인다. 예수님께서는 물질주의를 철저히 피하셨다. 그분은 물질주의에 대해 경고하시는 데 그치지 않고, 의도적으로 단순한 삶의 방식을 선택하셨다. 그래서 자족하며 다른 이들을 축복하는 삶을 사셨다. 예수님의 이러한 삶의 방식은 오늘날에도 여전히 예수님의 제자들에게 도전이 되는 과제이다.

에세네파 공동체의 본거지 쿰란 유적지
예수님께서는 에세네파와는 다른 길을 선택하셨다. 예수님은 타락한 세상에서 벗어나 사는 것이 아니라, 타락한 세상에 투신하여 살기를 원하셨던 것이다.

18세기 스위스에서 박해를 피해 미국으로 이주한 이민자들의 후손인 아미시Amish 공동체는 오늘날에도 매우 단순한 생활 방식을 유지하고 있다. 어떤 이들은 아미시 공동체를 고립되었거나 과거에 갇혀 사는 사람들로 보기도 한다. 그러나 그들은 오늘날의 그리스도인들에게 단순한 삶을 살라는 강력한 도전의 메시지를 던지고 있다.

단순함

예수님께서는 '물질'에 얽매이지 않고, 하느님께 의지하는 단순한 삶을 사셨다. 그분에게는 이동 수단이 없어, 정작 필요할 때에는 나귀를 빌려야 했고(마태 21,1-5), 머리 둘 곳(집)조차 없었으며(루카 9,58), 환대하는 곳이면 어디든 그곳에서 머무르셨다. 또한 일정한 수입도 없이 벗들의 도움을 받으며(루카 8,1-3), 기적적인 섭리(마태 17,27)로 생활하셨다. 제자들을 파견할 때도 하느님을 신뢰하라고 독려하셨다(루카 9,3). 이처럼 예수님께서는 단순하고 믿음으로 가득 찬 삶을 사셨던 분이다.

반면, 예수님께서는 돈과 물질주의의 위험에 대해 경고하셨다(마태 6,24; 루카 8,14; 12,13-21; 16,13-14). 재물에 대한 사랑 때문에 일부 사람들은 그분을 떠나가기도 하였다(루카 18,18-30). 그러나 예수님께서는 영적인 목표를 추구하기 위해 삶의 기쁨을 멀리하는 고행자는 아니셨다. 예수님께서는 삶을 즐길 줄 아셨고, 식사 자리와 결혼식에 참석하며 즐거움을 나누고 기쁨을 누리셨다. 그러나 그런 것들은 예수님의 삶의 목표는 아니었다. 예수님께서는 그것들을 누리며 사실 수도, 없이 사실 수도 있었다. 예수님에게 진정한 만족을 주는 것은 물질적인 것이 아니라, 하느님 안에 있는 것이었기 때문이다.

공동체

예수님의 첫 번째 활동 중 하나는 열두 제자를 부르신 것이었는데, 이는 그들이 당신과 함께 지내게 하시고 또 그들을 파견하시기 위해서였다(마르 3,14). 그러나 예수님께서 공동체를 우선시하신 것은 효율적인 제자 양성의 수단으로서만은 아니었다. 이는 매우 다른 열두 사람이 하느님의 변화시키는 힘을 발견하고 함께 살아감으로써 하느님 나라가 어떤 모습인지를 보여 주는 모범이었다.

초대 교회 역시 공동체 생활을 실천했다(사도 2,44-45; 4,32-37). 그러나 여기서의 '공동체'는 강제성이 없는 자발적인 것으로, 공산주의를 의미하지는 않는다. 교회의 역사 속에서 많은 그리스도인들이 복음의 힘을 증언하기 위해 공동체 생활을 실천해 왔다. 하지만 안타깝게도 현대 그리스도교의 일부는 예수님의 가르침과는 거리가 먼, 지나치게 '나' 중심적인 개인주의로 기울어지기도 했다.

"예수님께서 두루 다니시며 좋은 일을 하셨습니다."
(사도 10,38)

● 관련 주제
에세네파: 18쪽
예수님의 윤리: 68-69쪽
새로운 공동체: 56-57쪽

독신

혼인이 유다인들의 보편적인 규범이었던 시대에, 예수님께서는 하느님 나라를 위하여 독신을 선택하심으로써 독신 생활에 새로운 존엄을 부여하셨다. 예수님께서는 어떤 이들에게는 이것이 하느님의 부르심이라고 말씀하셨으므로(마태 19,10-12), 독신이 결코 '더 낮은' 신분일 수는 없다. 그렇다고 독신이 '더 높은' 신분인 것도 아니다. 베드로는 혼인한 몸이었고(마태 8,14; 1코린 9,5), 티모테오에게 보낸 서간 저자는 교회 지도자들에게 결혼을 전제로 한 조언을 남겼다(1티모 3,1-5).

서방 교회 일부 지역에서 주교와 사제들에게 독신 생활을 처음으로 의무화한 것은 엘비라 공의회(305년경)였고, 이후 제1차 라테라노 공의회(1123년)가 열리면서 가톨릭 교회의 모든 성직자들에게 독신 생활을 의무화했다. 가톨릭 교회와 동방 정교회는 성직자에게 독신이 필수이지만, 동방 가톨릭 교회와 개신교회는 독신 생활을 필수적인 것으로 보지 않는다.

겸손

사진은 주님 만찬 성목요일 미사에서 주교(사제)가 열두 명의 교우의 발을 씻어 주는 세족례 장면이다. 이 예식은 예수님께서 십자가에 못 박히시기 전날 밤, 제자들의 발을 씻어 주신 일을 기념한다(요한 13,1-17). 그때는 종이 없었고, 아무도 이 천한 일을 자원하지 않을 때, 예수님께서는 친히 이를 행하셨다. 예수님께서는 단순히 겸손을 보여 주셨을 뿐만 아니라 다른 이들에게도 그 본을 보여 주셨다.
다른 때에도 예수님께서는 "너희 가운데에서 높은 사람이 되려는 이는 너희를 섬기는 사람이 되어야 한다. 또한 너희 가운데에서 첫째가 되려는 이는 너희의 종이 되어야 한다."(마태 20,26-27)라고 말씀하셨다.
겸손하게 섬기는 자세는 예수님을 따르는 이들이 지녀야 할 중요한 특징이 되어야 한다.

자기 부정

예수님께서는 자기 부정이 필요하다고 보셨으나, 그 자체가 목적은 아니었다. 예수님에게 자기 부정이란, 욕망이 자신을 지배하지 못하도록 스스로 그 욕망을 통제하는 것이다(마태 5,29-30). 때로는 정당한 욕구라 하더라도 더 높은 가치를 위해 이를 절제하는 것이다(루카 4,1-13). 예수님처럼 그분의 제자들도 궁극적인 자기 부정을 실천할 준비가 되어 있어야 했다. "누구든지 내 뒤를 따라오려면 자신을 버리고 제 십자가를 지고 나를 따라야 한다."(마태 16,24). 교회는 매년 사순 시기를 지내며, 신자들이 가난하고 어려운 이웃을 돕기 위해 기꺼이 돈이나 시간을 희생하도록 권고한다.

번영 신학

번영 신학은 '건강과 부' 또는 '믿고 구하면 얻으리라'는 식의 가르침으로도 알려져 있다. 비교적 최근에 북미 지역에서 시작된 신학 사조이다. 그것은 하느님께서 우리가 물질적, 재정적 축복을 누리기를 원하신다는 믿음에 기초한다. 이에 대한 성경적 근거는 주로 구약 성경에서 유다인들에게 주어진 약속들에서 가져오지만, 예수님의 가르침이나 생활 방식에서는 이를 뒷받침할 근거를 거의 찾을 수 없다. 비평가들은 이러한 번영 복음이 가진 것이 거의 없어 무덤조차 빌려야 했던 예수님을 따르는 것이라기보다, 돈과 물질주의에 집착하는 서구 사회의 풍조에서 비롯된 것이라고 지적한다.

포용성

영적, 성적, 사회적 분리가 커다란 장벽을 만들던 문화 속에서, 예수님께서는 모든 이들과 어울리셨다. 종교적인 이들과 비종교적인 이들, 남성과 여성, 어른과 아이, 사회적으로 받아들여진 이들과 소외된 이들까지 예수님의 하느님 나라 초대에서 제외된 사람은 아무도 없었다. 이러한 포용성 때문에 예수님은 분리를 중시했던 바리사이들과 갈등을 빚으셨다. 그러나 예수님은 나자렛에서 공생활을 시작하실 때부터, 하느님의 새로운 자유의 시대가 도래했으며, 그 누구도 배제되지 않는다는 사실을 분명히 밝히셨다(루카 4,18-19).

핵심 구절

"그러므로 내가 너희에게 말한다. 목숨을 부지하려고 무엇을 먹을까, 무엇을 마실까, 또 몸을 보호하려고 무엇을 입을까 걱정하지 마라. 목숨이 음식보다 소중하고 몸이 옷보다 소중하지 않으냐?"
(마태 6,25)

예수님의 기도

아버지와 나누는 대화

유다인들은 본래 기도를 매우 중요하게 여기고 많이 하는 민족이었다. 그렇기에 예수님의 제자들이 "주님, 저희에게도 기도하는 것을 가르쳐 주십시오."(루카 11,1)라고 청했다는 사실은 더욱 놀랍다. 제자들 역시 식사 전이나 회당에서, 그리고 축제 때마다 수없이 기도를 해 왔기 때문이다. 그럼에도 그들이 보기에 예수님의 기도는 무언가 매우 특별해 보였다. 예수님께서는 너무나 쉽고 자연스러우며 즐겁게 기도하시는 듯했고, 제자들은 그 비결을 알고 싶었던 것이다.

예수님께서는 군중이 모이기 전에 홀로 기도하시려고 일찍 일어나셨을 때, 갈릴래아 호수 위로 떠오르는 해를 자주 보셨을 것이다(마르 1,35).

삶에서 가장 우선인 기도

복음서에는 예수님께서 기도하시는 장면이 가득하다. 예수님께 기도는 매우 중요했다. 그래서 아무에게도 방해받지 않고 아버지와 함께하는 시간을 얻기 위해 새벽에 일어나거나 늦게까지 깨어 계시기도 했다(마르 1,35; 6,36). 심지어 십자가에 못 박히시기 전에도, 예수님께 가장 중요한 일은 밤이 깊도록 기도하는 것이었다(마르 14,32-42). 예수님께서는 자신의 능력으로는 아무것도 할 수 없으며, 오직 하느님의 뜻에 순종하고 하느님의 영에 의지함으로써만 모든 것을 하실 수 있음을 아셨다. 기도는 바로 그 순종과 의탁에 이르는 길이었다.

기도하는 손

알브레히트 뒤러Albrecht Dürer, 1471-1528년. 원래 프랑크푸르트의 도미니코회 성당 제단화(원본은 소실) 속의 한 사도의 손과 같아서 이 그림을 그리기 위한 습작이었다는 이야기도 있다. 보통 가슴 앞에서 손을 모으고 기도하는 것이 전통적인 기도 자세로 자리 잡았지만, 사실 이런 자세에 대해 성경에서는 특별한 언급이 없다.

기도의 단순성

대부분의 종교에는 기도를 위한 신성한 장소나 신성한 언어가 있지만, 예수님께는 그런 것이 없었다. 예수님께 기도는 하늘에 계신 아버지와 나누는 친밀한 대화였다. 이는 기도에 관한 여러 질문에 많은 것을 시사한다.

■ 어디에서 기도할 수 있는가? – 어디서나!

예수님께 기도의 장소는 중요하지 않았다(요한 4,20-24). 집에서(마태 6,5-6), 들판에서(마르 1,35), 좋아하는 장소에서(마태 26,36; 요한 18,2), 회당에서(루카 4,16), 혼자 있을 때(마르 6,46), 그리고 사람들 앞에서도(요한 11,41-42) 기도하셨다.

■ 언제 기도할 수 있는가? – 언제든지!

유다교는 하루에 두 번, 이슬람교는 하루에 다섯 번 기도를 의무화한 것과 달리, 예수님께서는 기도의 시간이나 횟수에 대해 아무 요구도 하지 않으셨다. 그분은 아침(마르 1,35), 저녁(마태 14,23), 밤새도록(루카 6,12), 오랜 기간(마태 4,1-2), 위기의 순간(마태 26,39)에 기도하셨다. 예수님의 삶은 기도로 가득했다.

■ 어떻게 기도할 수 있는가? – 어떤 방식이든!

예수님의 기도에는 특별한 형식이나 언어가 필요 없었다. 하느님은 사랑 넘치는 아버지이시기에 길고 화려한 말이 필요 없고, 우리가 청하기도 전에 우리의 필요를 아신다고 가르치셨다(마태 6,5-8). 그래서 기도하기 위해 특별한 용어를 배울 필요가 없고, 예수님처럼 평범한 언어로 기도하면 된다.

■ 무엇을 기도할 수 있는가? – 무엇이든지!

예수님께 기도는 숭고한 영적 문제에만 국한된 것이 아니었다. 현실적인 필요와 걱정거리(마태 6,11.25-34), 유혹으로부터의 보호(마태 6,13; 요한 17,11-15)와 같은 일상의 일들도 기도의 내용이 되었다.

"주님, 저희에게도 기도하는 것을 가르쳐 주십시오."
(루카 11,1)

● 관련 주제
아버지: 36쪽
유다인들의 기도: 28쪽
기도용 숄: 18쪽

주님의 기도

그리스도교에서 가장 잘 알려진 기도는 '주님의 기도'이며, 마태오 복음서와 루카 복음서에 약간 다른 형태로 기록되어 있다.

마태오 복음서 6장 9-13절	루카 복음서 11장 2-4절
하늘에 계신 저희 아버지	아버지,
아버지의 이름을 거룩히 드러내시며	아버지의 이름을 거룩히 드러내시며
아버지의 나라가 오게 하시며	아버지의 나라가 오게 하소서.
아버지의 뜻이	
하늘에서와 같이 땅에서도 이루어지게 하소서.	
오늘 저희에게 일용할 양식을 주시고	날마다 저희에게 일용할 양식을 주시고
저희에게 잘못한 이(ὀφειλέταις, 오페일레타이스, '빚진 사람들', '채무자들'의 뜻)를 저희도 용서하였듯이	저희에게 잘못한 모든 이를 저희도 용서하오니
저희 잘못(ὀφειλήματα, 오페일레마타, '빚', '채무'의 뜻)을 용서하시고	저희의 죄를 용서하시고
저희를 유혹에 빠지지 않게 하시고	저희를 유혹에 빠지지 않게 하소서.
저희를 악에서 구하소서.	

두 복음서 판본의 차이는 아마도 예수님께서 서로 다른 기회에 이 기도를 가르치셨음을 반영할 수 있다. 그러나 그 차이는 사소하다. 같은 생각을 다른 방식으로 풀거나('하느님 나라가 온다'는 것은 곧 하느님의 뜻이 이루어지는 것), 유다인 청중과 다른 민족 청중을 염두에 둔 표현의 차이(마태오 복음사가는 '죄'를 하느님께 진 '빚'이라는 유다인에게 익숙한 표현으로 나타냈다. 『성경』에서는 한국어를 쓰는 우리를 위해 의역하여 '잘못'으로 번역.)일 수 있다.

마태오 복음서 판본이 하나의 '모범'("이렇게 기도하여라.")이라면, 루카 복음서 판본은 '기도문'("기도할 때 이렇게 말하여라.") 그 자체이다. 그리스도인들은 이 두 가지 접근 방식을 모두 따랐다. 그러나 기도할 때 의미 없이 되풀이하지 말라는 예수님의 경고(마태 6,5-8)는 그리스도인들이 이 기도를 단순한 종교 의식으로만 전락시켜서는 안 된다는 것을 의미한다.

이 기도는 두 부분으로 나뉜다.

- **하느님을 향한 기도:** 하느님 아버지의 이름을 드높이고, 하느님 나라가 오시며, 하느님의 뜻이 이루어지기를 바라는 내용이다. 기도를 하느님으로부터 시작하는 것은 모든 것을 올바른 관점에서 바라볼 수 있게 한다.
- **우리를 위한 기도:** 현재의 필요, 과거의 죄, 미래의 안녕을 위한 기도이다. 삶의 어떤 측면도 기도에서 배제되지 않는다.

항상 기도하기

많은 사람이 "왜 하느님은 내 기도에 응답하지 않으시나요?"라고 묻는다. 성경은 때로 하느님께서 우리보다 더 많은 것을 아시기 때문에, 모든 일이 더 큰 계획 안에서 조화를 이루어야 하기 때문에, 우리의 인격을 다듬고 계시기 때문에 그러하다고 한다. 그럼에도 예수님께서는 제자들에게 "낙심하지 말고 항상 기도해야 한다."(루카 18,1)고 격려하며, 결국 필요한 것을 얻어 낸 끈질긴 과부의 비유(루카 18,2-8)를 이어서 들려주셨다. 과부는 포기하지 않고 계속해서 청했기 때문에 원하는 것을 얻을 수 있었다.

들으시는 아버지 하느님

예수님은 하느님이 멀리 계신 분이 아니라, 우리 기도를 들으시는 하늘 아버지, 곧 우리 '아빠'(아람어)라고 하셨다(마태 6,6). 이슬람교에는 신의 이름이 99개나 있지만, '아버지'라는 호칭은 없다. 너무 인간적이고 친밀하게 여겨지기 때문이다. 그러나 예수님께는 바로 이 '아버지'라는 호칭이 우리가 그분을 통해 하느님과 맺을 수 있는 관계의 핵심을 가장 잘 드러내는 표현이었다.

전례 중에 손을 들고 기도하는 성 아폴리나리스의 모습
6세기, 산타폴리나레 인 클라세 성당, 라벤나, 이탈리아.

미사 중에 사제는 특정 부분에서 이와 같이 손을 들고 기도한다. 이 밖에도 손을 들고 기도하는 모습은 주로 개신교나 성령 쇄신 기도에서 자주 볼 수 있다. 사실 이와 같이 손을 들고 기도하는 것은 머리를 숙이고 손을 맞잡는 것보다 더 성경에 근거를 둔 기도 자세이다(느헤 8,6; 시편 28,2; 루카 24,50; 1티모 2,8). 모자이크 속 성 아폴리나리스는 라벤나의 초대 주교이자 라벤나의 수호성인이다.

핵심 구절
"너희는 기도할 때 이렇게 하여라. '아버지….'"(루카 11,2)

종교에 대한 예수님의 태도

새 포도주, 새 부대

예수님은 반유다교 인물이 아니었다. 그분도 유다인이었고 유다교의 진리를 믿고 그 전통을 따르며 성장하셨다. 그분이 반대하신 것은 유다교를 변질시킨 종교 지도자들의 행태였다. 그들이 만든 유다교는 낡고 해진 가죽 부대와 같아서, 하느님께서 행하시는 새로운 일을 담아내기에는 적합하지 않았다(마르 2,18-22). 새 포도주에는 새 부대가 필요했다. 더 이상 제구실을 하지 못하는 낡은 종교적 부대는 이제 버려져야 했다. 새로운 시작을 위한 때가 온 것이다.

종교 지도자들

예수님께서는 종교 지도자들과 자주 충돌하셨다. 그러나 일부러 충돌을 일으키신 것은 아니었다. 실제로 예수님께서는 다른 이들과 마찬가지로 기꺼이 그들과도 시간을 보내셨다(루카 11,37). 문제는 그들이 지키고 싶어 했던 것을 예수님께서는 바꾸고 싶어 하셨던 것이다. 예수님과 종교 지도자들 사이의 충돌은 여러 가지 이유로 일어났다.

- **라삐들**은 율법에 대한 자신들의 전통적인 해석을 예수님께서 거부하시는 데 분노했다. 그러나 예수님은 그 전통적 해석이 사람들을 하느님에게서 멀어지게 하고(마태 5,21-48), 심지어 하느님의 말씀(계명)보다 우선시되기도 한다(마르 7,8)고 보셨다.
- **바리사이들**은 예수님께서 전통적으로 유다인들의 정체성을 나타내는 표지인 안식일 준수(마르 2,23-24)나 정결 예식(루카 11,38) 등을 지키지 않으시는 것에 분노했다. 그러나 그러한 외적인 것들은 더 깊은 문제들을 보지 못하게 하는 장애물이었다(마태 23,23-24). 예수님께서는 사람들에게 바리사이들의 위선을 조심하라고 경고하셨다(루카 12,1).
- **사두가이들**은 예수님께서 현상 유지를 뒤흔들어 로마의 강력한 탄압을 초래하고, 그 결과 자신들의 영향력이 상실될 것을 우려했다. 그러나 예수님께는 그들의 정치적 계산만큼이나 성경에 대한 무지(마태 22,23-32)가 위험했으며, 그분은 사람들에게 그들 또한 조심하라고 경고하셨다(마태 16,6).

종교적 관습들

예수님이 화나신 이유 중 하나는 율법 학자들과 바리사이들이 외적인 것에 너무 집착한 나머지, 그것이 가리키는 본질을 무시하거나 때로는 그런 형식을 책임 회피 수단으로 삼기까지 했기 때문이다(마르 7,9-13). 그들에게 이런 외적 관습은 이스라엘이 하느님께 구원받기 위해 반드시 지켜야 할 정체성의 표지였지만, 예수님께서 보시기에 그것들은 한때 생명이 깃들었던 빈껍데기에 불과했다. 그 예는 다음과 같다.

- **단식:** 예수님은 몸소 단식하셨고(마태 4,1-2) 제자들에게도 단식하는 법을 가르치셨다(마태 6,16-18). 하지만 영성을 드러내는 표시로써 일주일에 두 번씩 하는 의무적인 단식 규정은 거부하셨다.
- **십일조:** 예수님이 십일조를 바쳤다는 기록은 없지만, 유다인으로서 마땅히 그렇게 하셨을 것이다. 왜냐하면 예수님도 다른 사람들에게 십일조를 하도록 권하신 적이 있기 때문이다(마태 23,23). 예수님은 관대하고 분별 있는 헌금을 격려하셨고(마태 6,2-4), 과부의 희생적인 헌금을 칭찬하기도 하셨다(마르 12,41-44).
- **기도:** 예수님은 자주 기도하셨지만, 과시를 위해 하는 이들을 꾸짖으셨다(마태 6,5-8; 루카 18,9-14).
- **정결 예식:** 예수님은 유다교에서 발전시킨 정결 예식에 별 의미를 두지 않으셨다. 그분은 겉모습보다 내면에 더 관심을 기울이셨다(마태 15,1-20; 루카 11,37-41).
- **안식일:** 예수님은 하느님께서 의도하신 이상으로 세세하게 규정된 안식일의 추가 규칙들을 따르지 않으셨다(마태 12,1-14; 요한 5,1-30).

이 모든 규칙에 집착한 결과 이들 유다교 지도자들은 "작은 벌레는 걸러 내면서 낙타는 그냥 삼키는"(마태 23,24) 위선으로 이어졌다.

"저자를 그대로 내버려두면 모두 그를 믿을 것이고, 또 로마인들이 와서 우리의 이 거룩한 곳과 우리 민족을 짓밟고 말 것이오."
(요한 11,48)

● 관련 주제
예수님의 권위: 66-67쪽
예루살렘: 16쪽
바리사이: 18쪽

성전
예수님께서 성전에 대해 마음 아파하신 이유는 성전이 상징하게 된 그 모습 때문이었다. 성전이 물리적으로 지배당하고 있다는 것은 이스라엘 백성이 영적으로 억압당해 파괴되고 있음을 나타내는 것이었고, 이스라엘의 모든 잘못을 상징하는 것이었다. 이런 이유로 예수님은 성전이 곧 허물어질 것이라고 말씀하셨던 것이다.

바리사이와 세리의 비유
이 비유(루카 18,9-14)에서 예수님은 자신의 의로운 행위에 대한 자신감이 넘쳐 모든 사람이 알아 주기를 바랐던 바리사이와(루카 18,9.11) 겸손하게 뉘우치며 자비를 간청했던 세리를 대조하신다(루카 18,13).
"내가 너희에게 말한다. 그 바리사이가 아니라 이 세리가 의롭게 되어 집으로 돌아갔다. 누구든지 자신을 높이는 이는 낮아지고 자신을 낮추는 이는 높아질 것이다."
(루카 18,14).

위선

왼쪽은 고대 그리스의 연극용 가면으로, 세포리스와 같은 그리스식 도시의 극장에서 사용되었을 법한 것이다. '배우'에 해당하는 그리스어는 '휘포크리테스 ὑποκριτής'인데, '위선자hypocrite'라는 단어가 여기에서 유래했다. 위선자란 특정 역할을 연기하거나 본 모습과 다른 무언가인 척하는 사람을 의미한다. 예수님께서는 말과 행동이 다르고, 다른 이들에게 비현실적인 짐을 지우는 종교 지도자들의 위선을 거침없이 폭로하셨다(마태 6,1-18; 23,13-33). 특히 마태오 복음서는 위선의 위험성을 거듭 강조한다.

바리사이들과의 갈등

마르코 복음서는 복음서의 시작부터 바리사이들이 얼마나 빨리 예수님 때문에 화가 났는지를 보여 준다.

논쟁을 일으킨 사건	바리사이들이 화난 이유	예수님의 답변
중풍 병자를 고치심 (마르 2,1-12)	예수님께서 자신이 죄를 용서할 권한을 가지고 있다고 선언하심	"이제 사람의 아들이 땅에서 죄를 용서하는 권한을 가지고 있음을 너희가 알게 해 주겠다." 그러고 나서 중풍 병자에게 말씀하셨다. "내가 너에게 말한다. 일어나 들것을 들고 집으로 돌아가거라."
레위를 제자로 부르심 (마르 2,13-17)	예수님이 세리들 그리고 죄인들과 식사를 하심	"건강한 이들에게는 의사가 필요하지 않으나 병든 이들에게는 필요하다. 나는 의인이 아니라 죄인을 부르러 왔다."
단식이 아닌 잔치 (마르 2,18-22)	예수님과 제자들이 단식을 하지 않음	"혼인 잔치 손님들이 신랑과 함께 있는 동안에 단식할 수야 없지 않느냐?"
안식일에 밀 이삭을 땀 (마르 2,23-28)	제자들이 안식일 규정을 어김	"안식일이 사람을 위하여 생긴 것이지, 사람이 안식일을 위하여 생긴 것은 아니다."
손이 오그라든 사람을 고치심 (마르 3,1-6)	예수님이 안식일 규정을 어기고 손이 오그라든 사람을 치유하심	"안식일에 좋은 일을 하는 것이 합당하냐? 남을 해치는 일을 하는 것이 합당하냐? 목숨을 구하는 것이 합당하냐? 죽이는 것이 합당하냐?"

핵심 구절
"아무도 새 포도주를 헌 가죽 부대에 담지 않는다. 그렇게 하면 포도주가 부대를 터뜨려 포도주도 부대도 버리게 된다. 새 포도주는 새 부대에 담아야 한다."
(마르 2,22)

사람들을 대하는 예수님의 태도

모든 이를 환대하다!

예수님께서는 다른 사람들이 어떻게 생각할까 염려하여 행동을 주저하신 적이 단 한 번도 없었다. 바로 그 때문에, 당시 종교 지도자들의 기준으로는 어울려서는 안 될 사람들과 어울리시고, 가서는 안 될 곳에 가셨던 것이다. 그러나 그들을 위해 기꺼이 경계선을 넘으셨던 예수님의 행동은, 그들 생애에서 가장 큰 위로와 친절의 경험으로 다가왔다. 예수님은 그 누구보다 그들을 인간적으로 존중하셨다.

여성을 대하는 태도

당시 여성은 종종 남편의 소유물 정도로 여겨졌으며, 아내와 어머니로서는 유용하지만 모든 유혹과 죄의 근원으로 지목되곤 했다. 그러나 예수님께서는 여성에 대한 전통적 가치관을 완전히 뛰어넘으셨다. 예수님께서는 여성의 사회적 위치나 혼인 상태와 관계없이 남성과 동등한 인격체로 받아들이셨다. 예수님께서는 여성에 대해 다음과 같은 모습을 보이셨다.

- 예수님은 여성 제자들을 두셨고(루카 8,1-3), 대부분의 라삐가 여성이 성경을 공부하는 것을 말렸음에도 남성들과 함께 여성을 가르치셨다(마태 14,21; 루카 10,38-42).
- 여성들과 자유롭게 어울리셨는데, 특히 생활 방식(루카 7,36-50), 출신(마르 7,24-30), 도덕성(요한 4,4-26) 때문에 소외된 이들과도 스스럼없이 어울리셨다.
- 당대 남성들과 달리, 성적인 비행의 책임을 여성에게 전가하기를 거부하셨다(요한 8,1-11).
- 월경하는 여성을 부정하다고 여기지 않으셨다(마르 5,25-34).
- 여성들의 삶과 관련된 의미 있는 비유와 이야기를 가르침에 사용하셨다(루카 4,24-26; 5,36; 13,20-21; 15,8-10; 18,1-8).
- 부활 때에 여성의 동등한 지위를 확인해 주셨다(루카 20,27-38).
- 유다교에서 여성의 증언은 법적 효력이 없었음에도, 여성들이 부활의 첫 증인이 되게 하셨다(마태 28,1-8).

초기 그리스도교가 여성들에게 그토록 매력적이었던 이유는, 바로 교회가 그들에게 부여한 동등한 지위 때문이었을 가능성이 매우 크다.

여성에 대한 예수님 동시대인들의 태도

- "여성은 모든 면에서 남편보다 열등하다."(요세푸스, 『아피온 반박문』 2,201)
- "여성의 역할은 사적인 영역, 즉 집안 살림에 있다."(필론, 『특별법에 관하여』 3,169 내용 요약)
- "저를 여자로 만들지 않으신 온 우주의 임금이신 우리 주 하느님, 당신은 찬미받으소서."(유다인 남성들이 하루에 세 번씩 드리는 「18개의 축복 기도」보다 먼저 바치는 '아침 기도')

왼쪽 사진은 1895년경 팔레스타인 중부 지역 특유의 전통 의상(자수 드레스)을 입고 있는 베들레헴의 여성들.

어린이를 대하는 태도

당시 유다인들은 어린이를 하느님의 축복으로 여겼지만, 공동체에서 가장 중요하지 않은 구성원으로 취급했다. 그러나 예수님께서는 어린이들을 환영하셨고, 마치 당신을 맞이하는 것처럼 친절하게 그들을 받아들이는 일이 중요하다고 강조하셨으며(마르 9,36-37), 그들에게 해를 끼치는 자들에게는 준엄한 경고를 하셨다(마태 18,6). 심지어 제자들이 어린이들이 당신께 오는 것을 막으려 했을 때 그들을 꾸짖으시고(마르 10,13-16), 어린이들을 하느님 나라에 들어가는 데 필요한 신뢰와 겸손의 본보기로 삼으셨다(마태 18,1-4).

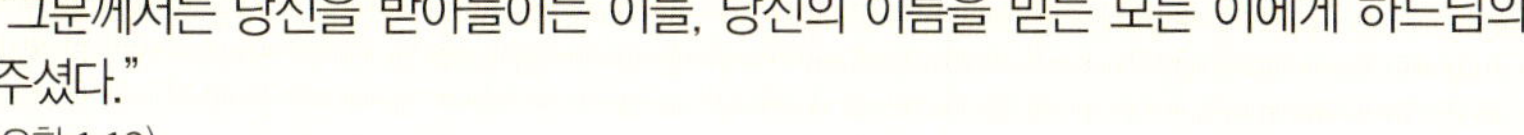

"그분께서는 당신을 받아들이는 이들, 당신의 이름을 믿는 모든 이에게 하느님의 자녀가 되는 권한을 주셨다."
(요한 1,12)

관련 주제
사마리아 여인: 32쪽
가난한 사람들: 69쪽
자캐오: 42쪽

인간의 조건

예수님께서는 언제나 사람들에게 친절하셨지만, 인간의 실상을 보지 못하시거나 그들의 행동을 무조건 눈감아 주시지는 않았다. 예수님께는 하느님의 사랑을 드러내는 동시에 사람들이 자신의 참모습을 보게 하는 심오한 능력이 있었다. 그분은 하느님 없이 살아가는 인간의 상태를 다음과 같은 다양한 언어로 묘사하신다.

- **눈먼 이(마태 15,14; 요한 9,13-41):** 그러나 예수님께서는 "눈먼 이들을 다시 보게"(루카 4,18) 하러 왔다고 말씀하신다.
- **굶주린 이(마태 5,6):** 그러나 예수님께서는 "나는 생명의 빵이다. 나에게 오는 사람은 결코 배고프지 않을 것이다."(요한 6,35)라고 말씀하신다.
- **목마른 이(요한 4,15):** 그러나 예수님께서는 "목마른 사람은 다 나에게 와서 마셔라. 나를 믿는 사람은 성경 말씀대로 '그 속에서부터 생수의 강들이 흘러나올 것이다.'"(요한 7,37-38)라고 말씀하신다.
- **고생하는 이(마태 11,28):** 그러나 예수님께서는 "고생하며 무거운 짐을 진 너희는 모두 나에게 오너라. 내가 너희에게 안식을 주겠다."(마태 11,28)라고 말씀하신다.
- **길 잃은 이(루카 15,1-32):** 그러나 예수님께서는 "사람의 아들은 잃은 이들을 찾아 구원하러 왔다."(루카 19,10)라고 말씀하신다.
- **죽은 이(마태 23,27; 루카 9,60):** 그러나 예수님께서는 "나는 양들이 생명을 얻고 또 얻어 넘치게 하려고 왔다."(요한 10,10)라고 말씀하신다.

그러나 예수님은 이러한 통찰을 사람들의 실패나 죄를 부각하는 데에 사용하지 않으셨다. 대부분의 사람이 굳이 지적받지 않아도 자신의 결점을 알고 있으며, 그들에게 필요한 것은 무질서한 혼란에서 벗어나 삶을 다시 바로잡도록 돕는 것임을 아셨기 때문이다. 예수님께서는 바로 그 점에 집중하셨다. 동시대의 종교 지도자들이 사람들의 죄악을 부각하며 지치게 하는 짐만 계속 지운 반면, 예수님께서는 언제나 사람들에게 희망을 주셨다.

식사를 함께함

식사를 함께하는 것은 중동 문화에서 환대와 수용, 우정을 보여 주는 핵심적 행위였고 지금도 그러하다. 그러나 당시에는 신분이 다르거나 종교적으로 '죄인'이라 여겨지는 사람과는 한 식탁에 앉지 않는 엄격한 구분이 있었다. 예수님께서 들려주신 혼인 잔치의 비유(루카 14,15-24)가 그토록 충격적이었던 이유가 여기에 있다. 그러나 예수님께서는 단순히 철저한 포용을 가르치는 데 그치지 않고, 직접 그것을 실천하셨다(마태 9,10). 그분은 온갖 종류의 배경과 신분을 가진 사람들과 함께 식사하심으로써 배타성과 신분 차별의 장벽을 허무셨다. 그분에게는 모든 이가 하느님 나라에서 환영받는 존재였다.

눈먼 이들의 눈먼 인도자(부분)
피터르 브뤼헐, 16세기. 이 그림은 "눈먼 이가 눈먼 이를 인도하면 둘 다 구덩이에 빠질 것이다."(마태 15,14)라는 예수님의 말씀을 표현한 그림이다.

소외된 이들을 대하는 태도

예수님의 공생활에서 가장 두드러진 특징 중 하나는 예수님께서는 종교적 · 문화적 이유로 사회에서 소외된 이들을 기꺼이 받아들이셨다는 점이다. 소외된 이들에는 다음 부류의 사람들이 포함된다.

- **나병 환자(마태 8,1-4; 11,5; 26,6):** 전염성 질병으로 인해 '부정한 이'로 낙인찍혀 격리 생활을 해야 했다.
- **세리(루카 5,27-32; 15,1-7):** 동족의 재산을 착취하며 로마에 협력한 이들로, 라삐 문헌에서는 그들에게 거짓말을 해도 된다고 할 만큼 멸시받았다. 예수님께서는 자캐오를 향한 사람들의 적대감을 몸소 받으셨다(루카 19,1-10).
- **죄인들(루카 7,36-50, ἁμαρτωλοί하마르톨로이):** 주로 성적으로 부도덕한 사람을 뜻했지만, 더 넓게는 토라의 세세한 규정을 지키지 않는 사람을 가리켰다.
- **부정한 이:** 식사 전에 손을 씻지 않거나 장터에서 돌아온 뒤 몸을 씻지 않고 음식을 먹는 등 정결례 같은 의식을 지키지 않는 이들을 포함한다(마르 7,1-23).
- **다른 민족:** 유다인들에게는 배척받았으나 예수님께서는 받아들이셨다(마태 8,5-13; 마르 7,24-30).

이 모든 이를 향한 예수님의 태도는 아무런 조건 없이 그들을 사랑하고 받아들이는 것이었다.

핵심 구절
"사람의 아들은 잃은 이들을 찾아 구원하러 왔다."
(루카 19,10)

예수님의 청중

예수님에 대한 반응

예수님은 공생활 동안 주로 유다인들을 대상으로 활동하셨다. 예수님은 팔레스티나(주민 대부분이 유다인이었다.)에 사셨고, 그 경계를 벗어나신 적이 거의 없었다. 당시 유다인들은 메시아를 간절히 기다렸기 때문에 사람들이 예수님을 열렬히 환영했으리라 기대할 수도 있다. 그러나 실제로 예수님에 대한 유다인들의 반응은 엇갈렸고, 때로 예수님은 다른 민족 사람(이방인)들에게 더 환영받으시기도 했다. 이는 "예언자는 어디에서나 존경받지만 고향과 집안에서만은 존경받지 못한다."(마태 13,57)라는 예수님의 말씀을 증명하는 듯했다.

유다인을 향한 사명

예수님의 동족 유다인들은 예수님에 대해 다양하게 반응했다. 당시 이스라엘은 결코 하나로 통일된 공동체가 아니었으며, 수많은 사회적 · 종교적 집단이 각기 다른 방식으로 그분께 응답했던 것이다.

■ 보통 사람들

흔히 '군중'으로 묘사되는 평범한 사람들은 예수님을 환영했다. 예수님의 가르침은 생생했고 기적으로 그 말씀이 뒷받침되었기 때문에 라삐들의 전통적 가르침과 달리 사람들로 하여금 귀 기울여 듣게 하는 힘이 있었다. 군중은 "그분의 가르침에 몹시 놀랐"고(마태 7,28), "예수님의 말씀을 기쁘게 들었"으며(마르 12,37), "이런 일은 일찍이 본 적이 없다."(마르 2,12)고 말하기도 했다. 예수님의 영향력이 너무 커서 바리사이들은 "온 세상이 그의 뒤를 따라가고 있소."(요한 12,19)라며 불평하기도 했다. 하지만 실제로는 그분에 대한 의견이 종종 나뉘었고(요한 7,12-13.40-43), 마지막에는 모두가 그분을 떠날 준비가 되어 있었다.

■ 죄인들

'세리'와 자주 연결되는 '죄인들'은 율법 학자들과 바리사이들이 자신들의 집단 밖에 있다고 여기던 이들을 경멸하며 부른 비하 용어였다. 유다인들은 세리처럼 다른 민족과 협력하거나, 유다교의 정결 예식을 지키지 않거나, 매춘부처럼 공공연히 죄를 짓는 이들을 이스라엘의 '바깥 사람'으로 여겼다. 그러나 예수님께서는 바로 이런 사람들과 함께 시간 보내기를 즐기셨고, 이로 인해 '죄인들의 친구'라고 불리셨다(루카 7,34). 이들은 언제나 예수님을 기꺼이 맞이했는데(마태 9,10), 이는 분명 그들을 있는 그대로 받아들여 주신 예수님의 태도 때문이었을 것이다.

■ 종교 지도자들

예수님에게 가장 냉담한 반응을 한 집단은 종교 지도자들로, 여기에는 사두가이(성전 운영을 맡은 사제 가문), 율법 학자(율법을 필사하고 가르치는 이들), 바리사이(율법을 일상에 철저히 적용하려는 이들) 등이 포함되었다. 그들은 자신들의 지식과 전통을 맹렬하게 수호했고, 예수님의 가르침은 이를 끊임없이 위협했다. 그래서 그들은 강하게 반발했고(루카 5,21; 7,39; 16,14; 요한 7,32), 결국 예수님을 죽이기로 모의했다(마태 12,14; 21,43; 요한 11,45-57). 물론 일부 바리사이들은 항상 예수님을 함정에 빠뜨리려 했지만(마태 22,15; 요한 8,6), 니코데모처럼 예수님의 말씀을 진심으로 이해하려는 태도로 듣는 이들도 있었다(요한 3,1-2).

■ 예수님의 고향 사람들과 가족

예수님의 고향 나자렛 사람들은 예수님이 돌아왔을 때 처음에는 그분을 환영했으나(루카 4,14-22ㄱ), 예수님께서 하느님 나라에 다른 민족들도 포함된다고 암시하자 곧 분노했다(루카 4,24-30). 결국 예수님은 카파르나움을 새로운 활동 근거지로 삼으셔야 했다. 예수님의 가족과 친지 역시 처음에는 크게 다르지 않았다. 성모님은 예수님의 생애 끝까지 그분 곁을 지켰지만, 성모님 역시도 예수님의 공생활 활동이 본격적으로 활발해지자 이를 걱정스러워했다. 그래서 예수님이 미쳤다고 생각하는 예수님의 친척 형제들과 함께 그분을 붙잡으러(마르 3,21) 카파르나움으로 오게 된다. 요한 복음사가는 후에 예수님의 공생활에 대해 기록하면서 그분의 형제들도 예수님을 믿지 않았다(요한 7,5)고 전한다. 이런 가족과 친지들의 태도는 예수님에게 분명 견디기 힘든 아픔이었을 것이다.

예수님의 고향 나자렛은 그분을 가장 먼저 배척한 곳이었다.

● 관련 주제
예수님의 나라: 16-17쪽
예수님의 백성: 18-19쪽
니코데모: 43쪽

"많은 군중이 예수님의 말씀을 기쁘게 들었다."
(마르 12,37)

다른 민족들을 향한 사명

❶ 공생활 초기부터 예수님의 명성은 갈릴래아 너머로 퍼져 나갔고, "유다와 예루살렘, 이두매아와 요르단 건너편, 그리고 티로와 시돈 근처에서도 그분께서 하시는 일을 전해 듣고 큰 무리가 그분께 몰려왔다."(마르 3,7-8).

❷ 예수님께서는 헬레니즘 문화가 강한 페니키아 도시 티로에서 다른 민족 출신 여인의 딸을 치유하시고, 그 여인의 믿음을 칭찬하셨다(마르 7,24-30).

❸ 열 개의 그리스 도시로 이루어진 데카폴리스에서, 예수님께서는 귀먹고 말 더듬는 사람을 고쳐 주셨다(마르 7,31-37).

❹ 예수님께서는 그리스 신 판Pan을 숭배하는 지역의 중심지인 카이사리아 필리피와 주변 마을들을 방문하셨다(마르 8,27). 이곳은 거의 모든 주민이 다른 민족이었지만, 바로 여기서 예수님께서는 제자들에게 당신의 참모습을 드러내기 시작하셨다(마르 8,27-9,1). 인근 헤르몬산은 거룩한 변모 사건이 일어났을 가능성이 있는 곳 중 하나이기도 하다(마르 9,2-13).

❺ 유다인과 사마리아인 사이의 적대감은 약 오백 년 전 사건으로 거슬러 올라갈 만큼 뿌리 깊었다. 그러나 예수님께서는 이 해묵은 반목을 유지하기를 거부하셨다. 사마리아 여인과의 만남 이후, 예수님께서는 기꺼이 사마리아에서 가르치셨다(요한 4,39-42). 또한 사마리아인 나병 환자를 고쳐 주셨으며(루카 17,11-19), 자신을 받아들이는 곳이면 어디에서나 복음을 전하셨다(루카 9,51-56).

❻ 이름이 명확히 언급되지는 않지만, 예수님께서는 '요르단강 건너편'(마태 19,1)이라 불리는 페레아에서도 활동하셨다. 유다인과 다른 민족이 섞여 사는 이 공동체에서 예수님께서는 가르치시고 병자들을 고쳐 주셨다(마태 19,2).

❼ 로마인 백인대장은 그의 종을 고쳐 달라고 청하며 예수님께 큰 믿음을 보여 드렸고, 이에 예수님께서는 감탄하셨다(루카 7,1-10). 예수님의 연민은 이민족인 로마 압제자들에게까지 미쳤던 것이다.

❽ 예수님께서는 부활하신 후, "예루살렘에서 시작하여 모든 민족들에게"(루카 24,47) 복음을 전하라고 명하셨다(마태 28,18-20; 사도 1,8). 교회가 이렇게 미미하게 시작하여 세계적인 운동으로 커졌다는 것은 예수님께서 이미 제자들에게 선교의 씨앗을 심으셨다는 것을 명확히 보여 준다. 만일 그렇지 않았다면 교회는 유다교의 작은 분파로 머물렀을 것이다.

사마리아의 아크로폴리스에 있는 세바스테(그리스어로 '아우구스투스'라는 뜻) 신전의 유적
헤로데 임금이 건설한 이 신전은 당시 사마리아의 이교적 성격을 보여 준다. 그럼에도 불구하고 많은 사마리아인들이 예수님을 믿었다는 것은 주목할 만하다.

핵심 구절

"내 말을 듣고 나를 보내신 분을 믿는 이는 영생을 얻는다."(요한 5,24)

하느님과 예수님의 관계

아버지 하느님의 아들

이 세상에 태어나기 전부터 예수님은 평범한 인물이 아닐 조짐이 분명했다. 천사들은 그분이 '지극히 높으신 분의 아드님'이라 불리는 임금이 될 것이고(루카 1,32-33), 그 이름을 임마누엘, 곧 '우리와 함께 계신 하느님'이라 하리라고 예고했다(마태 1,23). 예수님의 잉태 자체도 기적적이었다(마태 1,18; 루카 1,34-35). 예수님은 분명히 특별한 분이셨다. 그렇다면 예수님 자신은 스스로를 얼마나 특별하다고 생각하셨을까? 복음서는 이에 대해 놀라운 답을 제시한다.

예수님의 기도

예수님은 기도에 깊이 의존하셨으며, 하늘의 아버지와 방해받지 않는 시간을 갖기 위해 모든 힘을 다해 애쓰셨다(마르 1,35). 그분의 기도는 유다 문학 어디에서도 찾아볼 수 없는 아버지 하느님과의 친밀감을 보여 주는데, 특히 하느님을 '아빠Abba, אבא'라고 부르시는 것은 유다교에서 유례가 없는 일이었다. 요한 복음서 17장에 나오는 예수님의 매우 긴 기도는 예수님과 아버지 하느님 사이의 특별한 친밀감을 잘 보여 준다.

기도하러 홀로 산으로 가신 그리스도(부분)

제임스 티소, 1886-1894년, 브루클린 미술관, 뉴욕, 미국.

특별한 관계

예수님께서는 어린 시절부터 하느님과 특별한 관계에 있음을 인식하고 계셨던 것이 분명하다. 열두 살 된 아들을 잃어버리고 애태우던 부모가 성전에서 율법 학자들과 이야기하는 예수님을 발견했을 때, 그분의 대답은 간단했다. "왜 저를 찾으셨습니까? 저는 제 아버지의 집에 있어야 하는 줄을 모르셨습니까?"(루카 2,49). 이는 하느님을 자기 아버지라고 주장하는 것으로, 당시 유다인이 개인으로서는 감히 하기 힘든 말이었다. 공생활이 시작되면서, 예수님께서 주장하시는 하느님과의 관계가 특별하고도 유일무이하다는 사실이 명백해졌다. 반대자들은 바로 이 점을 들어 그분을 신속히 단죄하고자 했다. "이 때문에 유다인들은 더욱 예수님을 죽이려고 하였다. 그분께서 안식일을 어기실 뿐만 아니라, 하느님을 당신 아버지라고 하시면서 당신 자신을 하느님과 대등하게 만드셨기 때문이다."(요한 5,18).

하느님과의 관계에 대한 예수님의 암시

예수님께서는 결코 공개적으로 '내가 하느님이다!'라고 주장하신 적은 없지만, 자신과 하느님과의 관계가 고유하고 유일하다는 것을 분명히 암시하셨다.

- **기적:** 예수님께서는 단순히 초자연적 능력을 보이기 위해서나, 동정심으로 기적을 행하신 것은 아니다. 그분의 기적은 오직 하느님의 영만이 가져다줄 수 있는 해방과 자유를 보여 주는 실증이었다(루카 4,18-19).
- **말씀:** 예수님의 말씀은 여느 스승의 가르침이 아니라, 율법을 완성하고(마태 5,17) '결코 사라지지 않을'(마태 24,35) 말씀이었다. 그분은 심지어 당신의 말씀에 대한 우리의 응답이 우리의 영원한 운명을 결정할 것이라고 하셨다(마르 8,38).
- **죄의 용서:** 예수님께서는 사람들의 죄를 용서할 권한이 자신에게 있다고 주장하셨다. 유다인이라면 누구나 오직 하느님만이 죄를 용서할 수 있다고 믿었기에, 종교 지도자들은 "저 사람은 누구인데 하느님을 모독하는 말을 하는가? 하느님 한 분 외에 누가 죄를 용서할 수 있단 말인가?"(루카 5,21)라고 물었다. 그러나 예수님께서는 용서하신 그 사람을 곧바로 고쳐 주심으로써 자신이 죄를 용서할 권한을 가지고 계심을 증명하셨다.
- **행동:** 예수님께서 나귀를 타고 예루살렘에 입성하신 것은 구약의 메시아 예언을 성취하고자 하신 것이다(마태 21,1-11; 즈카 9,9). 그리고 성전을 정화하신 것도 또 다른 메시아적 행위였다(마태 21,12-16).
- **칭호:** 하느님과의 유일무이한 관계에 대한 명백한 인식을 보여 주는 이름과 칭호들을 사용하셨다.
- **사람들의 고백과 평가를 받아들임:** 베드로가 "스승님은 살아 계신 하느님의 아드님 그리스도이십니다."(마태 16,16)라고 고백했을 때 베드로를 축복하셨고, 토마스가 "저의 주님, 저의 하느님!"(요한 20,28)이라고 부르는 것을 허락하셨다.

위 내용을 개별적으로 살펴보면 다른 방식으로 설명될 수도 있지만, 함께 모아 보면, 예수님께서 당신이 누구이며 하느님과 어떤 관계에 있다고 주장하셨는지에 대한 명확한 그림이 제시된 것이다.

“당신은 사람이면서 하느님으로 자처하고 있소.”
(요한 10,33)

● 관련 주제
예수님의 기원: 24-25쪽
예수님은 누구인가?: 52-53쪽
예수님의 칭호: 82-85쪽

하느님의 영광
“우리는 그분의 영광을 보았다. 은총과 진리가 충만하신 아버지의 외아드님으로서 지니신 영광을 보았다.”(요한 1,14).
요한 복음사가는 요한 복음서에서 ‘영광’이나 ‘영광을 드리다’라는 단어를 41번이나 사용했다. 구약 성경에서 영광의 원천이자 대상은 오직 하느님뿐이셨다. 요한은 예수님 안에서 바로 그 영광스러운 하느님께서 우리 가운데 오셨음을 우리에게 알려 주고자 했다.

초기 교회의 성찰

예수님께서 돌아가신 직후 초기 교회는 예수님에 관해 놀라운 주장을 했다. 이들의 신앙 고백은 목숨까지 위태롭게 했다.

■ 요한

“한처음에 말씀이 계셨다. 말씀은 하느님과 함께 계셨는데 말씀은 하느님이셨다. 말씀이 사람이 되시어 우리 가운데 사셨다.”(요한 1,1.14).

■ 바오로와 그의 제자

“그분께서는 하느님의 모습을 지니셨지만 하느님과 같음을 당연한 것으로 여기지 않으시고 오히려 당신 자신을 비우시어 종의 모습을 취하시고 사람들과 같이 되셨습니다. … 당신 자신을 낮추시어 죽음에 이르기까지, 십자가 죽음에 이르기까지 순종하셨습니다. 그러므로 하느님께서도 그분을 드높이 올리시고 모든 이름 위에 뛰어난 이름을 그분께 주셨습니다. 그리하여 예수님의 이름 앞에 하늘과 땅 위와 땅 아래에 있는 자들이 다 무릎을 꿇고 예수 그리스도는 주님이시라고 모두 고백하며 하느님 아버지께 영광을 드리게 하셨습니다.”(필리 2,6-11).

“그분은 보이지 않는 하느님의 모상이시며 모든 피조물의 맏이이십니다. 만물이 그분 안에서 창조되었기 때문입니다. … 만물은 그분 안에서 존속합니다. … 하느님께서는 기꺼이 그분 안에 온갖 충만함이 머무르게 하셨습니다.”(콜로 1,15-19).

■ 히브리서 저자

“아드님은 하느님 영광의 광채이시며 하느님 본질의 모상으로서, 만물을 당신의 강력한 말씀으로 지탱하십니다.”(히브 1,3).

그들에게 이 모든 것을 확증해 준 사건은 바로 부활이었다. 부활은 그들 가운데 사셨던 그분이 다름 아닌 하느님이시라는 확신을 심어 주었다. 만약 예수님 자신에게서 비롯된 것이 아니라면, 그러한 사상이 도대체 어디에서 나올 수 있었겠는가?

아멘

우리는 보통 기도를 마칠 때 ‘아멘’을 사용하지만, 예수님께서는 이 말을 끝이 아니라 시작에 두셨다. 그리스어 원문 “ἀμὴν ἀμὴν λέγω ὑμῖν(아멘 아멘 레고(내가 말한다) 휘민(너희에게)).”을 현대 번역본들(한국 천주교회 공용 번역본『성경』 포함)이 “내가 진실로 진실로 너희에게 말한다.”와 같이 번역하기 때문에 우리는 그 점을 놓치기 쉽다. 복음서의 그리스어 본문에 ‘아멘’이 100번가량 나온다. 본래 구약 성경에서 다른 사람의 기도에 대한 개인적 또는 회중의 응답으로 사용되었던 ‘아멘(אמן)’은, 그 내용에 동의하거나 그것이 진실임을 확인하는 방식이었다. 그러나 예수님께서는 당신이 하실 말씀의 진실성을 말씀하시기도 전에 스스로 확언하셨다. 이 단어를 말씀의 첫머리에 두심으로써, 그분은 말씀의 중요성뿐만 아니라 그 진실성까지 강조하셨다. 이런 방식으로 ‘아멘’을 사용한 예는 다른 유다 문헌에는 없으며, 이는 예수님께서 하느님의 유일무이한 사자로서 당신의 독보적인 권위에 대해 잘 알고 계셨음을 보여 준 예이다.

핵심 구절
“아버지와 나는 하나다.”
(요한 10,30)

예수님의 칭호: 인간적인 측면

하느님의 아들이자 종

사람은 누구도 자기 이름을 선택할 수 없지만, 살아가며 얻는 별칭이나 칭호는 그 사람에 대해 많은 것을 말해 준다. 이는 예수님의 경우도 마찬가지였다. 그분께서 스스로 사용하시거나 다른 이들이 부르는 것을 받아들이신 칭호들은, 그분이 스스로를 누구라고 생각하셨는지에 대한 우리의 이해를 더해 준다. 이러한 예수님의 칭호들은 그분이 다른 어느 종교 지도자들과는 다르셨다는 결론을 내리게 해 줄 것이다.

사람의 아들

예수님께서는 자신에 대해 '사람의 아들'이라는 호칭을 가장 즐겨 사용하셨다. 이 칭호는 완전히 새로운 것은 아니지만 사실상 그분을 위해 만들어진 칭호였다. 여기에는 구약 성경의 배경이 있다. 시편 8편 5절의 '벤 아담(בן־אדם 사람의 아들)'은 비천한 상태의 인간을 묘사하는 데 쓰였고, 다니엘서 7장 13절의 '케바르 에나쉬(כבר אנש 사람의 아들 같은 이, 아람어)'는 모든 민족에게 경배를 받으며 영원한 나라를 받는 영광스러운 하늘의 인물을 묘사하는 데 쓰였다. 이 두 개념은 예수님께서 주장하신 당신의 정체성을 정확히 요약한다. 곧 만물을 다스리시고 경배받아 마땅한 영광스러운 하늘의 존재이시지만, 강생을 통해 보잘것없는(비천한) 인간이 되신 분이라는 것이다. 겉보기에 상충돼 보이는 이 두 개념을 결합함으로써 예수님은 자신의 존재를 알기 위해서 더 깊은 사고와 믿음을 요구하는 신비감을 유지하셨다. 이 칭호는 복음이 이스라엘을 넘어 다른 민족들의 세계로 퍼져 나가면서 그 의미가 명확히 전달되지 않았기 때문에, 점차 일반적으로 사용되지 않게 된 것으로 보인다.

영광 속의 그리스도(부분)
547년경, 산 비탈레 성당, 라벤나, 이탈리아.

다윗의 자손

다윗의 자손이라는 칭호는 당시 청중들에게는 매우 중요한 호칭이었다. 유다인들은 다윗의 자손이 언젠가 이스라엘의 임금이 되고 하느님께서 다윗에게 하신 모든 약속을 그가 성취할 것이라고 믿었기 때문이다. 이런 이유로 복음사가들은 복음서에 예수님의 족보를 기록함으로써 예수님께서 다윗의 자손이심을 밝힌다(마태 1장; 루카 3장). 당시 사람들은 때때로 예수님을 다윗의 자손이라고 불렀지만(마르 10,47), 그것이 민족주의적인 의미를 내포하고 있기 때문에 예수님은 이 칭호로 불리는 것을 꺼리셨다.

나자렛 사람

대사제의 집에서 하인이 베드로에게 "당신도 저 나자렛 사람 예수와 함께 있던 사람이지요?"(마르 14,67)라고 했는데, 이 '나자렛 사람'이라는 표현에는 경멸의 의미가 담겨 있다(요한 1,46). 초기 그리스도인들은 종종 '나자렛 분파'(사도 24,5)라고 불렸는데, 이 칭호는 예수님에게서 유래했을 것이다. 이 '나자렛'이라는 용어가 신심의 일종으로 쓰이기도 한다. 대표적인 예가 필리핀 가톨릭 교회에서 매년 2회 최대 규모의 신심 행사를 하는 '나자렛 교회'이다. 그들은 200년 된 이 목각 예수상에 기적의 힘이 있다고 믿으며, 이 '검은 나자렛 예수The Black Nazarene'상을 모시고 대규모 행진을 한다.

"오히려 당신 자신을 비우시어 종의 모습을 취하시고 사람들과 같이 되셨습니다."
(필리 2,7)

● 관련 주제
하느님 나라의 도전: 39쪽
예수님의 칭호: 82-85쪽
강생: 124쪽

메시아

'메시아'라는 칭호와 관련이 깊은 히브리어 '마시아흐(משיח 기름부음받은이)'는 구약 시대에 하느님의 일을 위임하기 위해 사제나 임금에게 기름을 붓던 관습에서 비롯되었다. 따라서 이스라엘에는 '기름부음받은이'들이 많았지만, 언젠가 하느님께서 당신 백성을 구원하기 위해 마지막 '기름부음받은이', 즉 '메시아(그리스어로는 χριστός 크리스토스)'를 보내실 것이라는 믿음이 점점 커졌다. 따라서 그리스도인이 예수님을 '예수 그리스도'라고 부르면, 이는 사실 '예수님은 하느님께서 당신 백성을 구원하시기 위해 기름 부어 세우신 분'이라는 신앙 고백인 셈이다.

복음서들은 예수님이 바로 그 메시아라고 증언한다. 마르코 복음사가는 "하느님의 아드님 예수 그리스도의 복음의 시작"(마르 1,1)이라고 담대하게 복음서를 시작한다. 하지만 예수님은 이 호칭을 사용하기 조심스러워하셨다. 당시 사람들이 메시아에 대해 갖고 있던 기대와 예수님의 사명이 달랐기 때문이다. 사람들은 기적과 능력으로 로마의 압제에서 이스라엘을 되찾고 종교적으로도 정화하여 하느님 나라를 준비할 수 있는 군사적 지도자를 기대했다. 그러나 예수님의 사명은 이와 전혀 달랐다. 그분은 칼이 아니라 십자가를 통해 하느님 나라를 세우려고 이 세상에 오셨다. 그래서 예수님은 사람들이 이런 자신의 사명을 오해하지 않도록 기적을 행하실 때마다 비밀을 지키라고 명령하셨지만 그들은 대개 이를 무시했다(마르 1,43-45).

제자들의 발을 씻기시는 그리스도, 1100년경, 오시오스 루카스 수도원 모자이크, 보이오티아, 그리스.

종

바오로 사도는 초기 그리스도교 찬미가를 인용하여 필리피 신자들에게 그리스도를 본받으라고 권고했다.

"그분(그리스도 예수님)께서는 하느님의 모습을 지니셨지만 하느님과 같음을 당연한 것으로 여기지 않으시고 오히려 당신 자신을 비우시어 종의 모습을 취하시고 사람들과 같이 되셨습니다."(필리 2,6-7). 바오로 사도는 한처음부터 하느님과 함께 계셨던 분이 실제 인간이 되셨을 뿐만 아니라, 가장 비천한 '종'이 되셨다는 신비에 경탄해 마지않았다. 예수님께서는 당신의 삶 전체를 통해 바로 이 '종의 신분'을 끊임없이 모범으로 보여 주셨다. 제자들의 발을 씻어 주셨을 때나(요한 13,1-17), 그들의 자만심을 꾸짖으시며 "너희 가운데에서 높은 사람이 되려는 이는 너희를 섬기는 사람이 되어야 한다. 또한 너희 가운데에서 첫째가 되려는 이는 너희의 종이 되어야 한다. 사람의 아들도 섬김을 받으러 온 것이 아니라 섬기러 왔고, 또 많은 이들의 몸값으로 자기 목숨을 바치러 왔다."(마태 20,26-28)라고 하셨을 때처럼 말이다.

다른 이를 위해 자기 "목숨을 내놓는"(요한 15,13) 이 궁극적인 종의 모습을 예수님께서 몸소 보여 주심으로써 그분은 이사야 예언자가 700여 년 전에 예언한 고난받는 '주님의 종'(이사 52,13-53,12)의 역할을 완성하셨다. 복음서 저자들뿐만 아니라, 예수님도 자신의 사명과 수난을 설명하기 위해 이 이사야서의 '주님의 종의 노래'를 자주 언급하셨다(마태 8,17; 마르 9,12).

카이사리아 필리피에 있는 판(절반은 사람이고 절반은 염소인 그리스의 신)의 동굴. 예수님께서 제자들에게 당신이 누구라고 생각하는지 물으신 곳이 바로 이 이교 숭배의 중심지인 카이사리아 필리피였다. 베드로가 "스승님은 살아 계신 하느님의 아드님 그리스도이십니다."(마태 16,16)라고 대답하자, 예수님께서는 베드로를 축복하시며, 바로 이러한 신앙 고백 위에 당신의 교회를 세우겠다고 말씀하셨다. 물론 베드로가 예수님의 이 말씀을 이해하지 못했다는 것은 이어서 예수님께서 자신의 고통과 죽음에 관해 말씀하실 때 베드로가 예수님의 생각을 뒤집으려고 시도한 것을 떠올린다면 쉽게 알아차릴 수 있다. 이런 이유로 예수님은 베드로에게 "사탄아, 내게서 물러가라. 너는 나에게 걸림돌이다. 너는 하느님의 일은 생각하지 않고 사람의 일만 생각하는구나!"(마태 16,23)라고 말씀하신 것이다.

핵심 구절

"나는 섬기는 사람으로 너희 가운데에 있다."
(루카 22,27)

예수님의 칭호: 신적인 측면

주님이시며 하느님

앞 장에서 보았듯이, 예수님께는 그분의 참된 인성과 기름부음받은 지도자로서의 면모를 강조하는 여러 칭호가 있었다. 그러나 이런 단순히 한 인간으로서 가질 수 있는 칭호 이상의 칭호들도 있었다. 사실 이러한 칭호들은 놀랍게도 예수님께서 자신을 바로 하느님이라고 스스로 인식하고 계셨다는 것을 보여 준다. 그리고 사람들도 점차 이와 같은 결론을 내리기 시작했을 때, 예수님께서는 한 번도 이런 그들의 생각을 거부하거나 바꾸려 하지 않으셨다.

하느님의 아들

이 칭호는 예수님과 하느님의 관계를 가장 잘 드러낸다. 이미 존재했던 이 칭호에 예수님께서는 새로운 의미를 부여하셨다. 구약 성경에서 '하느님의 아들'은 천사나 이스라엘 민족, 또는 이스라엘의 임금을 가리키는 데 사용되었다. 그러나 예수님께서는 이 칭호를 담대하게 가져와 당신 자신에게 적용하셨다. 그렇다면 예수님께서는 이를 통해 당신이 신적 존재임을 주장하신 것일까?

예수님께서 오직 자신만이 하느님의 아들이라고 생각하셨고, 다른 사람에게는 이런 표현을 사용하지 않으셨다는 점은 분명하다. 그래서 제자들과 함께 계실 때에도 "내 아버지시며 너희의 아버지신 분, 내 하느님이시며 너희의 하느님이신 분"(요한 20,17)이라고 구분하여 말씀하셨다. 하느님께서도 예수님을 특별한 존재로 드러내셨다. 예수님의 세례 때 "너는 내가 사랑하는 아들, 내 마음에 드는 아들이다."(마르 1,11)라고 하셨고, 거룩한 변모 때에도 이와 비슷한 말씀을 반복하셨다(마르 9,7). 예수님 역시 하느님을 '아버지'라고 즐겨 부르셨는데, 이는 예수님께서 가장 좋아하시는 하느님에 대한 호칭이다(요한 복음서에서만 100번 이상 사용한다). 하지만 유다교에서 어느 누구도 개인적으로 이 호칭을 하느님께 사용하지 않았다. 또한 예수님은 스스로 자신을 끊임없이 '아들'이라고 하셨는데, 이 때문에 유다인들은 예수님을 신성 모독으로 몰아 죽이려 했다(요한 19,7). 이 모든 것은 예수님께서 하느님과 독특하고 친밀한 관계에 있다는 의식을 지니셨음을 가리킨다. 예수님은 그 누구와도 비교할 수 없는 의미에서 '하느님의 아들'이시다. 그러므로 이 칭호는 그리스도교 신앙의 핵심으로, 다른 어떤 칭호와도 달리 신앙의 경계선을 긋는다.

말씀

마태오 · 마르코 · 루카 복음서가 예수님의 지상 생애로 시작하는 반면, 요한 복음서는 예수님이라는 존재의 우주적 차원에서 시작한다. "한처음에 말씀이 계셨다. 말씀은 하느님과 함께 계셨는데 말씀은 하느님이셨다. … 말씀이 사람이 되시어 우리 가운데 사셨다."(요한 1,1.14). 이 '말씀 λόγος[로고스]'이라는 용어는 비록 서로 의미는 다르지만, 유다인과 다른 민족(그리스인) 모두가 이해할 수 있는 용어였다. 유다인에게 하느님의 '말씀דבר[다바르]'은 하느님의 뜻을 실행하는 역동적인 실체였으며(시편 107,20), 심지어 지혜의 형태로 의인화되기도 했다(잠언 8,22-31). 반면에 그리스인에게 말씀은 철학적 용어로, 끊임없이 변화하는 세계를 하나로 통일하고 질서를 부여하는 원리를 뜻했다. 그러므로 요한 복음사가는 유다인과 그리스인 모두에게 이렇게 선포한 것이다. '여러분이 믿는 바로 그 로고스가 예수님이십니다!' 그분이야말로 모든 것을 창조하시고, 하느님의 뜻을 이루시며, 만물을 붙들고 계시고, 삶에 의미를 부여하는 유일한 분이시다.

예수님은 공생활 시작 전에 광야에서 40일 동안 사탄의 유혹을 받으셨는데, 사탄은 예수님께 도전하면서 당신이 정말로 하느님의 아들인지 그것을 증명하라고 부추긴다. "당신이 하느님의 아들이라면…."(마태 4,1-7; 루카 4,1-13). 그리스어에는 '만일'에 해당하는 단어가 두 개 있다. 하나는 대답이 확실하지 않을 때 사용하고, 다른 하나는 대답을 이미 알고 있을 때 사용한다. 사탄의 표현에는 이 중 후자의 의미로 사용되었는데, 이는 사탄 자신은 예수님이 누구신지 확실히 알고 있지만, 사람들은 모를 수도 있으니 자신이 누구신지 시험해 보라는 것을 의미한다.

광야에서 유혹받으시는 예수님
귀스타브 판 더 웨스테이너, 1939년, 헨트 미술관, 겐트, 벨기에.

> "밀랍에 찍힌 인장의 모양이 인장 자체의 형상을 보여 주는 것처럼, 그리스도는 하느님의 형상이시며 하느님의 완전한 표현이시다."
> **성 암브로시오**

토마스가 예수님께 대답하였다. "저의 주님, 저의 하느님!"
(요한 20,28)

● 관련 주제
하느님과 예수님의 관계: 80-81쪽
예수님의 기원: 24-25쪽
예수님의 칭호(인간적 측면): 82-83쪽

의심하는 토마스
레인데르트 판 데르쿠헌, 1654년, 마우리츠하위스 미술관, 헤이그, 네덜란드. 토마스는 마침내 예수님을 "저의 주님, 저의 하느님"(요한 20,28)으로 인정하게 된다.

그 밖의 칭호들

신약 성경에 나오는 예수님의 다른 칭호들은 다음과 같다.

- 거룩하신 분
- 하느님의 어린양
- 착한 목자
- 유다의 사자
- 위대한 대사제
- 구원자
- 알파와 오메가 (시작이며 마침)

주님

오순절에 베드로는 설교하며 이렇게 선포했다. "하느님께서는 여러분이 십자가에 못 박은 이 예수님을 주님과 메시아로 삼으셨습니다."(사도 2,36). 그러나 예수님께서 '주님 Κύριος[퀴리오스]'이라고 불리신 것은 이때가 처음이 아니었다. 예수님께서는 친히 이 칭호를 사용하셨다. 당신께서 '안식일의 주인'(마르 2,28)이라고 주장하실 때나, 바리사이들과 논쟁하실 때(마태 22,41-46), 또 주님이라고 부르는 것을 당신의 심판권과 연결하실 때 그러하셨다(마태 7,21).

하지만 이 칭호가 완전한 의미를 지니게 된 것은 부활 이후였다. 제자들이 마침내 예수님이 누구신지 깨달았을 때, 토마스는 "저의 주님, 저의 하느님!"(요한 20,28)이라고 고백했다. 또한 바오로 사도가 팔레스티나의 언어였던 아람어로 된 신앙 고백, 즉 "마라나 타!(주님, 오소서!)"라고 외친 것도 예수님을 주님으로 믿는 신앙이 교회 초창기부터 있었음을 보여 준다. 그리스어 '퀴리오스'는 히브리 성경의 하느님 이름(야훼)을 번역할 때 사용되었는데, 이 단어를 예수님께 사용했다는 점은 초기 교회 신자들이 예수님에 대해 무엇을 주장하고 있는지 그 엄청난 의미를 완전히 이해하고 있었음을 알게 한다.

주님이라는 칭호는 실제로 그리스도교 신앙 고백의 중심이 되었다. 바오로 사도는 "예수님은 주님이시라고 입으로 고백하고 하느님께서 예수님을 죽은 이들 가운데에서 일으키셨다고 마음으로 믿으면 구원을 받을 것입니다."(로마 10,9)라고 말했다. 이 고백이 별로 어렵지 않아 보일 수 있겠지만, 로마 황제들이 자신들이 신이라고 주장하기 시작하면서 문제가 심각해졌다. 결정타는 황제가 모든 이에게 "카이사르는 주님이시다."라고 선언하면서 충성을 맹세하라고 요구했을 때, 그리스도인들은 그렇게 할 수 없었다. 그리스도인들은 오직 한 분 주님, 곧 예수 그리스도만을 주님으로 고백했기에 이 요구를 거부하였다. 이 명령에 따르기를 거부한 수많은 이들이 고문을 당하고 죽임을 당했다. 예수님께서 참으로 하느님이시며 영원한 주님이시라는 믿음에 대한 그들의 헌신은 그토록 강렬했다.

핵심 구절

"너희는 사람의 아들이 전능하신 분의 오른쪽에 앉아 있는 것과 하늘의 구름을 타고 오는 것을 볼 것이다."(마르 14,62)

예수님의 거룩한 변모

세상 속으로 꿰뚫고 나온 영광

현대인들은 신비로운 현상에 잘 대처하지 못한다. 모든 것을 과학적으로 설명하려고만 하고, 과학으로 설명할 수 없으면 무시해 버린다. 예수님의 생애는 신비로운 일로 가득했으며, 그중 일부는 설명이 가능하지만 일부는 그렇지 않다. 그러나 그 어떤 사건보다도 더 신비롭고 설명할 수 없는 사건이 하나 있었으니, 바로 그분의 거룩한 변모이다. 이는 그분께서 하늘에 두고 오신 영광이 더 이상 갇혀 있을 수 없어, 잠시나마 우리 세상 속으로 꿰뚫고 나온 순간이었다.

무슨 일이 일어났는가?

베드로가 예수님을 메시아로 고백한 지(마태 16,13-28) 여드레쯤 지나, 예수님께서는 베드로와 야고보와 요한을 데리고 산에 오르셨다. 그곳에서 제자들은 그분에 대해 훨씬 더 놀라운 사실을 발견하게 된다. 그들만 따로 있을 때, 예수님께서는 거룩하게 변모하셨다(마태 17,2; 마르 9,2). 이는 하늘의 영광이 터져 나와 본래 그 영광이 속한 분의 품에 안긴 신비롭고 놀라운 '변모'였다. 이때 마태오는 예수님의 얼굴이 '해처럼 빛났다.'(마태 17,2)라고 하고, 마르코는 "그분의 옷은 이 세상 어떤 마전장이도 그토록 하얗게 할 수 없을 만큼 새하얗게 빛났다."(마르 9,3)라고 한다. 루카는 그때 구약 성경의 두 핵심 인물 모세와 엘리야가 갑자기 나타나, 예수님께서 "예루살렘에서 이루실 일, 곧 세상을 떠나실 일"(루카 9,31)에 대해 이야기했다고 전한다. 여기서 '떠나실 일'이라고 번역된 단어의 그리스어 원문 'ἔξοδος엑소도스(탈출)'는 그분 죽음의 임박함과 그 중요성을 암시한다. 즉 예수님께서 하시려는 일이, 모세가 이집트의 종살이에서 하느님의 백성을 해방시켰던 것과 같은 놀라운 구원을 가져올 것임을 암시한 것이다.

그러나 그것이 끝이 아니었다. 갑자기 빛나는 구름이 그들을 덮었고, 구름 속에서 다음과 같은 말씀이 들렸다. "이는 내가 사랑하는 아들, 내 마음에 드는 아들이니 너희는 그의 말을 들어라."(마태 17,5). 이는 십자가의 길이 시작되기 직전, 예수님에게 아버지 하느님의 사랑과 뜻을 확인시켜 주는 동시에, 제자들에게 예수님께서 누구이신지를 드러내는 계시 사건이었다.

그리스도의 변모(부분)
라파엘로, 1518-1520년, 바티칸 박물관, 바티칸.

거룩한 변모와 구약 성경의 상징들

거룩한 변모 사건은 구약 성경을 통해 그 의미를 더 깊이 이해할 수 있다. 이 사건에 등장하는 인물(모세와 엘리야), 장소(산), 현상(구름)은 모두 예수님께서 완성하신(마태 5,17) 구약의 중요한 상징들을 담고 있기 때문이다.

■ 모세와 엘리야

모세와 엘리야는 둘 다 산에서 하느님의 말씀을 들었다(탈출 24,15-18; 1열왕 19,8-18). 이제 이들은 또 다른 산에서 하느님께서 예수님께 하시는 말씀을 증언하며, 함께 옛 계약(구약)을 대표하여, 그 계약이 가리키던 분이 바로 예수님임을 보여 준다. 또한 두 사람 모두 신비롭게 이 세상을 떠났다. 모세가 묻힌 곳을 아무도 알지 못했고(신명 34,5-6), 엘리야는 회오리바람에 실려 하늘로 올라갔다(2열왕 2,11-12). 이제 이들이 또다시 신비롭게 나타나 자신들이 기다리며 준비했던 바로 그분을 기린다.

■ 산

유다인들에게 산과 광야는 그들의 역사에서 매우 중요한 장소였다. 특별히 시나이산은 광야 여정 중 하느님께서 모세에게 율법을 주신 곳이다(탈출 19-20장). 모세가 시나이산에서 하느님의 영광을 마주했던 것처럼, 예수님께서는 '새롭고 더 위대한 모세'로서 이 산에서 바로 그 영광을 마주하신다.

■ 구름

구약 성경에서 구름은 종종 하느님의 영광스러운 현존을 상징했다. 이스라엘 백성을 광야에서 인도한 것도 구름이었고(탈출 13,21-22), 시나이산에서 하느님의 현존을 상징한 것도 구름이었다(탈출 19,16-19). 성막이 봉헌될 때도 구름이 성막을 덮었고(탈출 40,34-35), 다니엘은 '사람의 아들'이 구름을 타고 오는 환시를 보았다(다니 7,13). 거룩한 변모 때도 바로 그 구름이 나타나 예수님 안에 있는 하느님의 영광을 드러낸 것이다.

“그분은 정녕 하느님 아버지에게서 영예와 영광을 받으셨습니다. 존귀한 영광의 하느님에게서, ‘이는 내 아들, 내가 사랑하는 이, 내 마음에 드는 이다.’ 하는 소리가 그분께 들려왔을 때의 일입니다.”
(2베드 1,17)

● 관련 주제
예수님의 기원: 24-25쪽
하느님과 예수님의 관계: 80-81쪽
하느님의 아들: 84쪽

거룩한 변모는 어디에서 일어났는가?

예수님의 거룩한 변모 사건을 그린 오른쪽의 이 모자이크는 타보르산의 ‘예수님의 거룩한 변모 성당’에 있다. 예수님의 거룩한 변모가 일어난 장소는 4세기 이후부터 전통적으로 타보르산으로 알려져 왔지만, 많은 현대 학자들은 복음서의 기록과 역사적 정황을 근거로 헤르몬산을 더 유력한 장소로 본다. 타보르산은 예수님 시대에 그 정상에 로마의 요새와 마을이 자리 잡고 있어, 제자들을 ‘따로’ 데리고 올라가신 한적한 장소라고 하기 어렵다. 또한 거룩한 변모 직전 예수님께서 머무시던 카이사리아 필리피 지역에서 타보르산은 남쪽으로 약 70킬로미터, 헤르몬산은 북동쪽으로 약 20킬로미터 거리에 있다. 따라서 비록 복음서가 산의 이름을 명시하지 않아 확증할 수는 없지만, 이러한 증거들을 종합하여 오늘날 대다수의 학자는 거룩한 변모가 일어난 장소가 타보르산보다는 헤르몬산일 가능성이 훨씬 높다고 결론 내린다.

헤르몬산
현대의 많은 학자들이 거룩한 변모가 일어난 산으로 추정한다. 그들은 예수님께서 2,813미터 높이의 이 ‘높은 산’ 정상에 오르실 필요는 없었을 것이고, 단지 사람들이 접근할 수 없을 만큼 충분히 높은 곳까지만 올라가셨을 것이라고 본다.

제자들의 반응

거룩한 변모를 본 제자들이 겁을 먹어 예수님께서 안심시켜 주셔야 했다(마태 17,6-7). 제자들은 단지 초자연적 현상을 경험했기 때문만이 아니라, 종말이 곧 일어날 수도 있다는 생각에서 두려워했다. 유다인인 그들은 의인들의 부활이 종말과 동시에 일어날 것이라고 배웠는데, 모세와 엘리야가 여기에 나타났다면, 아마도 지금 세상 종말이 온 것으로 느꼈을 수 있다. 게다가 성경에 메시아가 오기 전에 엘리야가 나타날 것(말라 3,23)이라고 기록되어 있었기 때문에 더욱 혼란스러웠을 것이다. 그래서 후에 제자들은 예수님께 이에 관한 질문을 던지게 된다(마태 17,10). 그러나 예수님께서는 엘리야가 이미 왔으며, 그가 바로 세례자 요한의 모습으로 왔다고 대답하셨다(마태 17,11-13).

거룩한 변모 사건의 충격은 계속해서 초기 교회에까지 영향을 끼쳤다. 교회의 첫 세대가 바뀐 뒤에도 이 사건에 대한 놀라움과 그 일이 실제로 일어났다는 확신은 여전히 이어졌다.
“사실 우리가 여러분에게 우리 주 예수 그리스도의 권능과 재림을 알려 줄 때, 교묘하게 꾸며 낸 신화를 따라 한 것이 아닙니다. 그분의 위대함을 목격한 자로서 그리한 것입니다. 그분은 정녕 하느님 아버지에게서 영예와 영광을 받으셨습니다. 존귀한 영광의 하느님에게서, “이는 내 아들, 내가 사랑하는 이, 내 마음에 드는 이다.” 하는 소리가 그분께 들려왔을 때의 일입니다. 우리도 그 거룩한 산에 그분과 함께 있으면서, 하늘에서 들려온 그 소리를 들었습니다.”(2베드 1,16-18).

핵심 구절

“여기에 서 있는 사람들 가운데에는 죽기 전에 하느님의 나라가 권능을 떨치며 오는 것을 볼 사람들이 더러 있다.”(마르 9,1)

예수님의 의탁

하느님 바라보기

수세기 동안 볼 수 없었던 성령의 역동적인 활동이 예수님의 등장과 함께 일어났다(루카 1,11-17.26-38.41.67). 성령으로 잉태되신 예수님께서는 그 후에도 전적으로 성령께 의지하며 사셨다. 성령께서는 예수님께서 세례를 받으실 때 예수님을 성령으로 가득 채우시고, 광야로 이끄셨으며, 나자렛으로 돌아오게 하시고 사명을 맡기셨다. 또한 성령께서는 예수님께서 공생활을 시작하도록 사명을 맡기시고, 아버지의 뜻을 이 세상에서 실현하도록 하는 한편, 마침내 십자가의 길로 이끄셨다. 강생을 통해 자신의 영광을 내려놓으신 예수님께서는 하느님의 성령 없이는 아무것도 하실 수 없음을 깊이 자각하고 계셨다.

성령으로 가득 차다

예수님께서는 요한에게 세례를 받으셨다(마태 3,13-17; 마르 1,9-11; 루카 3,21-22; 요한 1,29-34). 그때 하늘이 열렸고(마르코 복음서는 하늘이 '찢어졌다, σχιζομένους스키조메누스'라고 표현한다.), 하느님의 영이 비둘기처럼 예수님 위에 내려와 머무르셨다. 흥미롭게도 복음서 어디에도 실제 비둘기가 내려왔다고 하지 않고, 비둘기처럼 내려오셨다고 한다. 아마 당시 목격자들이 그날 본 현상을 묘사할 수 있는 가장 가까운 표현이었을 것이다. 이는 마치 오순절 때 성령께서 임하실 때도 "거센 바람이 부는 듯한"(사도 2,2) 현상으로밖에 묘사할 수 없었던 것과 비슷하다. 이 순간은 예수님께서 하느님의 영으로 충만하게 되신 때이며, 바로 이 시점부터 예수님의 공생활과 기적이 시작되었다. 그 이전까지 예수님께서는 아무것도 하실 수 없었다(예수님께서 사람이 되시면서 당신의 신적인 권능과 영광을 스스로 비우셨기 때문에 그 신적 권능을 마음대로 사용하지 않으시고, 온전히 한 인간으로서 사셨기 때문이다.). 그러나 이제 "성령으로 가득 차"(루카 4,1) 예수님께서는, 광야에서 겪으신 유혹의 시련을 통해(루카 4,2-13) 성부 하느님과 그분의 말씀에 온전히 의존하는 삶을 보여 주실 준비를 마치셨다. 그리고 마침내 "성령의 힘을 지니고"(루카 4,14) 나자렛으로 돌아가시어, 당신의 사명을 시작할 모든 채비를 갖추셨다.

성령의 은사

바오로 사도는 자신의 서간에서 성령의 은사에 대해 자주 언급한다(로마 12,4-8; 1코린 12,7-11.27-31). 복음서들 역시 예수님께서 이러한 성령의 은사들 중 많은 것을 직접 사용하셨다는 것을 증언한다. 즉 예수님께서는 병자를 치유하고 마귀를 쫓아내셨을 뿐만 아니라, 지식의 말씀(마태 9,4; 요한 4,16-18), 지혜의 말씀(마태 22,15-22; 요한 8,6-7), 예언(루카 18,31; 요한 13,38)과 같은 은사들도 사용하셨다. 이는 예수님께서도 성령과 그분의 은사에 의탁하고 계셨음을 의미한다.

성령의 도유

팔레스티나에는 올리브가 풍부한데, 이 올리브 열매에서 짜낸 올리브기름은 구약 시대에 예언자, 사제, 임금을 도유할 때 사용되었다. 이러한 도유는 그들이 하느님께서 부르신 소명을 완수할 수 있도록 하느님의 영을 부어 주심을 상징했다. 예수님께서 나자렛 회당에 들어가시어 이사야서에서 메시아가 어떻게 하느님과 그분의 영에 전적으로 의존할 것인지에 관한 예언 말씀을 읽으셨는데, 이때 바로 이 도유 관습이 언급된다.

"주님께서 나에게 기름을 부어 주시니 주님의 영이 내 위에 내리셨다.
주님께서 나를 보내시어 가난한 이들에게 기쁜 소식을 전하고
잡혀간 이들에게 해방을 선포하며 눈먼 이들을 다시 보게 하고
억압받는 이들을 해방시켜 내보내며
주님의 은혜로운 해를 선포하게 하셨다."(루카 4,18-19).

예수님은 당신의 사명(공생활)이 이사야 예언자가 예언한 대로 모든 인간적 필요를 채워 줄 것이라고 선언하셨다. 동시에 자신이 그 일을 하실 수 있는 유일한 방법은 하느님의 영에 전적으로 의존하는 것임도 밝히신 것이다.

"그 위에 주님의 영이 머무르리니 지혜와 슬기의 영 경륜과 용맹의 영 지식의 영과 주님을 경외함이다."
(이사 11,2)

● 관련 주제
세례: 113쪽
예수님의 기원: 24–25쪽
하느님과 예수님의 관계: 80–81쪽

이스탄불에 있는 비잔틴 양식의 성 구세주 코라 성당에 그려져 있는 프레스코화이다. 예수님께서는 부활하시어 지옥의 문을 부수고 계신다. 그분께서는 아담과 하와를 그들의 무덤에서 끌어올리신다.

예수님께 왜 성령이 필요했는가?

예수님께서 참으로 사람이 되신 하느님이시라면, '왜 다른 존재가 필요하셨는가?'라는 의문이 들 수 있다. 이에 대한 답변은 '강생'의 신비와 관련이 있다. 바오로 사도는 이에 대해 이렇게 썼다. "그분(그리스도 예수님)께서는 하느님의 모습을 지니셨지만 하느님과 같음을 당연한 것으로 여기지 않으시고 오히려 당신 자신을 비우시어 종의 모습을 취하시고 사람들과 같이 되셨습니다."(필리 2,6-7). "당신 자신을 비우시어(κένωσις케노시스)"라는 구절은 '스스로를 비우셨다'는 뜻이다. 우리가 감히 이해하기 시작조차 할 수 없는 신비에 의해, 예수님께서는 당신의 신적 권능과 영광을 '비우시고' 참된 인간이 되셨다. 그분은 언제나 같은 분이셨지만, 완전히 다른 존재 양식으로 계셨던 것이다. 그러므로 이제 완전한 인간, 즉 바오로 사도가 말한 '마지막 아담'(로마 5장; 1코린 15장)인 예수님은 자신의 모든 것을 다 비우셨기 때문에, 오직 하느님께 의지하실 뿐이었다. 이는 원래 첫 아담이 그랬어야 했으나 그러지 못하고 불순종했던 것이다. 하지만 예수님께서는 기적을 행하실 때마저 자신의 힘으로가 아니라, 온전히 성령께 의지하고 아버지께 순종함으로써 그것을 이루셨다.

궁극적 의탁

"예수님을 죽은 이들 가운데에서 일으키신 분의 영께서 여러분 안에 사시면, 그리스도를 죽은 이들 가운데에서 일으키신 분께서 여러분 안에 사시는 당신의 영을 통하여 여러분의 죽을 몸도 다시 살리실 것입니다."(로마 8,11). 예수님의 절대적인 의탁은 그분께서 죽음 앞에서 당신 자신을 하느님께 맡기셨을 때 온전히 이루어졌다. 예수님께서 스스로는 죽음을 이길 수 없으셨지만, 하느님의 영께서 당신을 일으키실 것(부활)을 믿으셨다. 그리스도인들은 종종 예수님께서 '죽은 이들 가운데에서 일어나셨다(되살아났다).'고 하지만, 사실 성경에서는 그분께서 '죽은 이들 가운데에서 일으켜지셨다ἐγείρω[에게이로].'라고 자주 표현한다. 이는 그 일을 하신 분이 예수님 자신이 아니라 그분의 아버지, 즉 성부이심을 강조하는 것이다.

의탁과 제자됨

예수님께서는 당신이 그러셨듯이 제자들도 하느님과 성령께 의탁하기를 원하셨다. 그래서 예수님께서는 제자들에게 성령을 보내 주시겠다고 약속하셨다(요한 14,15-27; 16,5-16). 이 약속은 승천하시기 전에 다시 한번 확인되었고(사도 1,4-8), 오순절에 실제로 이루어졌다(사도 2,1-4).

핵심 구절

"내가 진실로 진실로 너희에게 말한다. 아버지께서 하시는 것을 보지 않고서 아들이 스스로 할 수 있는 것은 하나도 없다. 그분께서 하시는 것을 아들도 그대로 할 따름이다."
(요한 5,19)

예수님의 전투

악의 세력을 물리침

예수님의 지상 생애 초기부터 그분을 향한 사탄의 저항은 시작되었다. 마태오 복음사가는 헤로데 임금이 베들레헴의 남자 아기들을 살해한 사건(마태 2,16-18)을 통해 이러한 영적 싸움을 극적으로 묘사한다. 그 뒤로도 사탄은 성전 꼭대기에서 뛰어내리라고 예수님을 유혹하고(루카 4,9), 나자렛 사람들을 통해 그분을 벼랑에서 떨어뜨리려 하는(루카 4,29) 등 끊임없이 그분께 맞섰다. 이처럼 사탄은 예수님께서 이루실 일이 무엇인지 두려워하며 저항했지만, 예수님께서는 사탄이 이미 패배했다고 선언하셨다.

사탄의 기원

성경에서는 사탄의 기원에 대해 단일하고 체계적인 설명을 제공하지 않는다. 사탄 이야기는 여러 시대에 걸쳐 다양한 성경 구절들이 신학적으로 연결되며 형성된 것이다. 예를 들어, 창세기 3장에 등장하는 뱀은 원문에서는 사탄과 동일시되지 않지만, 후대에 사탄의 첫 모습으로 해석되었다. 교만한 천사가 하늘에서 타락했다는 이야기는 바빌론과 티로 임금의 몰락을 비유한 내용(이사 14장; 에제 28장)을 알레고리로 읽은 결과이다. 요한 묵시록에서 용이 '하늘의 별 삼분의 일'을 떨어뜨리는 장면(묵시 12,4) 역시, 악의 파괴적인 힘을 상징하는 묵시 문학적 표현이다. 이처럼 사탄에 대한 관념은 점진적으로 발전해 온 신학적 성찰의 결과물이라 할 수 있다.

유혹

예수님께서 사탄과 처음으로 맞서 싸우신 것은 광야에서 40일 동안 단식하실 때였다. 그곳에서 예수님께서는 하느님의 말씀을 인용하시며 사탄을 물리치셨다(루카 4,1-13). 사탄은 "다음 기회를 노리며 그분에게서 물러갔다."라고 루카 복음사가는 전한다.

그리스도의(세 번째) 유혹

한스 토마, 1890년, 바르샤바 국립 박물관, 바르샤바, 폴란드.

더 힘센 자

사람들을 사탄의 권세에서 해방시키는 것은 예수님 공생활의 필수 과업이었다. 베드로는 예수님의 활동을 되돌아보며 예수님이 "두루 다니시며 좋은 일을 하시고 악마에게 짓눌리는 이들을 모두 고쳐 주셨"(사도 10,38)다고 회상했다. 사람들을 사탄의 권세에서 해방시키는 일은 예수님께서 선을 행하시는 데 없어서는 안 될 부분이었다.

예수님께서 사탄과 싸우신 중요한 한 측면은 마귀를 쫓아내는 일이었는데, 이는 사람들을 사로잡던 악령의 권세에서 그들을 해방시키는 것이었다. 예수님께서는 그 중요성을 이렇게 요약하셨다. "먼저 힘센 자를 묶어 놓지 않고서, 어떻게 그 힘센 자의 집에 들어가 재물을 빼앗을 수 있겠느냐? 묶어 놓은 뒤에야 그 집을 털 수 있다."(마태 12,29). 다시 말해, 이러한 마귀 쫓기를 통해 예수님께서는 사탄을 결박하시고, 그가 훔쳐 간 것을 되찾을 준비를 하신 것이다(요한 10,10). 이것은 사탄의 궁극적인 패배를 위한 첫 단계였다. 비록 그 일이 십자가에서야 이루어질 것이지만, 그 결과는 너무나 확실하여 그 사건 이전에도 예수님께서는 "이제 이 세상은 심판을 받는다. 이제 이 세상의 우두머리가 밖으로 쫓겨날 것이다."(요한 12,31)라고 말씀하셨다.

"예수님께서 두루 다니시며 좋은 일을 하시고 악마에게 짓눌리는 이들을 모두 고쳐 주셨습니다. 하느님께서 그분과 함께 계셨기 때문입니다."
(사도 10,38)

관련 주제

십자가: 102쪽
예수님의 반대자들: 92–93쪽
유혹: 31쪽

악령

예수님께 있어서 '악'은 인격적인 것으로, 사탄에게 뿌리를 두고 그를 섬기는 악령들을 통해 드러나는 것이었다. 악령이 사람 속에 있으면 흔히 비명을 지르고, 경련을 일으키며, 예측할 수 없는 행동을 하고, 초인적인 힘을 보이는 특징이 나타났다. 하지만 악령들이 강하더라도 예수님께서는 더 강하셨으며(루카 11,21-22), 이는 무엇에든 묶인 이들을 풀어 주시려는(루카 4,18-19) 예수님 사명의 표현이었다. 복음서에서 구마 행위가 많이 언급되지만, 자세히 묘사된 것은 다음 네 가지이다.

- **카파르나움 회당에서 악령 들린 사람(마르 1,21-28):** 그에게 들렸던 악령은 예수님을 하느님의 거룩하신 분으로 알아보았다. 예수님께서 그 사람에게서 나가라고 악령을 꾸짖으시자, 악령은 즉시 극적으로 그 사람에게서 떠나갔다.
- **악령 들린 게라사 사람(마르 5,1-20):** 매우 난폭했던 그는 무덤 사이에서 살고 있었다. 예수님께서는 악령들을 근처 돼지 떼 속으로 쫓아내어 그를 해방시키셨다. 악령이 돼지들에게 들어가자 그 돼지 떼는 곧 호수에 빠져 죽었다.
- **시리아 페니키아 여인의 딸(마르 7,24-30):** 비록 멀리 떨어져 있었음에도 불구하고 예수님은 그 여인의 딸에게 깃든 악령을 쫓아내셨다.
- **귀먹고 말 더듬는 영이 들린 아이(마르 9,14-29):** 예수님께서 악령에게 아이에게서 떠나라고 명령하시자, 악령은 즉각 아이의 몸에서 나갔다.

고대에는 유다인과 이민족 구마사들이 많았다(마르 9,38-40). 그러나 예수님께서는 그들과는 분명히 달랐다. 첫째, 예수님께서는 다른 신의 이름이 아니라 당신 자신의 권위로 마귀를 쫓아내셨다. 둘째, 정해진 도구나 주문 같은 방법에 의존하지 않고 다양한 방식으로 사람들을 해방시키셨다. 셋째, 기도하지 않으시고 그저 마귀들에게 떠나라고 명령하셨다.

예수님께서는 직접 악령을 쫓아내셨을 뿐만 아니라 제자들을 파견하여 같은 일을 하도록 하셨다(마르 3,14-15).

예수님은 마귀 우두머리?

예수님의 반대자들 중 일부는 예수님께서 사탄과 한패가 되어 기적을 행한다고 비난했다(마태 12,24). 예수님은 그들의 주장이 얼마나 어리석은 것인지 보여 주셨다. 같은 편인 사탄이 사탄을 내쫓으면 사탄 왕국을 스스로 약화시킬 뿐이기 때문이다(마태 12,25-26). 오히려 예수님께서 마귀를 이기신다는 것은 하느님의 나라가 실제로 이 땅에 와 있음을 보여 주는 것이었다(마태 12,28). 또한 이런 이유로 예수님은 하느님께서 하시는 일을 악마가 하는 것이라고 폄하하는 것이 얼마나 위험한 일인지 그들에게 경고하셨다(마태 12,31-32).

사탄의 다양한 이름들

성경에서 사탄은 다양한 이름으로 불린다.

- **사탄(שׂטן, 마태 4,10):** '고발자' 또는 '적대자'를 뜻하는 히브리어.
- **악마(διάβολος디아볼로스, 마태 4,1):** 사탄의 그리스어 번역어로, '중상자', '비방자'라는 의미도 있다.
- **루치페르(Lucifer, 이사 14,12):** '새벽별', '빛나는 자'라는 뜻의 라틴어(원래 문맥에서는 교만 때문에 몰락한 바빌론 임금을 비유한 표현).
- **베엘제불(Βεελζεβούλ, 마르 3,22):** 가나안의 신인 '바알'을 조롱하여, '고귀한 주님'이라는 뜻의 '바알제붑'을 '파리들의 주님'으로 바꾼 이름.
- **악한 자(마태 13,19):** 사탄의 악한 행위를 반영한 이름.

이 외에도 성경에서는 '마귀', '악령', '더러운 영', '뱀', '큰 용', '원수', '거짓말쟁이', '미혹의 영' 등 다양한 이름으로 사탄을 지칭한다.

쿠르시(게라사)에 있는 5세기의 성당과 수도원 유적 일부
갈릴래아 호수 동쪽 해안에 있는 이곳은 예수님께서 수많은 악령이 그 안에 들어 있던 사람을 구마하신 것을 기념하기 위해 세운 곳이다(마르 5,1-20). 특이하게도 예수님께서 악령에게 "네 이름이 무엇이냐?" 하고 악령의 이름을 물으셨고, 악령은 "제 이름은 군대(Λεγιών레기온)입니다. 저희 수가 많기 때문입니다."라고 대답했다. 로마의 한 군단에 약 6,000명의 군인이 속해 있었던 것처럼 그가 말 그대로 6,000명의 마귀를 의미한 것인지, 아니면 은유적으로 악마들의 복잡성을 의미한 것인지는 별로 중요하지 않다. 이야기의 핵심은 예수님께서 그 사람을 완전히 해방하셨다는 점이다. 예수님께서는 악령을 근처에 있던 돼지 떼 속으로 쫓아내셨다(돼지는 유다인에게 부정한 동물이므로, 이는 마귀들의 부정함을 강조한다.). 이는 아마도 그 남자가 마침내 자신이 자유로워졌다는 것을 실제로 깨닫게 하기 위함이었을 것이다. 모든 사람이 그에게 일어난 기적적인 변화를 분명히 알아보게 된 것이다(마르 5,15-17).

핵심 구절

"나는 사탄이 번개처럼 하늘에서 떨어지는 것을 보았다."
(루카 10,18)

예수님을 반대했던 이들

예수님과 대적하다

역설적이게도 하느님 나라를 세우고자 이 땅에 오신 예수님께 저항한 사람들은 당연히 그러리라 여겨졌던 세상의 통치자들이 아니라, 자신들 스스로 하느님 나라의 수호자라고 생각했던 종교 지도자들이었다. 그 종교 지도자들을 불편하게 한 것은, 하느님 나라가 자신들의 기대와는 전혀 다른 방식으로 올 것이며, 그리고 무엇보다도 바로 예수님을 통해 온다는 그분의 주장이었다. 바로 이 주장 때문에 그들은 예수님을 죽이기로 했다.

종교적 반대자들

예수님의 주요 반대자들은 당대의 종교 지도층이었다.

■ 바리사이

이스라엘의 불순종이 유배로 이어졌다는 역사를 깊이 인식했던 바리사이들은 하느님의 율법에 철저히 순종하는 것이 모든 유다인의 의무라고 보았고, 그 일에 앞장서고자 했다. 그들은 라삐들이 율법을 세분해 만들어 낸 613개 조항뿐만 아니라, 수많은 구전 전승까지 엄격히 지켰다. 바로 이 구전 전승 때문에 그들은 예수님과 끊임없이 충돌했다. 특히 정결 예식, 단식, 십일조, 안식일 준수, 부정한 것(사람 포함)을 피하는 문제처럼 그들이 핵심적인 정체성의 표지로 여겼던 부분에서 갈등이 두드러졌다. 그러나 예수님께서는 이러한 것들이 하느님께서 의도하신 율법의 본질을 훼손한다고 보셨으며(마태 5,21-48), 그들의 위선을 질타하셨다(마태 23,1-39).

■ 사두가이

대사제직과 성전을 장악하고 있었던 사두가이들은 예수님께서 체제를 뒤흔들어 현상 유지를 방해하고 미묘하게 유지되고 있던 정치적 균형을 파괴하여 자신들의 영향력이 상실될까 봐 두려워했다. 또한 부활 신앙(마르 12,18-27)과 성전에 대한 태도(마태 26,59-61) 등 신학적으로도 예수님과 입장이 달랐다. 그들은 바리사이들과 정치적으로나 신학적으로 크게 달랐지만, 때때로 예수님을 반대하는 데에는 함께하기도 했다. 결국 예수님의 처형을 주도한 이는 이들의 대표인 대사제 카야파였다(요한 18,14).

■ 율법 학자

율법 학자들은 바빌론 유배 시기에 중요한 집단으로 새롭게 떠오르게 되었다. 유배 시기에 성전은 수백 킬로미터 떨어진 이스라엘 땅에 폐허로 있었기 때문에 사제가 더 이상 필요하지 않게 되었다. 따라서 유다인들에게 남은 것은 율법뿐이었고, 그만큼 율법이 더욱 중요해졌다. 율법 학자들은 유다인들이 처한 새로운 상황에 맞게 율법을 해석하기 시작했고, 신약 시대에는 율법 학자들의 해석이 율법 자체만큼이나 중요하게 여겨졌다. 예수님께서는 그들의 해석을 거부하시고, 그들이 "하느님의 계명을 버리고 사람의 전통을 지키"(마르 7,8)고 있다고 지적하셨고, 그들은 분노했다. 예수님께서는 율법 학자들이 인생과 신앙의 본질적인 문제는 등한시한 채 지나치게 세부적인 것에만 집착한다고 느끼셨다(마태 15,1-20).

요한 복음서는 종종 이 모든 종교 지도자들을 한데 묶어서 단순히 '유다인들οἱ Ἰουδαῖοι[호이 유다이오이]'이라고 부르기도 한다. 이는 유다 민족 전체가 아니라 주로 예수님과 그분의 제자들을 적대했던 예루살렘 중심의 종교 기득권층을 지칭하는 요한 공동체의 특수 용어다.

바리사이들 사이에 계신 그리스도, 야코프 요르단스, 1660-1670년, 피부스 재단, 안트베르펜, 벨기에.

"율법 학자들과 바리사이들은 독한 앙심을 품고 많은 질문으로 그분을 몰아대기 시작하였다."
(루카 11,53)

● 관련 주제
종교에 대한 예수님의 태도: 74-75쪽
바리사이: 18쪽
사두가이: 18쪽

정치적 반대자들

예수님에게 직접적인 정치적 반대자는 거의 없었다. 이는 그분께서 열혈당원들처럼 폭력적 혁명을 추구하지 않으셨고, 당시 정치 체제에 정면으로 맞서는 방식을 피하셨기 때문이다. 그러나 그분이 비정치적이었던 것은 아니다. 로마에 세금을 내는 문제(마르 12,13-17)나 군인의 강요(마태 5,41) 등에 대한 가르침도, 억압적인 현실을 외면한 것이 아니었다. 오히려 이는 비폭력적인 방식으로 하느님의 주권을 선포하고 인간의 존엄성을 회복하려는, 매우 근본적이면서도 기존의 틀을 깨는 '하느님 나라의 정치'였다.

■ 헤로데 안티파스 임금

헤로데 안티파스 임금은 당연히 예수님에 대해 들었고, 호기심(루카 9,7-9), 적대감(루카 13,31), 기적을 보고 싶어하는 마음(루카 23,8) 등이 뒤섞인 반응을 보였다. 그러나 그는 예수님께서 돌아가시기 전날 밤에야 그분을 만났고(루카 23,7-12), 예수님께서는 그의 질문에 단 한마디도 대답하지 않으셨다.

■ 헤로데 당원들

헤로데의 지지자들이었던 이들은 당시 빌라도가 통치하던 유다 지방에서 헤로데 가문의 통치가 회복되기를 바랐다. 그래서 그들은 예수님의 언행이 로마의 직접 통치를 강화하는 데 자극이 될 수 있다고 생각해 불안해하며 경계했다. 그들은 황제에게 세금을 바치는 문제 등으로 예수님을 함정에 빠뜨리려고 자주 시도했다(마태 22,15-22). 예수님의 공생활 초기부터 헤로데 당원들과 바리사이들(실로 이상한 공생 관계였다)은, 비록 이유는 매우 달랐지만, 예수님을 죽이기 위해 함께 음모를 꾸몄다(마르 3,6).

■ 로마인들

로마 당국은 예수님을 위협적인 인물로 보지 않았다. 로마인들에게 예수님은 미신적인 유다인 사상을 설파하는 또 다른 스타일의 라삐에 불과했다. 사실 복음서에는 로마인들이 꽤 많이 나온다. 예수님은 어느 한 로마 백인대장의 믿음을 칭찬하신 적이 있고(루카 7,1-10), 다른 백인대장 중 하나는 십자가에서 돌아가신 예수님에게 존경을 표했다(마태 27,54; 루카 23,47). 예수님의 사형을 최종적으로 승인한 사람은 빌라도였지만, 신약 성경은 예수님의 죽음에 대한 일차적인 책임이 종교 지도자들에게 있음을 보여 준다. 이는 베드로가 오순절 설교에서 담대하게 선포한 바이기도 하다(사도 2,23.36).

헤로데 임금(대왕)
통치 기간: 기원전 37-4년
예수님께서 태어나실 당시의 통치자(마태 2,1-19)

헤로데 아르켈라오스
유다, 이두매아, 사마리아의 영주(기원전 4년-기원후 6년). 성가족이 이집트에서 피난 생활을 마치고 돌아올 당시의 통치자(마태 2,19-23). 잔혹하고 무능력한 통치자로 후에 로마 총독이 그의 자리를 차지함.

헤로데 안티파스
갈릴래아와 페레아의 분봉왕(기원전 4년-기원후 39년). 세례자 요한을 처형한 인물이고(마태 14,1-2), 예수님의 재판에도 개입함(루카 23,6-12).

헤로데 필리포스
이투래아, 트라코니티스, 골란, 바타내아, 아우라니티스 지방의 분봉왕(기원전 4년-기원후 34년). 카이사리아 필리피와 벳사이다 도시들을 재건한 인물. 일반적으로 백성들에게 호감을 얻음.

헤로데 아리스토불루스
신약 성경에 언급되지 않음.

헤로데 아그리파스 1세
유다와 사마리아 임금(기원후 37-44년). 야고보를 죽이고, 베드로를 투옥함. 천사에 의해 죽음(사도 12,1-23).

헤로데 아그리파스 2세
칼키스 임금(기원후 48-53년). 바오로가 그 앞에서 재판을 받음(사도 25,13-26,32).

헤로데 가문

로마는 기원전 40년에 헤로데 가문을 이스라엘의 통치자로 임명했다. 이두매아(구약 성경의 에돔) 출신이었던 헤로데 가문은 유다인이 아니었기에 멸시를 받았다. 신약 성경에는 헤로데 왕조의 여러 인물이 등장하지만, 그들은 언제나 예수님과 교회에 적대적인 모습을 보였다. 참고로, 기원전 40년은 로마 원로원이 헤로데를 법적인 임금으로 '임명'한 해이고, 기원전 37년은 헤로데가 실질적으로 예루살렘을 정복하고 통치를 '시작'한 해이다.

예수님을 반대한 방법들

- 신체적인 폭력을 가함(루카 4,28-30)
- 올가미 씌울 질문을 함(마태 22,15-22)
- 궁지에 몰아넣음(요한 8,1-11)
- 신학적인 논쟁을 일으킴(루카 20,27-39)
- 예수님의 말씀을 왜곡하여 공격함(마르 14,57-59)
- 맹세하도록 요구함(마태 26,62-63)

예수님께서는 이에 응수하시면서도 감정적으로 반응하지 않으셨다. 예수님은 원수를 사랑해야 한다(마태 5,44-48)는 자신의 가르침대로 살고자 항상 노력하셨다.

뜻밖의 반대자들

예수님을 반대하는 이들은 때때로 예상치 못한 곳에서 나타났다. 그중에는 다음과 같은 이들이 포함된다. 예수님을 믿지 않았던 그분의 친척들(요한 7,1-5), 그분을 붙잡아 집으로 데려가려고 카파르나움에 온 그분의 가족(마르 3,31-32)이 그 예이다. 또한 베드로도 포함된다. 베드로는 깊은 통찰로 칭찬을 받은 직후, 예수님께서 가셔야 할 길을 막으려 했다는 이유로, "사탄아, 내게서 물러가라."(마태 16,23)라는 책망을 듣게 된 일이 있었다.

핵심 구절

"너희는 원수를 사랑하여라. 그리고 너희를 박해하는 자들을 위하여 기도하여라."(마태 5,44)

예수님의 마지막 한 주

목적지에 다다르다

예수님께서는 지난 3년 동안, 친절과 자비와 기적, 놀라운 가르침 등으로 하느님께서 참으로 어떤 분이신지를 보여 주셨다. 이 공생활의 모든 것은 마지막 한 주간 동안 숨 가쁘게 전개된 사건들 속에서 절정으로 치달았다. 예수님은 많은 이에게 축복이 되셨지만, 다른 한편으로는 유다교 지도자들의 심기를 건드리셨다. 그리하여 그들은 예수님을 영원히 제거해 버릴 음모를 꾸몄다. 모든 상황이 그들에게 유리하게 돌아가는 듯 보였지만, 그 마지막 한 주에 일어난 모든 일은 예수님께서 신비로운 방식으로 모든 것을 주관하고 계셨음을 이야기해 준다.

예수님의 머리에 향유를 부은 여인

수난을 앞둔 어느 날, 베타니아에서 한 여인이 매우 값비싼 향유가 든 옥합을 깨뜨려 예수님의 머리에 그 향유를 부었다. 몇몇 사람이 여인을 책망했지만, 예수님께서는 그를 막아서며 죽음을 예감한 당신만의 예언자적 해석을 덧붙이셨다. "이 여자는 … 내 장례를 위하여 미리 내 몸에 향유를 바른 것이다."(마르 14,8). 예수님께서는 이 여인의 행위를 단순한 존경의 표시를 넘어, 당신의 임박한 죽음과 서둘러 치러질 장례를 위한 것으로 받아들이셨다. 다른 복음서들은 이 이야기를 각색하여 여인의 이름을 마리아라고 밝히거나 발에 향유를 부은 것으로 묘사하기도 하지만, 역사적으로는 마르코 복음서의 이 이야기가 원형에 가장 가까울 것이다. 이름 없는 여인의 이 순수한 헌신은, 죽음을 향해 나아가시던 예수님께 큰 위로와 의미를 선사한 순간이었다.

마지막 한 주에 일어난 사건들

❶ 돌아가시기 한 주 전 금요일: 베타니아에 도착

예수님께서는 20가구 정도 사는 작은 마을 베타니아에 도착하시어, 당신의 친구들인 라자로와 마리아와 마르타의 집에 머무셨다(요한 12,1).

❷ 토요일: 안식일

복음서에는 자세한 내용이 나오지 않지만, 예수님께서는 아마도 당신의 마지막 안식일을 베타니아에서 친구들과 함께 쉬며 보내셨을 것이다.

❸ 일요일: 예루살렘 입성(성지 주일)

예수님께서는 나귀를 타고 예루살렘에 입성하셨다(마태 21,1-8). 군중은 종려나무 가지를 흔들며 "호산나!"를 외치며 환호했다(마태 21,1-11; 마르 11,1-11; 루카 19,28-44; 요한 12,12-16). 마르코 복음서에 따르면, 예수님께서는 성전에 들어가 모든 것을 둘러보신 뒤, 날이 저물자 베타니아로 돌아가셨다(마르 11,11).

❹ 월요일: 성전 정화와 무화과나무 저주

예수님께서 베타니아에서 예루살렘으로 가시던 길에, 잎만 무성하고 열매가 없는 무화과나무를 저주하셨다(마르 11,12-14). 그리고 성전에 도착하시어, 예수님께서는 성전 바깥뜰이 상인들과 환전상들로 가득한 것을 보시고 격분하셨다. 그래서 그들을 그곳에서 내쫓으시며 성전의 부패를 질타하셨다(마태 21,12-17; 마르 11,15-19; 루카 19,45-46). 이 행위로 인해 유다교 지도자들은 예수님의 권한에 대하여 본격적으로 문제를 삼았다.

❺ 화요일: 논쟁과 종말에 관한 가르침

마지막 한 주 중 가장 길고 격렬한 논쟁이 벌어진 날이다. 예수님께서는 성전에서 유다교 지도자들과 여러 주제(세금, 부활 등)로 논쟁하셨다(마태 21,23-23,39; 마르 11,27-12,44; 루카 20,1-21,4). 이후 올리브산에서 제자들에게 예루살렘의 멸망과 세상 종말에 대해 비유로 가르치셨다(마태 24-25장; 마르 13장; 루카 21,5-38).

❻ 수요일: 베타니아에서의 기름부음과 배반의 음모

마르코 복음서의 시간 순서('파스카 축제 이틀 전')를 따르면, 예수님께서 베타니아의 나병 환자 시몬의 집에 계실 때 한 여인이 그분의 머리에 값비싼 향유를 부은 사건이 이날 일어났을 가능성이 크다(마르 14,3-9). 예수님께서는 이를 당신의 장례를 위한 예식이라

예루살렘 입성

올리브산을 넘어 예루살렘으로 들어서는 순례자들에게 그 분위기는 언제나 벅찬 감동을 주었지만, 예수님께서 나귀를 타고 예루살렘으로 들어오시던 그날은 더욱 그러했다. 당신이 선포하는 메시아가 세상이 기대하던 바와는 다르다는 점을 분명히 하시려고, 예수님께서는 전쟁의 상징인 말이 아니라 평화의 상징인 나귀를 타셨다. 그러나 여기에는 더 깊은 의미가 있었다. 즈카르야 예언자가 이스라엘의 임금이 나귀를 타고 예루살렘에 입성하리라고 예언했기 때문이다(즈카 9,9). 군중은 승리의 상징인 종려나무 가지를 흔들고 자신들의 겉옷을 길에 깔며 의장대를 이루었다. 그들은 예수님을 "주님의 이름으로 오시는 분"으로 환영하며 "호산나(저희를 구원하소서)!"라고 외쳤다. 이는 그들이 의식적으로 예수님을 임금으로 인정하는 행위였지만, 그들의 기대와 달리 예수님께서 로마에 대항하는 정치적 메시아의 모습을 보여 주지 않자, 금요일에 이르러 그들의 외침은 완전히 다른 외침으로 바뀐다. 오른쪽 사진은 예루살렘 올리브산에서 관광객에게 당나귀를 타는 모습을 보여 주는 아랍인.

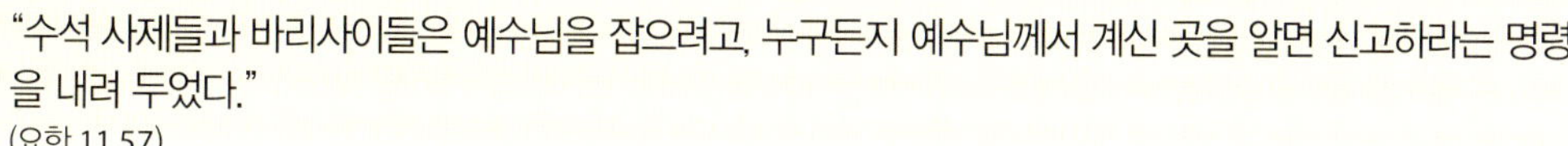

● **관련 주제**
겟세마니 동산: 98쪽
최후 만찬: 96쪽
성전: 17쪽

설명하셨다. 바로 이 무렵, 유다는 대사제들을 찾아가 예수님을 넘길 것을 약속했다(마르 14,10-11; 마태 26,14-16; 루카 22,3-6).

⑦ 목요일: 최후 만찬과 겟세마니

예수님께서는 제자들과 함께 파스카 축제를 준비하여 최후의 만찬을 나누셨다. 이 자리에서 빵과 포도주를 들어 당신의 몸과 피라고 말씀하시며 새로운 계약의 예식을 세우셨다. 요한 복음서는 이날 예수님께서 제자들의 발을 씻어 주신 감동적인 이야기를 전한다(요한 13,1-20). 만찬 후 예수님께서는 제자들과 함께 겟세마니로 가시어 기도하셨고, 그곳에서 유다의 배반으로 체포되셨다(마태 26,31-56; 마르 14,27-52; 루카 22,31-53; 요한 18,1-14).

무화과나무를 저주하시다

베타니아에서 예루살렘으로 가시던 길에 예수님께서는 시장하셨다. 마침 잎이 무성한 무화과나무를 보시고, 무화과 열매를 따러 가셨다. 그러나 '무화과 철이 아니기 때문에' 열매가 없음을 보시고 그 나무를 저주하셨다(마르 11,12-14). 예수님의 이 행동은 불합리해 보인다. 왜 제철이 아닌데 열매 맺기를 기대하셨을까? 그러나 여기서 간과하지 말아야 할 점은 제철이 아니었기에 무화과 열매를 맺지 않았는데도 그 무화과나무는 마치 열매를 많이 맺은 것처럼 잎이 무성하게 자라 있었다는 점이다. 잎이 무성해지려면 두 달은 더 지나야 했고, 그때가 되면 잎은 열매가 익었음을 알려 주는 신호가 되었을 것이다. 이처럼 헛된 희망을 품게 하는 모습은 바로 영적으로 열매를 맺지 못하는 이스라엘과 같았다. 예수님께서 나무를 저주하신 것은 영적으로 메마른 나라에 닥칠 심판을 예고하는 예언적 행위였다.

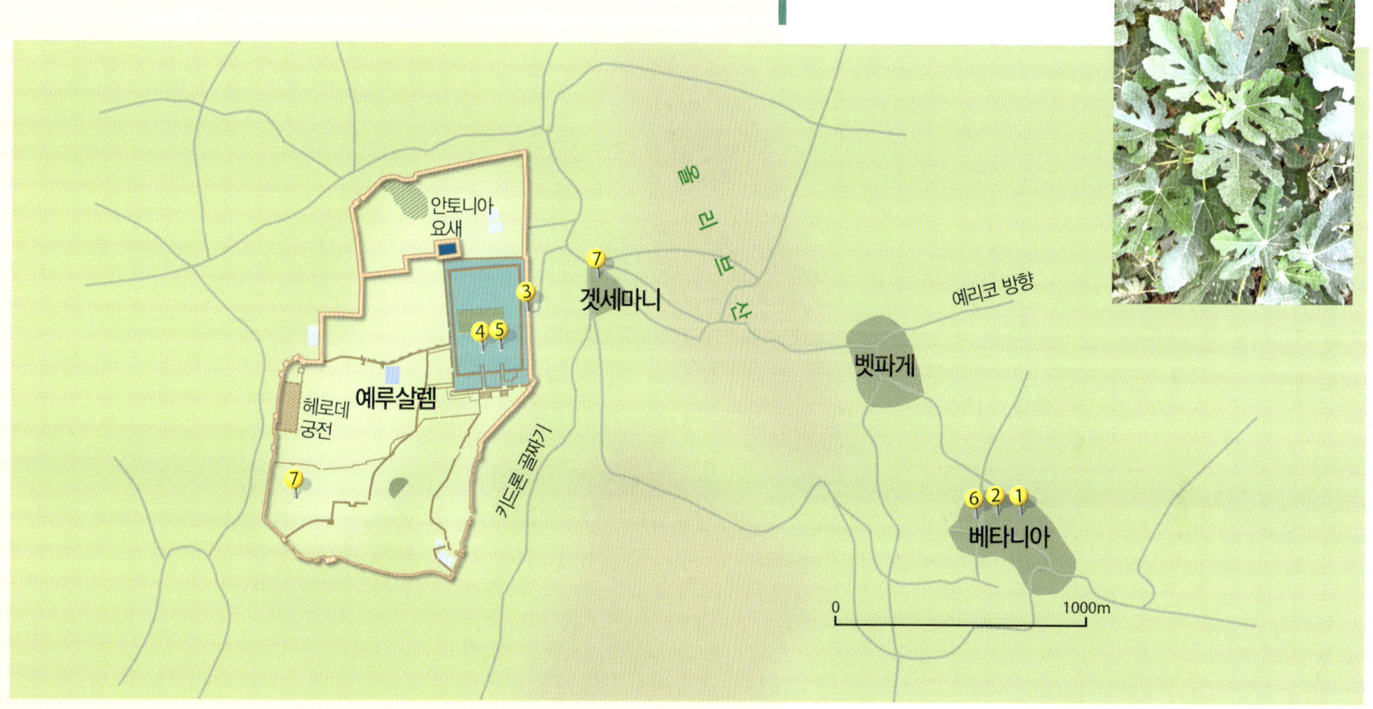

성전 정화

예수님께서 예루살렘에서 보내신 마지막 주간에 있었던 성전 정화 사건은 예수님의 공적 활동 중 가장 파격적이고 과감한 사건이다. 요한 복음서는 이와 유사한 사건을 예수님 공생활 초기에 배치하지만(요한 2,13-22), 오늘날 많은 성서학자는 이를 두 개의 다른 사건이 아니라 동일한 사건에 관한 서로 다른 전승으로 이해한다. 공관 복음서의 시간 순서(마태 21,12-17; 마르 11,15-19; 루카 19,45-46)가 역사적 사실에 더 가까우며, 요한 복음사가는 예수님의 몸이 곧 새로운 성전임을 선포하는 신학적 의도에 따라 이 사건을 공생활의 시작으로 옮겨 배치한 것으로 본다. 예수님의 이 행동은, 여러 깊은 의미를 담은 예언자적 행위였다.

- **부패한 종교 권력의 핵심을 겨냥한 행위:** 성전 정화는 성전 운영으로 막대한 이익을 얻던 대사제들과 지배 계층의 정당성을 뿌리부터 뒤흔드는 행위였다. 이는 결국 그들이 예수님을 제거하기로 결심하는 결정적인 계기가 되었다.
- **모든 이를 향한 하느님의 관심의 표현:** 성전이 특정 계층이나 민족의 전유물이 아니라 만인을 위한 '기도의 집'이 되어야 함을 선언하셨다.
- **새로운 예배 시대의 도래를 알리는 상징적 심판:** 건물이 아니라, 당신 자신의 몸을 통해 열리는 참된 예배의 시대가 다가왔음을 알리는 상징적인 선포였다.

커져 가는 음모

점점 더 분노하게 된 유다교 지도자들은 대사제의 집에 모여 예수님을 체포할 음모를 꾸몄다. 그들은 "백성 가운데에서 소동이 일어날지 모르니 축제 기간에는 안 된다."(마태 26,5)라고 말했다. 그들에게 예수님은 이미 '포도밭 소작인의 비유'를 말씀하셨다. 이 비유는 소작인들이 주인의 아들을 죽이는 것에서 절정에 이르는데, 이는 명백하게 예수님을 죽이려는 유다교 지도자들과 예수님을 가리키고 있다(마태 21,33-46). 그들은 "예수님께서 자기들을 두고 이 비유를 말씀하신 것을 알아차리고, 당장 예수님께 손을 대려고 하였으나 백성이 두려웠다."(루카 20,19)라고 복음서는 전한다.

핵심 구절

"집 짓는 이들이 내버린 돌 그 돌이 모퉁이의 머릿돌이 되었네."
(마르 12,10)

최후 만찬

새로운 의미의 파스카

파스카 축제는 오순절, 초막절과 함께 유다인의 3대 순례 축제 중 하나이다. 이 기간에는 팔레스티나는 물론 로마 제국 전역에 흩어져 살던 수십만 명의 유다인들이 예루살렘으로 모여 들어 인산인해를 이룬다. 예수님과 제자들처럼 많은 이가 인근 마을에서 숙소를 구하거나 올리브산 같은 곳에서 야영을 해야만 했다. 복음서들은 이처럼 혼잡한 상황 속에서도 예수님께서 만찬을 위한 장소를 미리 예비해 두셨다고 전하며, 이 모든 과정이 하느님의 계획 아래 있었음을 시사한다.

섬기시는 예수님

최후 만찬 전에 예수님은 제자들의 발을 씻어 주셨다(요한 13,1-17). 당시 주인이 종에게 시키거나, 가장 낮은 사람이 하던 이 행위를 예수님께서 직접 하신 것은 충격적인 일이었다. 그분은 허리에 수건을 두르고 제자들 앞을 돌며 그들의 발을 씻어 주셨다. 공관 복음서가 성찬 제정 말씀을 통해 전하는 '자신을 내어 주는 사랑'의 신학을, 요한은 이 발 씻김이라는 구체적이고 적극적인 행위를 통해 보여 준다. 이는 단순히 겸손의 모범을 넘어, 이사야서의 '고난받는 종'처럼 자신을 온전히 내어 주는 예수님의 정체성과 사명을 상징하는 행위이다.

최후 만찬(부분) 한스 홀바인, 1524-1525년경, 바젤 시립 미술관, 바젤, 스위스.

최후 만찬

예수님과 제자들이 나눈 마지막 식사는 그분의 죽음과 부활의 의미를 이해하는 핵심 열쇠이다. 공관 복음서(마태오 · 마르코 · 루카)는 이 식사를 공식적인 파스카 만찬으로 묘사한다. 이는 니산 달 15일 저녁, 즉 파스카 축일이 시작되는 밤에 만찬이 거행되었음을 의미한다. 이 관점에서 예수님의 만찬은 구약의 해방 사건을 기념하는 파스카를 당신의 몸과 피로 새롭게 완성하는 의미를 지닌다.

반면, 요한 복음서는 그 시점을 다르게 말한다. 요한에게 최후의 만찬은 파스카 예식이 아니며, 예수님께서는 파스카 양을 잡는 시간(니산 달 14일 오후)에 십자가에서 돌아가신다. 이는 예수님이야말로 '세상의 죄를 없애시는 하느님의 어린양'이라는 요한의 핵심 의미가 잘 드러난다. 많은 학자는 재판과 처형이 축제일 당일에 이루어지기 어렵다는 점에서 요한 복음서의 기록이 역사적 사실에 더 가깝다고 본다.

이러한 요한 복음서의 시간 순서를 자세히 살펴보면 다음과 같다. 유다인의 하루는 해가 지면서 시작되므로, 우리가 목요일 저녁으로 여기는 시간은 이미 금요일인 '니산 달 14일'에 해당한다. 그리고 날이 밝은 그날 낮, 즉 '파스카 준비일'로 불리는 니산 달 14일 금요일에 예수님께서는 재판을 받고 십자가에 못 박히신다. 바로 그날 오후 3시경, 예루살렘 성전에서 파스카의 어린양들이 희생되던 바로 그 시간에 예수님께서 숨을 거두심으로써, 예수님이야말로 참된 '하느님의 어린양'이심이 극적으로 드러난다. 그리고 그날 저녁 다시 해가 지면서 다음 날인 니산 달 15일이 시작되었을 때, 대부분의 유다인들은 공식적인 파스카 만찬을 먹었으므로, 그들이 만찬을 즐길 때 예수님께서는 이미 돌아가신 뒤였다.

결국 예수님께서는 당신의 임박한 죽음을 앞두고, 파스카 축제를 코앞에 둔 시점에 제자들과 고별의 식사를 나누셨다. 이 자리에서 그분은 빵과 포도주라는 전통적인 요소에 혁명적인 의미를 부여하셨다. 본래 '고난의 빵'과 '구원의 잔'을 의미했던 빵과 포도주에 대한 말씀을 바꾸어, 이스라엘 구원 역사의 중심에 당신의 몸과 피를 놓으신 것이다. 이는 이스라엘이 고대하던 새로운 해방, 즉 죄의 용서가 당신의 피로 맺는 '새로운 계약'(마태 26,28)을 통해 이루어질 것임을 선포한 행위였다.

"제자들은 예수님께서 분부하신 대로 파스카 음식을 차렸다."
(마태 26,19)

● 관련 주제
예수님의 가르침-성령: 50-51쪽
종이 되신 분: 83쪽
파스카 축제: 29쪽

이 층 방

이곳은 최후 만찬이 있었던 이 층 방으로 전해져서 많은 관광객이 방문하는 곳이다. 이 건물은 12세기에 지어진 십자군 시대의 건축물이다. 비록 이 장소가 초기 그리스도교 공동체의 기억을 간직한 곳으로 존중받아 왔지만, 이곳이 실제 예수님께서 만찬을 나누신 장소라고 역사적으로 증명할 방법은 없다. 복음서에 따르면, 예수님께서는 최후 만찬 방에서 베드로가 당신을 세 번 부인할 것을 예고하셨다(마태 26,31-35; 마르 14,27-31; 루카 22,31-34).

유다의 배반

만찬 도중 유다 이스카리옷은 몰래 자리를 빠져나와, 근처 대사제의 집에 가서 종교 지도자들과 함께 예수님을 팔아넘길 계획을 세웠다. 그는 예수님이 베타니아에서 값비싼 향유로 기름부음받은 것에 분개했고, 그 이후 적절한 때를 노리고 있었다(마태 26,14-16; 마르 14,10-11; 루카 22,3-6). 예수님께서는 그의 의도를 이미 알고 계셨다(마태 26,21-25; 마르 14,18-21; 루카 22,21-23; 요한 13,21-30).

이토록 가까운 제자가 예수님을 배신한 이유를 이해하기는 쉽지 않다. 복음서는 그의 행동을 사탄의 개입(루카 22,3; 요한 13,27)과 돈에 대한 탐욕이라는 신학적 관점으로 설명한다. 유다는 자기 성격의 약함을 잘 다스리지 못했다. 일각에서는 로마에 맞서지 않는 예수님에게 실망해서 배신했다고 하는 이들도 있지만, 복음서에 근거한 유일한 심리학적 통찰은 예수님이 값비싼 향유로 기름부음을 받을 때, 그가 그것을 보고 쓸데없이 돈을 낭비하는 것이라고 여겼고 이 점에 자극받았다는 것이다. 그는 그날의 일을 단순히 돈 문제로 인식해 화가 나 그렇게 말한 것이다(마태 26,8-9.14-16).

유다가 예수님을 팔아넘긴 대신 받은 돈은 큰 액수가 아니었다. 그가 받은 은돈 서른 닢은 율법에서 정한 노예 한 명의 몸값에 해당하는 상징적인 액수였다. 마태오 복음서에 따르면 그는 나중에 양심의 가책을 느끼고 돈을 돌려주려 했으나 거부당하자 스스로 목숨을 끊었다(마태 27,1-5).

이를 기념하여라

"너희는 나를 기억하여 이를 행하여라."(루카 22,19)라는 예수님의 명령은 곧바로 그리스도교 전례의 핵심인 빵과 포도주를 나누는 의식으로 이어졌다. 물론 초기 교회 때는 빵과 포도주를 나누는 것이 지금의 전례와 달리 공동 식사의 형태였으나(사도 2,46), 점차 성찬 전례로 발전했다. 오늘날 전 세계 그리스도인들은 여전히 예수님의 죽음을 기억하기 위해 빵과 포도주를 나누는 방식을 유지하고 있지만, 이 예식을 가리키는 이름은 매우 다양하다. 예를 들어, 주님의 만찬, 거룩한 영성체, 미사, 성체성사 등으로 불리며, 형식에 매이지 않는 매우 자유로운 형태부터 엄격하게 예절을 지키는 형태에 이르기까지 다양한 방식으로 이를 기념하고 있다. 전 세계 그리스도인들은 이 예식을 통해 예수님의 자기 희생적 죽음을 기억하고 그 의미를 되새긴다.

예수님의 마지막 가르침

요한 복음서 13-17장에는 '고별 담화'가 자세히 기록돼 있다. 이는 예수님의 떠남과 성령의 오심, 그리고 남겨진 제자 공동체의 삶의 의미에 대한 깊은 신학적 성찰이다. 이 가르침의 핵심은 서로 사랑하고 섬길 것(요한 13,1-17), 믿음을 통해 하느님께 나아갈 것(요한 14,5-14), 위로자이신 성령께서 오실 것(요한 14,15-30), 열매 맺는 삶의 중요성(요한 15,1-16), 세상의 박해에 대비할 것(요한 15,18-16,4) 등이다. 예수님께서는 당신과 제자들, 그리고 미래의 모든 신자를 위한 기도로 이 가르침을 마치시고(요한 17장) 체포되실 장소인 겟세마니로 향하신다.

핵심 구절

"이는 너희를 위하여 내어 주는 내 몸이다. 너희는 나를 기억하여 이를 행하여라. … 이 잔은 너희를 위하여 흘리는 내 피로 맺는 새 계약이다."
(루카 22,19-20)

예수님의 마지막 밤

겟세마니 동산과 잔

예수님은 자신의 죽음이 다가옴을 아셨지만 피하지 않으셨다. 이것이 바로 자신이 이 세상에 온 목적임을 확신하셨기 때문이다. 예수님은 예루살렘 성전 맞은편 골짜기 건너편 올리브산에 있는, 즐겨 찾던 겟세마니 동산으로 가셨다. 그리고 "아버지, 하실 수만 있으시면 이 잔이 저를 비켜 가게 해 주십시오. 그러나 제가 원하는 대로 하지 마시고 아버지께서 원하시는 대로 하십시오."(마태 26,39)라고 기도하셨다. 그러나 예수님은 이미 답을 알고 계셨기에, 조용히 기다리셨다.

겟세마니

예수님 시대에 올리브 나무로 뒤덮여 있던 올리브산의 겟세마니 동산에는 지금도 올리브 나무들이 있다. 올리브 나무는 수백 년이나 살 수 있지만, 예수님 시대의 나무가 지금까지 남아 있을 가능성은 거의 없다. 유다인 역사가 요세푸스의 『유다 전쟁사』 제5권에 의하면, 로마 군인들이 기원후 70년에 예루살렘을 포위하던 당시 모든 나무를 베어 버렸기 때문이다.

예수님께서 기도하시다

보름달이 밝게 빛나고 인근 집들에서 파스카 축제 노래가 울려 퍼지는 가운데, 예수님과 제자들은 예루살렘을 떠나 키드론 골짜기 건너편 겟세마니 동산으로 향했다. 예수님은 베드로와 야고보 그리고 요한을 따로 데리고 가 자신이 기도하는 동안 함께 있도록 하셨다. 그러나 피로에 지친 세 제자는 잠이 들고 말았다(마태 26,36-46; 마르 14,32-42; 루카 22,39-46).

겟세마니(기름을 짜는 압착기라는 뜻)는 예수님이 겪으신 고통스러운 체험에 비추어 보면 매우 적합한 이름이었다. 예수님은 땀을 핏방울처럼 흘리셨다(루카 22,44). 이 고통은 단순히 다음 날 십자가에 못 박힐 것을 아는 데서 온 것이 아니라, 온 세상의 죄를 짊어져야 한다는 사실을 아셨기 때문이다. 그러니 아버지께 '혹시 다른 길은 없는지' 여쭙는 것도 당연한 일이었다. 여기에서 예수님의 온전한 인성人性과 더불어, 아버지의 뜻에 온전히 순명하시는 절대적인 신뢰를 엿볼 수 있다. 마음을 굳게 정하신 예수님께서는 일어나 당신을 팔아넘길 자를 기다리셨다.

겟세마니 동산에서 기도하시는 예수님
조반니 벨리니, 1458-1460년경, 내셔널 갤러리, 런던, 영국.

겟세마니(겟세마네)는 '기름 짜는 곳'이라는 뜻이므로, 이곳에서는 올리브를 재배하는 것 외에도 기름을 짜는 작업이 이루어졌을 것이다. 잘 익은 올리브 열매는 먼저 커다란 맷돌로 으깨어 과육으로 만든 뒤, 두꺼운 바구니에 담아 여러 개를 쌓아 올린다. 그리고 맨 위에 무거운 돌판을 얹고, 그 위에 들보를 걸어 무거운 추를 매달아 압력을 가한다. 그 압력으로 과육에서 기름을 짜 그 기름을 항아리에 모아 두었다. 짜낸 올리브기름은 요리, 연료 및 피부 보습제 등으로 사용되었다. 절인 올리브는 음식으로 먹었고, 올리브 나무는 조각을 하거나 광택을 내서 고급 가구를 만들어 사용하곤 했다.

"그들은 겟세마니라는 곳으로 갔다."
(마르 14,32)

관련 주제
예수님의 기도: 72-73쪽
유다의 배반: 97쪽
올리브산: 49,98쪽

이 잔을 저에게서 거두어 주십시오

이 기도는 흔히 예수님이 "이 고통을 피하게 해 주소서."라고 말씀하신 것으로 해석되지만, 실제 의미는 훨씬 더 깊다. 예수님께서 언급하신 '잔'은 '하느님 진노의 잔'을 가리킨다. 이는 예언자들이 사용한 상징적 이미지로, 최후의 날 하느님께서 원수들에게 죄에 대한 의로운 분노를 쏟아부으시는 모습을 묘사한 것이다(시편 75,8; 이사 51,17-23; 예레 25,15-28). 그런데 예수님께서는 이제 당신께서 바로 그 심판의 잔을 대신 마시겠다고 말씀하고 계신 것이다. 그러나 성경은 이 잔을 아버지께서 아들에게 강요하신 것이 결코 아니라는 점을 암시한다. 오히려 아버지와 아들의 온전한 협력으로 이루어진 계획이었음을 시사한다.

겟세마니에서 바라본 예루살렘의 모습

예수님께서 겟세마니 동산에 앉아 계셨을 때, 키드론 골짜기 건너편에서 자신을 체포하기 위해 어둠 속에서 횃불을 들고 오는 군중을 분명히 보셨을 것이다. 예수님은 베타니아를 향해 동쪽으로 손쉽게 피하실 수도 있었다. 그러나 그분은 피하시기보다는 그들이 도착하여 체포하기를 조용히 기다리셨다.

체포

예수님은 모든 것이 아버지 손에 달려 있다고 확신하셨기에 배반자 유다를 기다리지 않고 오히려 그를 맞으러 나가셨다(마태 26,46). 유다는 도착하자 미리 약속된 신호인 입맞춤으로 예수님을 지목했다. 이는 그의 악의적인 의도를 감추기 위한 위선적인 행동이었다. 그는 오합지졸과 수석 사제들, 원로들, 성전 경비병들이 뒤섞인 무리와 함께 왔다. 베드로가 예수님을 지키려고 칼을 빼어 휘둘러 대사제의 종 말코스의 귀를 잘랐다. 그러나 끝까지 자비로우셨던 예수님께서는 그의 귀를 고쳐 주시고 베드로에게 칼을 거두라고 이르셨다. 말씀을 마치고, 그들이 당신을 끌고 가도록 내어 주셨다. 제자들은 모두 달아나 버렸다. 이제 예수님께서는 참으로 홀로 남으셨다(마태 26,47-56; 마르 14,43-52; 루카 22,47-53; 요한 18,1-11).

"어떤 젊은이가 알몸에 아마포만 두른 채 그분을 따라갔다. 사람들이 그를 붙잡자, 그는 아마포를 버리고 알몸으로 달아났다." (마르 14,51-52). 복음사가는 이 사람의 이름을 밝히지 않는다. 사람들은 이 젊은이가 베드로의 가까운 동반자이자 마르코 복음서의 저자인 요한 마르코라고 추측하곤 한다. 마르코 복음서가 베드로의 증언을 바탕으로 기록된 것이라고 알려졌기 때문이다.

예루살렘의 서쪽 고지대 주거지에서 키드론 계곡까지 이어지는, 로마인들이 건설한 계단. 예수님께서 마지막으로 겟세마니로 가실 때, 또 체포되어 카야파의 집으로 가실 때 등 이런 모습의 길을 걸으셨을 것이다.

베드로, 야고보, 요한

예수님은 베드로, 야고보, 요한과 특별한 우정을 나누셨다. 그들은 예수님께서 부르시기 전부터 동업자로서 서로 끈끈한 우정을 쌓고 있었다(루카 5,1-10). 마르코 복음서는 예수님이 이 세 제자와만 따로 계신 장면을 4차례 전한다. 베드로의 장모를 고치실 때(마르 1,29-31), 야이로의 딸을 살리실 때(마르 5,37), 거룩한 변모 사건 때(마르 9,2-10), 그리고 겟세마니 동산에서(마르 14,33)이다. 왜 예수님께서는 때때로 이들만을 따로 데리고 가셨을까? 아마도 처음 부르신 그들 안에 있는 잠재력을 보셨기 때문일 수도 있고, 아니면 훨씬 더 근본적인 이유, 즉 당신의 마음을 나눌 수 있는 가까운 친구가 필요하셨기 때문일 수도 있다. 예수님은 이 세 사람 가운데서도 '예수님께서 사랑하시는 제자'(요한 13,23)와는 더욱 각별한 우정을 나누셨는데, 전통적으로 이 제자는 요한 사도로 여겨진다.

핵심 구절

"아버지, 아버지께서 원하시면 이 잔을 저에게서 거두어 주십시오. 그러나 제 뜻이 아니라 아버지의 뜻이 이루어지게 하십시오."(루카 22,42)

예수님의 마지막 시간

재판정에 서다

예수님께서는 겟세마니에서 밤중에 기도하시다가 체포되어 끌려가셨다. 그 후 밤새도록 여러 차례 신문과 재판을 받으셨는데, 그 과정에서 예수님께서는 한숨도 주무시지 못하셨다. 이 열두 시간은 예수님 생애의 마지막 시간이었다. 그런데 이 시간 동안 역설적이게도 모든 상황을 주도한 이는 예수님의 반대자들이 아닌, 바로 예수님 자신이셨다.

최고 의회(산헤드린)

최고 의회(산헤드린Συνέδριον)는 예루살렘의 최고 종교 · 정치 · 사법 기구로, 수석 사제와 율법 학자, 원로들 중에서 선출된 일흔한 명의 의원으로 구성되었다. 이는 모세와 일흔 명의 원로를 반영한 것이다. 대사제가 의장을 맡았다. 최고 의회의 규정에 따르면 재판은 낮 시간에만 열어야 하고, 무죄를 입증할 증거부터 심리를 시작하며, 안식일이나 축제일 전날에는 재판을 열 수 없었다. 그러나 예수님에 대한 재판에서는 이 모든 규정이 무시되었다.

카야파

요세푸스에 따르면, 카야파는 18년 동안 대사제직을 지냈다. 로마인들이 그의 장인 한나스를 해임한 뒤 그를 자리에 앉힌 것이다(하지만 한나스는 물러난 이후에도 막후에서 강력한 영향력을 행사했다.). 카야파는 예수님을 거세게 반대했다. 예수님께서 라자로를 살리신 후, 카야파는 "온 민족이 멸망하는 것보다 한 사람이 백성을 위하여 죽는 것이 여러분에게 더 낫다."(요한 11,50)라고 했다. 카야파에게 이 말은 정치적인 의미였지만, 요한 복음사가는 그가 자신도 모르는 사이에 예언을 한 것(요한 11,51-52)이라고 해설한다. 카야파는 예수님을 제거하는 데 앞장섰고, 예수님께서 돌아가신 후에도 그리스도인들에 대한 적대감은 여러 해 동안 계속되었다(사도 4,6-7).

마지막 여정

❶ **겟세마니에서 체포되시다(마태 26,47-56; 마르 14,43-50; 루카 22,47-53; 요한 18,1-11).**

❷ **전직 대사제 한나스에게 1차 신문을 받으시다(요한 18,12-13.19-24).**

❸ **대사제 카야파에게 신문을 받으시다.** 이는 후에 최고 의회에서 사용할 증거를 찾기 위함이었다(루카 22,54).

❹ **최고 의회 앞에 서시다(마태 26,57-66; 마르 14,53-64; 루카 22,66-71).** 그들은 예수님께 성전을 거슬러 하신 발언, 특히 성전을 허물고 사흘 안에 다시 지을 수 있다고 하신 말씀에 대해 추궁했다. 그러나 증인들의 말이 일치하지 않았다. 그러자 카야파는 방법을 바꾸어 예수님께 하느님 앞에서 맹세하고 자신이 메시아인지 밝히라고 다그쳤다. 예수님께서는 이제 더 이상 자신이 그들이 생각하는 메시아로 오해받을 위험이 없다는 것을 아시고, 마침내 자신이 진정한 메시아임을 인정하시며, "이제부터 '너희는 사람의 아들이 전능하신 분의 오른쪽에 앉아 있는 것과 하늘의 구름을 타고 오는 것을 볼 것이다.'"(마태 26,64)라고 말씀하셨다. 이제 예수님의 신성 모독죄가 분명히 확인됐기 때문에 카야파는 내심 기뻐했다. 한편 바깥뜰에 있던 베드로는 예수님의 예고대로 세 번이나 예수님을 모른다고 부인했다(루카 22,54-62; 요한 18,15-18.25-27).

❺ **로마 총독 본시오 빌라도 앞에 서시다.** 사형 선고는 오직 로마 총독만이 내릴 수 있었다. 종교 지도자들은 이제 고발 내용에 정치색을 입혔다. 그들은 예수님이 로마 황제에게 세금 바치는 것을 반대하고, 자신을 유다인들의 임금이라고 주장한다고 고발했다(마태 27,2.11-14; 마르 15,1-5; 루카 23,1-5; 요한 18,28-38). 그러나 빌라도는 그러한 혐의의 근거를 찾지 못했고(루카 23,4), 예수님이 갈릴래아 사람이라는 것을 알고는 헤로데 안티파스에게 보냈다.

❻ **헤로데 안티파스 앞에 서시다.** 헤로데 안티파스는 예수님을 조롱하고 모욕했다(루카 23,6-12). 예수님께서 그의 어떤 질문에도 답하지 않으시자, 그는 예수님을 빌라도에게 돌려보냈다.

❼ **빌라도 앞에서 재판을 받고 유다교 지도자들과 군중으로부터 사형을 요구받으시다(마태 27,15-26; 마르 15,6-15; 루카 23,13-25; 요한 18,39-19,16).** 빌라도는 아내가 꾼 예수님에 관한 꿈 때문에 마음이 불편하여(마태 27,19), 파스카 축제 때 죄인을 사면해 왔던 관례에 따라 예수님을 풀어 주려고 시도했다. 그러나 종교 지도자들은 바라빠를 풀어 달라고 하도록 군중을 선동하는 한편, 예수님을 풀어 주면 '황제의 친구가 아니'라며 빌라도를 압박했다(요한 19,12). 그러자 빌라도는 그 사건에서 손을 씻으며 자신은 예수님의 피에 대해 책임이 없고 그 죽음은 그들의 책임이라고 선언했다. 그러고 나서 예수님을 처형하도록 넘겨주었다.

❽ **로마 군인들이 예수님께 진홍색 옷을 입히고 가시로 만든 관을 씌워 임금처럼 꾸미고 조롱한 뒤 채찍질하다(마태 27,27-31; 마르 15,16-20).**

❾ **처형장으로 십자가를 지고 가시다.** 예수님께서는 더 이상 나아갈 기력이 없으셨다. 그래서 로마 군인들은 키레네 사람 시몬에게 예수님을 대신하여 강제로 십자가를 지고 가게 했다(마태 27,32; 마르 15,21; 루카 23,26).

❿ **성 밖에서 두 죄수 사이에서 십자가형에 처해지시다(마르 15,22-41; 루카 23,32-49; 요한 19,17-37).**

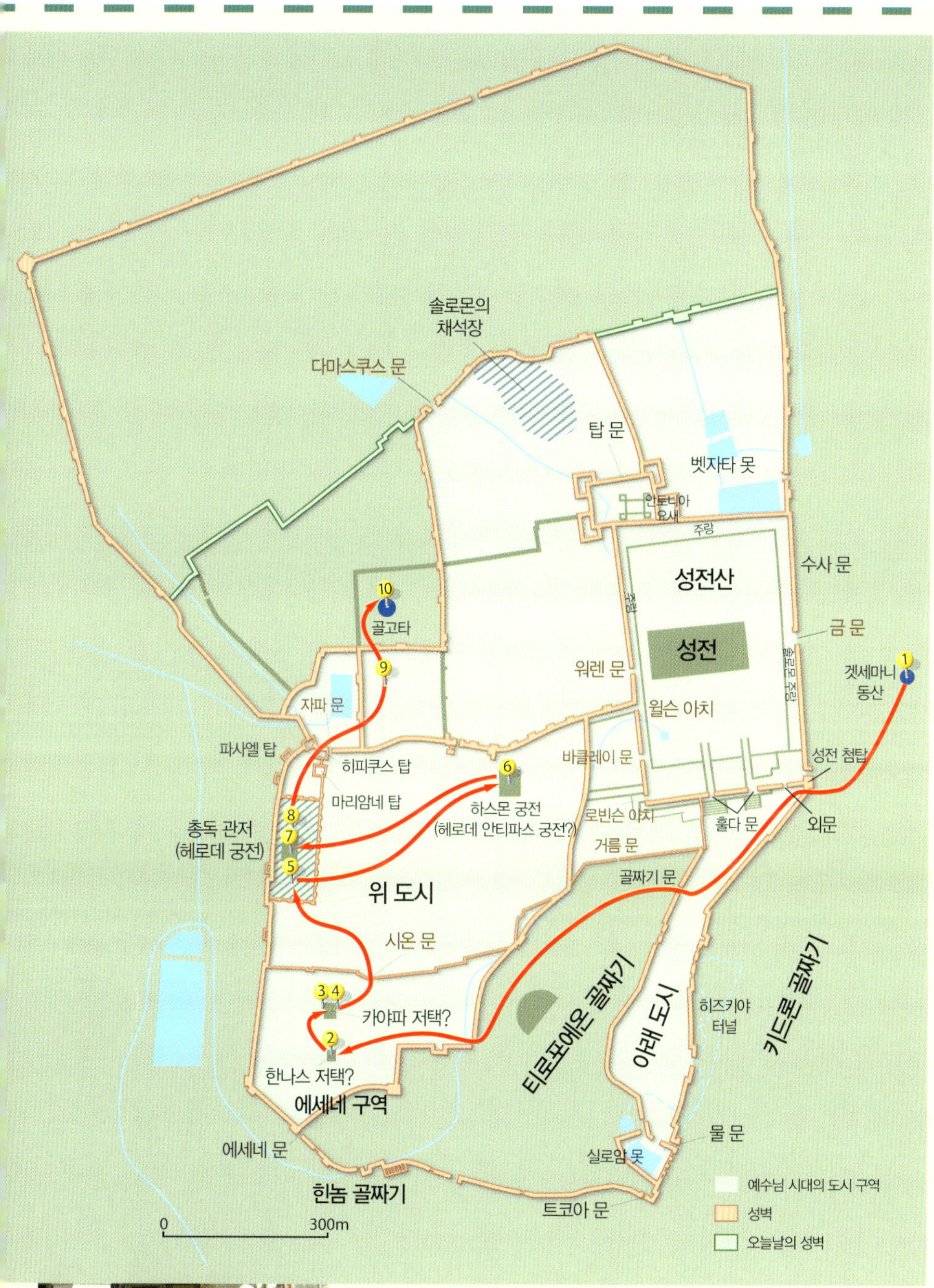

"이제는 너희 때요 어둠이 권세를 떨칠 때다."
(루카 22,53)

● 관련 주제
십자가형: 102쪽
헤로데 임금: 93쪽
예수님의 반대자들: 92-93쪽

솔로몬의 채석장
다마스쿠스 문
탑 문
벳자타 못
안토니아 요새
주랑
수사 문
성전산
성전
금 문
솔로몬 주랑
겟세마니 동산
10
골고타
9
자파 문
워렌 문
윌슨 아치
파사엘 탑
히피쿠스 탑
바클레이 문
성전 첨탑
6
마리암네 탑
하스몬 궁전
(헤로데 안티파스 궁전?)
로빈슨 아치
훌다 문
외문
총독 관저
(헤로데 궁전)
8
7
5
거름 문
골짜기 문
위 도시
시온 문
3 4
카야파 저택?
2
한나스 저택?
에세네 구역
티로포에온 골짜기
아래 도시
히즈키야 터널
키드론 골짜기
에세네 문
물 문
실로암 못
힌놈 골짜기
트코아 문
0
300m
예수님 시대의 도시 구역
성벽
오늘날의 성벽

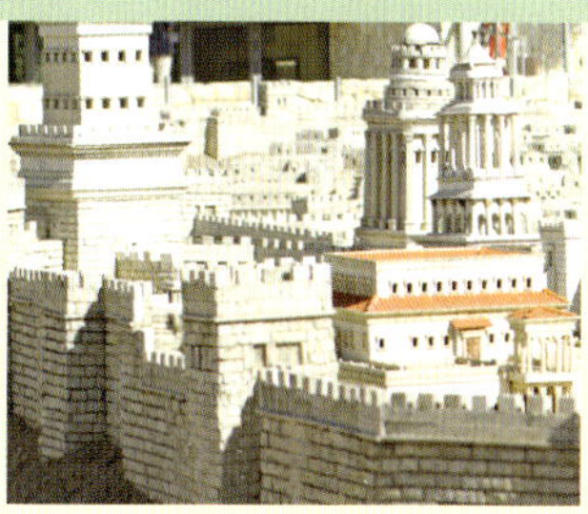

헤로데 궁전을 보호하기 위해 궁전 바로 북쪽에 지어진 거대한 세 개의 탑(파사엘 탑, 히피쿠스 탑, 마리암네 탑) 모형. 이 탑들은 헤로데 궁전의 핵심 방어 시설이다. 헤로데 궁전은 예수님 시대 카이사리아에 주로 머물던 빌라도가 축제 등에 예루살렘에 머물 때 사용한 총독 관저이다. 이 탑들은 예루살렘에서 가장 높은 건축물 중 하나로, 궁전의 호화로움과 로마 총독의 권위를 동시에 상징했다. 이러한 배경에서 볼 때, 예수님께서 빌라도의 재판 이후 골고타로 향하실 때 이 탑들 인근을 지나가셨을 가능성이 있다.

빌라도

TIBERIEVM
TIVSPILATVS
ECTVSIVDA

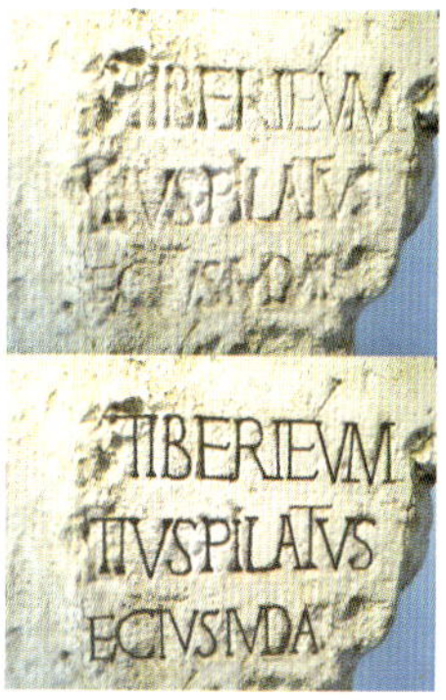

카이사리아의 로마 원형 극장에서 발견된 이 비문에는, 본시오 빌라도를 유다 총독으로 명시하고 있다. 티베리우스 황제가 임명한 빌라도는 기원후 26-36년에 총독으로 재임했다. 역사가 요세푸스와 필로는 빌라도가 성미가 급하고 백성에게 관심이 없는 인물이었다고 묘사한다. 예를 들어 예루살렘에 도착하자마자 빌라도는 황제의 얼굴을 새긴 로마 군대의 깃발을 세웠는데 이는 유다인들의 감정을 건드리는 일이었다. 후에 그는 성전 자금을 빼앗아 수로를 건설했는데, 이 때문에 폭동이 일어나 결국 수천 명의 사망자가 발생하기도 했다. 또한 갈릴래아 사람들을 죽여 그들이 바치려던 제물을 피로 물들게도 했다(루카 13,1). 결국 그는 사마리아인 폭도를 진압하는 과정에서 과도한 폭력을 행사한 일로 로마로 소환된 후 역사 속으로 사라졌다.

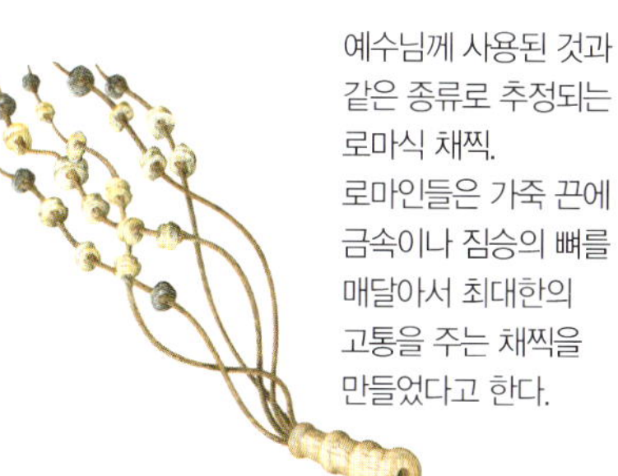

예수님께 사용된 것과 같은 종류로 추정되는 로마식 채찍.
로마인들은 가죽 끈에 금속이나 짐승의 뼈를 매달아서 최대한의 고통을 주는 채찍을 만들었다고 한다.

핵심 구절

"성경에 '내가 목자를 치리니 양들이 흩어지리라.'고 기록되어 있다."
(마르 14,27)

예수님의 십자가형

하느님의 죽음

영화에서는 예수님의 수난을 극적으로 묘사하는 경우가 많지만, 복음서들은 이에 대해 놀라울 정도로 절제된 태도를 보인다. 그 모든 참혹함을 짧고 간결한 문장으로 요약한다. "그들은 예수님을 십자가에 못 박았다."(마르 15,24). 그리스어 원문으로는 단지 세 단어에 불과하다. 이 극도의 간결함은 사건의 무게를 덜어 내는 것이 아니라, 오히려 그 모든 비극을 압축하여 독자의 마음을 무겁게 내리누른다. 지난 3년간의 이야기는 마침내 끝난 듯 보였다. 자신이 하느님이라 주장했던 그분은 죽었다.

십자가형

십자가형은 본래 페니키아 지역에서 유래했을 것으로 추정된다. 로마인들은 사람들의 공포를 조장하기 위해 이 잔혹한 처형 수단을 채택했을 것이다. 사형수는 먼저 채찍질을 당한 뒤, 자신이 달릴 십자가의 가로대를 직접 처형장까지 지고 가야 했다. 발가벗겨진 채로 양 손목은 십자가 가로대에 못 박혔는데, 지고 온 가로대를 땅에 이미 박아둔 십자가 세로대에 매달아 들어 올렸다. 다리는 위로 들어 올려 옆으로 꺾인 채 발목을 세로 기둥에 못 박았다. 이렇게 하면 팔이 온몸의 무게를 지탱해야 하므로, 몸이 매달린 상태에서 횡격막에 큰 압박이 가해져 거의 숨을 쉴 수 없게 된다. 그래서 아주 서서히 고통스럽게 죽게 된다. 보통 십자가형에 처해진 죄수들은 며칠 동안 의식이 있었고, 로마 군인들은 매달린 죄수들이 더 이상 숨을 쉬느라 애쓰지 않도록 쇠몽둥이로 다리를 부러뜨려 더 이상 몸을 들어 올려 숨을 쉴 수 없게 하여 죽게 함으로써 고통을 단축시켜 주기도 했다. 그리고 시체는 대개 맹금류의 먹이가 되도록 방치되었다.

예수님의 처형

여러 차례의 신문 끝에 예수님께서는 성 밖으로 끌려가 두 명의 죄인 사이에서 십자가에 못 박히셨다(마태 27,32-56; 마르 15,21-41; 루카 23,26-49; 요한 19,16-37). 예수님의 머리 위에는 죄목을 기록한 명패가 붙었는데, 히브리어, 라틴어, 그리스어로 '유다인들의 임금 나자렛 사람 예수'라고 쓰여 있었다. 유다교 지도자들은 예수님의 주장일 뿐임을 명확하게 하기 위해 이 표지를 바꿔 달라고 했지만, 빌라도는 이를 거부했다. 군중은 예수님을 조롱했지만, 예수님께서는 극심한 고통 속에서도 그들을 용서해 달라고 기도하셨다. 이 시간은 "저의 하느님, 저의 하느님, 어찌하여 저를 버리셨습니까?"라고 부르짖으실 정도로 예수님에게는 깊은 어둠의 시간이었다. 보통 며칠씩 이어지는 십자가의 고통은 몇 시간 만에 끝났다. 예수님께서는 갑자기 마지막으로 큰 소리로 외치셨다. "다 이루어졌다Τετέλεσται[테텔레스타이]."(요한 19,30). 사명을 완수하신 예수님께서는 자신의 생명을 내어 맡기시며, 하늘의 아버지께 자신을 온전히 의탁하셨다. 그 곁에는 어머니 마리아도 예수님의 마지막 순간을 지켜보며, 모든 고통을 감내하며 함께 계셨다.

십자가에 못 박히신 그리스도
디에고 벨라스케스, 1630년경, 프라도 미술관, 마드리드, 스페인.

"그들은 예수님을 십자가에 못 박았다."
(마르 15,24)

● 관련 주제
무덤에 묻히심: 104-105쪽
예수님의 반대자들: 92-93쪽

죽음의 확인

다음 날이 안식일이었기 때문에 유다 지도자들은 예수님이 빨리 돌아가셔서 시신이 십자가에 남아 있지 않기를 바랐다. 이는 그들의 종교적 위선을 보여 주는 한 단면이었다. 그래서 그들은 예수님의 다리를 부러뜨려 죽음을 앞당겨 달라고 빌라도에게 요청했다. 다리에 힘을 주면 숨을 쉴 수 있어 빨리 죽지 않기 때문이다. 그러나 군사들이 예수님께 다가갔을 때, 예수님께서는 이미 숨을 거두신 뒤였다. 그래도 확실히 하기 위해 군사들 가운데 한 사람이 예수님의 옆구리를 창으로 찔렀고, 거기서 곧 피와 물이 흘러나왔다(요한 19,31-37). 요한은 자신이 기록한 이 말씀의 의미를 온전히 다 이해하지는 못했겠지만, 그는 분명 예수님의 심장이 터지는 순간을 보았던 것이다.

십자가형에 대한 생각들

"가장 잔인하고 역겨운 형벌." – 키케로

"가장 비참한 죽음." – 요세푸스

"십자가에 매달려 서서히 죽어 가는 고통을 생각할 수 있습니까? 팔다리가 뒤틀리고, 숨이 끊어질 듯한 무게에 짓눌리며, 한 방울 한 방울 생명이 빠져나가는 그 고통을 말입니다." – 세네카

십자가형의 의미

로마인과 유다인 모두에게 십자가형은 극도로 혐오스러운 형벌이었다. 로마인에게 십자가형은 가장 흉악한 범죄자, 특히 반역자에게만 적용되던 형벌이었다. 유다인들에게는 벌거벗겨진다는 것이 커다란 치욕이었다(로마 군인들이 예수님의 옷을 나눠 가졌으니, 예수님도 알몸이었을 것이다.). 또한 율법에 따라 "나무에 매달린 사람은 하느님의 저주를 받은 자"(신명 21,23)였다. 따라서 예수님께서 십자가 위에서 돌아가셨다는 것은 단순히 죽음을 맞으신 것이 아니라, 모든 이들에게 멸시받는 가장 치욕스러운 죽음을 겪으셨음을 의미한다.

"그들은 예수님을 골고타라는 곳으로 데리고 갔다. 이는 번역하면 '해골 터'라는 뜻이다. …
그리고 그들은 예수님을 십자가에 못 박았다."(마르 15,22.24).
아래 사진의 바위 절벽은 일부 사람들이 '해골 터'라고 믿었던 곳인데, 이는 바위가 마치 눈과 코가 있는 해골처럼 보이기 때문이기도 하고, 근처에 고대 무덤이 있기 때문이기도 하다.

성경 말씀이 다 이루어지다

어떤 기준으로 보더라도 예수님의 생애는 놀라운 것이었다. 그러나 그보다 훨씬 더 놀라운 것은 그분의 삶과 죽음이 수백 년 전에 기록된 예언을 완성했다는 데에 있었다. 어떤 이들은 예수님이 자신이 메시아라고 주장하려고 성경의 예언을 완성한 것처럼 보이기 위해 의도적으로 '모든 예언을 그대로 따라한 것'이라고 주장한다. 하지만 예수님께서 이루신 구약의 예언들이 너무나 많기 때문에 이러한 주장은 설득력이 없다. 오히려 이는 예수님의 삶과 죽음이 이미 예언되어 있었음을 보여 준다. 예언 중 특히 주목할 만한 점은 그분의 수난이 세세한 부분까지 묘사됐고(예를 들어, 시편 22,17-19), 그분의 죽음을 통해서 그분이 무엇을 하고자 하셨는지, 즉 인류가 저지른 죄의 대가를 그분이 대신 치르고자 하셨다는 것(이사 52,13-53,12)이 미리 예언됐다는 점이다.

나타난 표징들

예수님께서 돌아가신 순간, 마치 땅이 통곡하며 울부짖는 것 같았다. 성전 휘장이 두 쪽으로 찢어지고, 땅이 흔들리며, 바위가 갈라지고, 무덤이 열려 많은 성도들이 되살아났다(마태 27,51-53). 이는 단순한 지진 현상을(마태 27,54) 넘어, 깊은 영적 의미를 담고 있다.

첫째, 성전 휘장은 하느님의 현존을 상징하는 지성소와 성전의 나머지 부분을 구분하는 역할을 했다. 이 휘장이 찢어진 것은 예수님의 죽음을 통해 이제 하느님께로 가는 길이 모두에게 열렸음을 상징한다. 또한 에제키엘서 10-11장에서처럼, 하느님께서 성전을 떠나심을 상징한다. 이제 하느님은 당신 아드님을 통해 직접 당신 자신을 드러내심을 뜻한다. 둘째, 죽은 성도들 일부가 되살아난 것은, 예수님께서 마지막 때에 다시 오실 때 일어날 일을 예고하는 표징이다. 그때에는 세상을 떠난 신자들이 부활하여 영원히 그분과 함께하게 될 것이며, 이 사건은 바로 그 일에 대한 예고편과 같다. 이 모든 것을 목격한 로마의 백인대장이 "참으로 이분은 하느님의 아드님이셨다."(마태 27,54)라고 외친 것도 놀라운 일이 아니다.

핵심 구절

"아버지, 저들을 용서해 주십시오. 저들은 자기들이 무슨 일을 하는지 모릅니다."(루카 23,34)

무덤에 묻히심

여정의 끝

예수님의 죽음은 몹시 수치스러운 것이었지만, 예수님을 흠모했던 숨은 제자 한 사람은 더 이상 예수님의 시신이 모욕당하는 것을 그대로 지켜볼 수만은 없었다. 아리마태아 사람 요셉이 예수님의 시신을 십자가에서 내려 아마포로 싼 다음, 처형 장소에서 가까운 무덤에 모셨다. 슬프게도 이것이 예수님 삶의 여정의 끝이었다. 아니 적어도 모두가 그렇게 생각하고 있었다.

의로운 이의 용기

금요일 늦은 오후, 유다 최고 의회의 의원이었지만 예수님 처형에 동의하지 않았던 아리마태아 사람 요셉은 용기를 내어 빌라도에게 갔다. 그는 예수님의 시신을 로마의 관습대로 맹금류가 훼손하게 두는 대신 제대로 장례를 치르게 해 달라고 청했다. 십자가에서 시신을 내리는 일은 결코 쉬운 일이 아니었는데, 당시의 유골함들을 보면, 시신을 내리기 위해 손과 발을 잘라야 했던 경우도 있었다. 요셉은 시신을 내려 아마포로 싼 뒤, 바위를 깎아 만든 아직 아무도 쓴 적 없는 자기의 새 무덤으로 모셨다. 그리고 큰 돌을 굴려 무덤 입구를 막아 놓았다. 오직 요한 복음사가만이 이때 오래전 어느 밤에 예수님을 방문했었던 최고 의회의 다른 의원, 니코데모가 함께했다고 전한다(요한 3,1-21; 19,39).

여인들은 멀리서 이 모든 것을 지켜본 뒤, 시신에 바를 향료를 준비하러 집으로 돌아갔다. 그러나 이제 모든 이가 쉬어야 하는 안식일이 시작되어 그들은 그다음 날인 주간 첫날(일요일)이 될 때까지 기다려야만 했다.

1세기 유다인의 매장 관습

유다인 매장 관습이 잘 드러난 '헤로데 가족의 묘'로 알려진 고대 무덤 입구. 무덤 입구를 커다랗고 둥근 돌로 막는데, 그 돌을 굴려 열 수 있다. 무덤은 바위를 깎아 방을 만들고, 그곳에서부터 시신을 안치할 매장용 굴('코킴'이라 부름)을 더 깊이 팠다. 보통 시신은 향료를 바르고 아마포로 감싼 뒤, 첫 번째 방에 있는 돌판 위에 놓았다. 무덤의 이러한 구조 때문에, 일요일 아침에 무덤으로 달려간 요한이 무덤 안을 들여다보고 그 즉시 예수님의 시신이 사라진 것을 확인할 수 있었다(요한 20,3-8). 무덤 입구는 낮게 만들었는데, 이는 적절한 크기의 돌을 굴려서 입구를 막을 수 있도록 하기 위함이었다. 이스라엘의 건조한 기후에서 시신이 완전히 분해되는 데에는 최대 2년까지 걸릴 수 있었고, 이후 남은 뼈를 모아 '유골함'이라 불리는 석관에 모셨다.

정원 무덤

예수님이 묻히셨던 무덤은 아니지만, 예루살렘에 있는 정원 무덤Garden Tomb은 당시 사용되었던 무덤과 같은 형태의 무덤이다. 입구를 따라 파 놓은 홈에는 대형 맷돌 모양의 돌이 놓여 있었고, 이 돌을 굴려서 무덤 입구를 막아 들짐승이나 도굴꾼이 들어오는 것을 피했다(마태 27,57-60; 마르 15,42-47; 루카 23,50-53; 요한 19,38-42). 사진에 보이는 큰 돌로 만들어진 벽은 1867년 고든 장군이 이 무덤을 발견했을 때 추가로 설치한 것이다.

관련 주제
십자가형: 102쪽
니코데모: 43쪽
빌라도: 101쪽

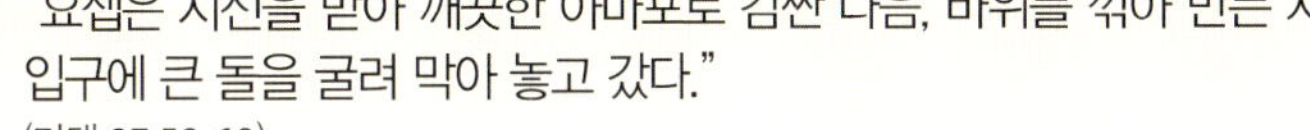

"요셉은 시신을 받아 깨끗한 아마포로 감싼 다음, 바위를 깎아 만든 자기의 새 무덤에 모시고 나서, 무덤 입구에 큰 돌을 굴려 막아 놓고 갔다."
(마태 27,59-60)

주님 무덤 성당

왼쪽은 예루살렘에 있는 주님 무덤 성당(동방 정교회에서는 '부활 성당'이라고도 부른다.) 내부에 있는 예수님의 무덤으로 전해지는 곳이다. 주님 무덤 성당은 예수님의 처형 장소(골고타)와 무덤 터 두 곳을 모두 기념한다. 실제로 주님 무덤 성당은 이곳에 세워져 1,700년 이상 유지되었을 정도로 오랜 전통을 지니고 있다. 반면 일부에서 예수님 무덤이라고 주장하는 정원 무덤은 19세기에 와서야 발견된 장소이다.

주님 무덤 성당 내부에는 십자가 처형 장소로 알려진 바위 언덕이 있다. 고고학자들에 따르면, 이곳은 예수님 시대 성벽 바깥, 성문 근처에 있었기 때문에 십자가형을 집행하기에 적합한 장소였을 것이라 한다. 이 성당의 또 다른 구역에는 예수님의 무덤으로 전해지는 장소가 보존되어 있다. 이곳에서 다른 1세기 무덤들도 함께 발견되었기에, 이곳이 당시에 공동묘지였음은 분명하며, 따라서 예수님의 실제 무덤 자리였을 가능성도 충분하다.

그리스도교 신앙 고백 속의 예수님의 묻히심

"나도 전해 받았고 여러분에게 무엇보다 먼저 전해 준 복음은 이렇습니다. 곧 그리스도께서는 성경 말씀대로 우리의 죄 때문에 돌아가시고 묻히셨으며, 성경 말씀대로 사흗날에 되살아나셨습니다."(1코린 15,3-4).

바오로 사도가 전해 받은 이 신앙 고백을 반복하여 전하고 있다는 점에서, 예수님의 묻히심이 초기 그리스도교 메시지의 핵심적인 부분이었음을 알 수 있다(사도 13,27-29). 이는 초기 그리스도인들이 예수님의 죽음이 의심할 여지 없는 역사적 사실이었음을 분명히 하고, 이를 통해 사흘 뒤 무덤이 비어 있었던 이유에 대해 깊이 성찰하도록 이끄는 것 같다.

성금요일

예수님이 돌아가신 날을 우리는 성聖금요일이라 하는데, 영어권에서는 굿 프라이데이Good Friday라고 한다. 이 영어권 명칭의 기원은 확실하지 않다. 성금요일 사건의 결과가 우리에게 '좋은Good' 일이 되었기 때문이라는 해석도 있고, 원래는 '하느님의 금요일God's Friday'에서 유래했다는 설도 있다. 다른 언어권에서는 일반적으로 '거룩한聖 금요일'로 불린다.

성금요일에는 전통적으로 신자들이 예수님의 수난과 죽음, 그리고 그 의미를 깊이 묵상하며 애도의 시간을 보낸다. 일부 국가에서는 이날의 사건을 기념하기 위해 행렬이나 재연 의식이 거행되기도 한다.

십자가의 길

'고통(슬픔)의 길(Via Dolorosa 비아 돌로로사)'이라고도 알려진 '십자가의 길' 기도는 예수님 생애의 마지막 시간을 잘 보여 준다. 가톨릭 신자들은 예수님의 수난과 죽음의 주요 장면을 묵상하기 위해 특히 성주간의 성금요일에는 장엄한 십자가의 길 기도를 바친다. 그리고 성주간 금요일이 아닌 보통의 금요일이나 평일에도 자주 십자가의 길 기도를 바친다. 십자가의 길은 제1처(예수님께서 사형 선고 받으심을 묵상합시다)에서부터 제14처(예수님께서 무덤에 묻히심을 묵상합시다)까지의 여정을 묘사하는 14개의 그림이나 조각으로 구성된다.

왼쪽 사진의 장면은 오스트리아 티롤 주 칼스 암 그로스글로크너에 있는 펠젠카펠레(바위 성당)의 십자가의 길 제14처로 안톤 오버하우저 작품이다.

핵심 구절

"내가 진실로 진실로 너희에게 말한다. 밀알 하나가 땅에 떨어져 죽지 않으면 한 알 그대로 남고, 죽으면 많은 열매를 맺는다."(요한 12,24)

예수님의 부활: 주일

죽음을 이기다

일요일 아침 예수님의 무덤에 갔다가 그분의 시신이 사라진 것을 발견한 여인들이 느꼈을 고뇌는 쉽게 헤아리기 어렵다. 원수들이 그분께 안겨 준 모욕도 모자라 이제는 이런 일까지 벌어진 것이다. 그러나 바로 그 순간, 그분께서 거기 계셨다. 처음에는 마리아에게, 그다음에는 한두 사람에게, 나중에는 무리에게 나타나셨다. 아무도 그분의 말씀을 이해하지는 못했지만, 바로 그분이 말씀하신 그대로 불가능한 일이 일어난 것이다. 무덤은 그분을 가두지 못했다. 그분은 죽은 이들 가운데에서 부활하신 것이었다.

빈 무덤

수석 사제들과 바리사이들은 빌라도에게 무덤을 봉인하고 경비병을 배치해 달라고 요청했고(마태 27,62-66), 빌라도는 이를 허락했지만, 천사가 돌을 굴려 내는 것을 막지 못했다(마태 28,2). 천사가 돌을 굴린 것은 예수님을 무덤에서 나오게 하려고 한 것이 아니라, 제자들이 무덤에 들어가 볼 수 있도록 하기 위해서였다. 물론 예수님께서는 이미 그곳에 계시지 않았고, 천사는 여인들에게 직접 와서 보라고 초대하였다(마태 28,6). 부활하신 예수님은 입고 있던 수의와 무덤의 돌벽을 아무런 장애 없이 통과하셨다. 이는 마치 그날 저녁 유다인들이 두려워 모든 문을 잠가 놓은 곳에 예수님께서 나타나신 것(요한 20,19)과도 같았다. 사실 굴려진 돌은 그분이 정말로 부활하셨다는 것을 제자들에게 확신시키는 첫 번째 단계일 뿐이다.

일요일 아침

네 복음서는 모두 안식일에 쉬었다가 일요일 이른 아침, 장례를 마저 치르기 위해 예수님의 무덤으로 갔던 여인들이 빈 무덤을 발견한 사실을 묘사한다(마태 28,1-3; 마르 16,1-5; 루카 24,1-3; 요한 20,1-2). 그들은 누군가가 시신을 옮겨 갔다고 여겨 제자들에게 달려가 알렸고, 베드로와 요한이 사실을 확인하러 갔다. 예수님이 처음으로 자신의 모습을 드러내신 사람은 마리아 막달레나였다(요한 20,11-18). 마리아는 처음에는 예수님을 정원사로 착각했다가, 예수님께서 자신의 이름을 부르시자 비로소 알아보았다. 마리아는 다른 이들에게 달려가 이 사실을 알렸지만, 그들은 믿지 않았다. 그러나 그날 저녁, 예수님께서는 먼저 베드로에게 나타나시고(루카 24,34; 1코린 15,5), 이름이 알려지지 않은 두 제자들에게(루카 24,13-35), 그리고 그날 저녁 유다인들이 두려워 문을 잠그고 있던 제자들 모두에게 나타나셨다(요한 20,19-23). 토마스는 그 자리에 없었고, 일주일 뒤 예수님께서 자신에게 나타나시기 전까지는 아무 말도 믿으려 하지 않았다. 이 모든 사실에서 분명한 것은, 제자들이 아무 근거 없이 쉽게 믿으려 했던 이들이 아니라는 점이다. 부활은 그들의 생각과 가장 거리가 먼 것이었고, 처음에는 아무도 믿지 않았다. 그러나 점차 상상할 수 없던 일이 사실로 드러났다. 예수님께서는 참으로 죽은 이들 가운데서 부활하셨던 것이다.

그리스도의 무덤 앞의 세 마리아(부분)
아담 엘스하이머, 1603년경, 라인란트 주립 박물관, 본, 독일. 여자들이 예수님의 빈 무덤을 발견하는 장면이다.

엠마오로 가는 길

그날 늦게, 두 제자가 엠마오로 향해 가고 있었는데, 예수님께서 갑자기 그들에게 나타나셨다(루카 24,13-35). 예수님과 지난 주말에 있었던 일에 대해 길게 이야기했음에도, 그들도 처음에는 예수님을 알아보지 못했다. 예수님께서 그들과 함께 빵을 떼어 나눌 때서야 "그들의 눈이 열려 예수님을 알아보았다. 그러나 그분께서는 곧 그들에게서 사라지셨다."(루카 24,31). 그제야 그들이 길에서 예수님과 이야기할 때 마음이 뜨겁게 타올랐던 이유를 깨닫게 되었고, 곧장 예루살렘으로 돌아가 다른 이들에게 이 사실을 알렸다.

"그분께서는 여기에 계시지 않는다. 말씀하신 대로 그분께서는 되살아나셨다."
(마태 28,6)

관련 주제
무덤에 묻히심: 104-105쪽
예수님의 운명: 54-55쪽
예수님의 부활: 106-109쪽

빈 무덤, 남겨진 질문들

예수님의 무덤이 비어 있었다는 사실 자체는 회의적인 역사가들조차 쉽게 부정하지 못한다. 진짜 질문은 '왜' 비어 있었냐는 것이다. 부활을 제외한 다른 설명들은 그 자체로 설득력이 부족하며, 다음과 같은 명백한 논리적 약점을 안고 있다.

부활을 부정하는 주장들	그 주장의 문제점
도굴꾼들이 예수님의 시신을 훔쳐 갔다.	경비병들이 무덤을 지키고 있었다.
예수님이 부활했다는 소문을 퍼뜨리기 위해 제자들이 시신을 훔쳐 갔다.	제자들은 처음부터 예수님의 부활을 기대하지 않았고 경비병들이 무덤을 지키고 있었다.
로마 당국이 예수님의 부활에 대한 소문을 막기 위해 예수님의 시신을 치웠다.	만일 그랬다면, 부활 주장이 나오자마자 시신을 내보일 수 있었을 것이다.
예수님의 무덤을 찾아간 여인들이 무덤을 잘못 찾아간 것이다.	로마 당국은 진짜 예수님의 무덤에서 예수님의 시신을 꺼내 보일 수 있었을 것이다.
예수님께서는 돌아가셨던 것이 아니라 십자가 위에서 기절하셨던 것이었고, 시원한 무덤에서 다시 숨을 쉴 수 있게 된 것이다.	그러나 군인들은 예수님이 죽었다고 분명 확인했다. 설사 그 주장이 맞다 하더라도 예수님이 그 모든 모진 수난 뒤에도 무덤 내부에서 돌을 굴려 내 무덤을 열고 나와 경비병들을 물리친 다음, 예루살렘으로 걸어가서 영광스러운 죽음의 정복자처럼 제자들에게 나타나시는 게 가능한 일인가?

사흗날

성경은 예수님께서 '사흗날에' 부활하셨다고 전한다. 오늘날 계산 방식으로는 이상해 보이지만 그 당시에는 날짜를 계산할 때 계산을 시작한 날을 포함시켰다. 그래서 금요일, 토요일, 일요일 이렇게 3일이 되었다. 그런데 왜 하필 사흗날이었을까? 그분이 돌아가신 후 왜 하루나 한 시간, 혹은 죽음 직후에 부활하면 안 되었을까? 한 가지 간단한 답은 예수님께서 그렇게 예언하셨기 때문일 수 있다(마태 16,21; 17,23). 또한 숫자 '3'은 유다교에서 중요한 의미를 지녔는데, 하느님께서 어떤 사건의 사흗날에 당신의 권능을 드러내신 예가 성경에 거의 50번이나 등장하기 때문이다. 따라서 예수님께서 사흗날에 부활하신 것은 이 일이 바로 하느님께서 하신 일임을 보여 주는 표지였다.

그렇다면 예수님은 돌아가신 후 금요일과 일요일 사이에 무엇을 하셨을까? 사도 신경에 고백된 대로 예수님은 이때 저승에 가셨다. 성경은 이에 대해 거의 언급하지 않지만, 베드로는 그분께서 "감옥에 있는 영들에게도 가시어 말씀을 선포하셨"(1베드 3,19)다고 전한다. 유다 묵시 문학에서 '감옥에 있는 영들'은 대개 타락한 천상 존재들을 가리키므로, 이는 예수님께서 타락한 영적 존재들에게 당신의 승리를 선포하시며 그들이 완전히 패배했음을 알리신 사건을 시사할 수도 있다.

주님 부활 대축일과 주일

주님 부활 대축일은 그리스도인이 부활을 기념하는 교회의 가장 큰 연례 축제이다. 그러나 부활을 기념하는 축제는 매주 있어 왔는데, 아주 초기부터 신자들은 공동 예배의 날을 '한 주간의 첫날'인 주일(일요일)로 옮겼기 때문이다(사도 20,7; 1코린 16,2). 유다인이었던 초기 그리스도인들에게 안식일(토요일)은 창조를 기억하는 거룩한 날이었다. 그러나 그들의 주님이신 예수님께서 죽음을 이기고 부활하신 날은 안식일이 아닌, 한 주간의 첫날인 일요일이었다. 이 부활 사건으로 인해 신자들에게 일요일은 창조를 기념하는 날을 넘어, 주님께서 죽음으로 새 생명을 여신 '주님의 날'로 새롭게 자리 잡았다. 따라서 오랜 전통인 안식일 대신 주일에 모여 예배하기 시작한 것은, 그들이 예수님을 죽음을 이기신 주님으로 굳게 믿었음을 보여 주는 매우 분명한 증거이다.

핵심 구절

"아무도 나에게서 목숨을 빼앗지 못한다. 내가 스스로 그것을 내놓는 것이다. 나는 목숨을 내놓을 권한도 있고 그것을 다시 얻을 권한도 있다."
(요한 10,18)

예수님의 부활: 발현과 승천

떠날 준비

그리스도교는 예수님의 삶이나 죽음이 아니라, 그분의 부활에서 시작되었다. 만일 부활에 대한 그리스도인들의 선포가 단지 예수님이 부활하신 그 첫 번째 주일에만 국한되었다면, 그 선포는 일시적인 히스테리성 망상이거나 그저 사랑하는 이를 잃은 사람들의 희망 사항쯤으로 일축됐을 것이다. 그러나 부활하신 예수님께서 40일 동안 계속해서 나타나셨고(발현), 40일 이후 갑자기 그 발현이 멈추었고(승천), 다시는 같은 방식으로 반복되지 않았다. 부활 이후 이 40일이라는 기간은 분명히 특별한 시기였다. 이 시기는 전례력으로 '부활 시기'에 해당된다.

부활하신 예수님의 발현

부활하신 이후 40일 동안 예수님은 제자들에게 계속 나타나시어, 당신의 부활을 확신시켜 주셨을 뿐만 아니라 하느님 나라에 대해 가르치셨다(사도 1,3). 예수님께서는 이 기간 내내 제자들과 함께 머무르지 않고 오가시면서, 제자들이 당신의 떠나심에 대비할 수 있도록 준비시키셨다. 이러한 예수님의 발현을 체험한 제자들은 다음과 같다.

■ 토마스(요한 20,24-29)

예수님께서 제자들에게 나타나셨을 때 토마스는 그 자리에 없었으며, 다른 제자들의 말을 믿으려 하지 않았다. 일주일 후, 예수님께서 다시 나타나시어 토마스가 믿을 수 있도록 손과 옆구리에 난 당신의 상처에 손을 넣어 보라고 하셨다(요한 20,26-29). 그러자 토마스는 무릎을 꿇고 예수님께 "저의 주님, 저의 하느님!"(요한 20,28)이라고 고백했다. 이 고백은 이후 모든 그리스도인들의 고백이 된다.

■ 오백 명이 넘는 형제들(1코린 15,6)

바오로 사도가 코린토 1서 15장 3-8절에 기록한 부활 증인 목록은 오늘날 전해지는 가장 오래된 부활 증언 기록 중 하나이다. 바오로는 예수님께서 "그다음에는 한 번에 오백 명이 넘는 형제들에게 나타나셨는데, 그 가운데 더러는 이미 세상을 떠났지만 대부분은 아직도 살아 있습니다."(1코린 15,6)라고 밝힌다. 이는 그들이 여전히 살아 있어서 부활을 의심하는 이들이 직접 확인할 수 있음을 시사한다.

■ 야고보(1코린 15,7)

다른 사도들과 다르게 별도로 언급된 이 야고보는 예수님의 형제였으며(마태 13,55), 부활 이전에는 예수님을 믿지 않았으나(요한 7,5), 결국 예루살렘 교회의 지도자가 된다(사도 15,13).

■ 호숫가의 제자들(요한 21,1-14)

밤새 고기를 잡으려 했으나 아무것도 잡지 못한 제자들에게 예수님께서 나타나셨다. 예수님은 그들에게 그물을 배의 오른편으로 던지라고 명령하셨고, 그들은 지금까지 잡은 것 중 가장 많은 153마리의 물고기를 잡는 일이 일어났다. 그제야 베드로는 호숫가에 있던 그 낯선 분이 예수님이라는 것을 문득 깨닫고 그냥 물속으로 뛰어들었다. 잡은 물고기를 뭍으로 함께 가져갈 다른 동료들을 배에 남겨 둔 채….

놀라운 낚시

벌라주 야노시, 1921년, 개인 소장, 헝가리.

제자들은 갈릴래아 호수에서 부활하신 예수님의 말씀대로 그물을 던져 153마리의 물고기를 잡았다.

베드로의 회복과 수위권 성당

오른쪽 사진은, 예수님께서 제자들에게 고기를 잡으라고 지시하셨다고(요한 21,1-14) 전해지는 바위 주위에 세워진 베드로 수위권 성당Church of Peter's Primacy과 그 옆에 세워진 예수님과 베드로의 동상이다. 이 근처에서 예수님은 베드로를 회복시키시며 용기를 북돋아 주셨다. 베드로가 세 번이나 예수님을 모른다고 한 것(마태 26,69-75)을 세 번에 걸친 사랑 고백으로(요한 21,15-19) 용서하시고, 베드로에게 당신의 미래 사명을 맡기신 것이다.

"사십 일 동안 그들에게 여러 번 나타나시어, 하느님 나라에 관한 말씀을 해 주셨습니다."
(사도 1,3)

● 관련 주제
예수님의 운명: 54-55쪽
사도들이 전한 메시지: 115쪽
예수님의 부활: 106-107쪽

부활한 몸

부활하신 예수님의 몸은 걸으시고, 말씀하시고, 음식을 드시는 등 알아볼 수 있는 인간의 몸이었지만, 동시에 전혀 다른 몸이기도 했다. 심지어 가장 가까웠던 이들조차도 예수님을 즉시 알아보지는 못했다. 이는 부활하신 몸이 십자가에 못 박히셨던 바로 그 몸이면서도(연속성), 동시에 시공간의 제약을 뛰어넘는 새로운 차원의 영광스러운 몸(불연속성)이었기 때문이다. 슬픔과 절망에 빠져 믿음의 눈이 닫혀 있던 제자들은, 이 새로운 실존을 바로 인식할 수 없었다. 그들이 주님을 알아본 것은, 예수님께서 이름을 부르시거나 빵을 떼어 나누시는 인격적이고 신앙적인 관계의 순간을 통해서였다. 바오로 사도는 이 신비를 설명하며, 하느님께서 우리에게 새로운 시대에 맞는 "영적인 몸"(1코린 15,44)을 주실 것이라고 가르쳤다(1코린 15,35-57). 이는 형체 없는 영이 된다는 뜻이 아니라, 애벌레가 영광스러운 나비로 변모하듯 낡은 육신이 새로운 창조에 적합한 몸으로 변화됨을 의미한다.

"나를 더 이상 붙들지 마라."(요한 20,17)
레만 십자가형의 거장, 1370-1375년경, 내셔널 갤러리, 런던, 영국. 이 그림에서 마리아 막달레나는 예수님을 정원지기로 착각했다가 막 알아본 상태다.

예수님의 승천(부분)
존 싱글턴 코플리, 1775년, 보스턴 미술관, 보스턴, 미국.

부활의 의미는 무엇인가?

그리스도인들이 고백하듯 부활이 실제로 일어났다면, 그것은 인류 역사와 우리 각자의 운명을 바꾼 가장 결정적인 사건이다. 그 의미는 다음과 같이 빛난다.

- 부활은 예수님께서 참으로 하느님 나라를 이 땅에 가져오신 메시아이심을 하느님께서 친히 보증하신 **궁극적인 확증**이다. 그분의 모든 가르침과 삶이 진실이었음을 선포하는 하느님의 가장 강력한 목소리였다.
- 부활을 통해 예수님께서는 단순한 예언자를 넘어 죽음을 정복하신 **생명의 주님**이심을 스스로 증명하셨다. 그분은 부활로 인류의 가장 큰 적인 죽음의 권세가 깨어지고, 생명이 최종적인 승리를 거두었음을 보여 주었다.
- 예수님의 부활은 그분을 따르는 우리에게도 죽음이 끝이 아님을 보여 주는 **미래의 약속**이 되었다. 그분께서 다시 사셨기에, 우리도 그분과 함께 다시 살 것이라는 구체적인 희망의 근거가 마련된 것이다.
- 부활은 예수님께서 "많은 이들의 몸값으로 자기 목숨을 바치러 왔다."(마태 20,28)는 그분의 십자가 희생이 하느님께 온전히 받아들여졌음을 보여 주는 **거룩한 영수증**과도 같다.
- 부활은 우리에게 **'살아 있는 희망'**을 주어 오늘을 다르게 살게 한다. 마지막 승리를 알기에, 우리는 두려움 없이 사랑하고, 불의에 맞서며, 기쁨으로 세상을 살아갈 용기를 얻는다. 이처럼 부활은 그리스도인의 모든 희망과 용기의 근원이다.

주님 승천

부활 후 40일이 지나, 예수님께서는 제자들을 베타니아 근처로 데리고 가시어 하늘로 오르셨다. 즉 '승천'하셨다(루카 24,50-51; 사도 1,9). 그때 예수님은 구름에 감싸이셨는데, 이는 구약에서처럼 하느님의 현존을 상징한다. 마치 아버지께서 예수님을 집으로 데려가시는 듯했다. 제자들은 믿을 수 없다는 듯 그저 멍하니 바라볼 수밖에 없었다. 두 천사가 나타나 그들을 다시 현실 세계로 이끌었다.

승천은 예수님이 하느님 오른편, 즉 그분의 본래 자리로 돌아가심을 의미한다. 그런데 놀라운 것은 그분이 이 세상에 오셨을 때와는 다른 방식으로 하느님께 돌아가셨다는 것이다. 예수님은 자신의 인성人性을 그대로 지니고 가신 것이다. 그리스도인은 승천을 통해 예수님께서 하늘에서 존귀하게 되시어 원수들을 다스리신다고 확신하게 되었다(사도 2,32-33; 5,30-31; 에페 4,7-10; 콜로 3,1-2; 히브 4,14; 1베드 3,22). 특히 박해 시기에 기록된 요한 묵시록은 악마가 아무리 최악의 행동을 하더라도 예수님께서 여전히 하느님 어좌에 앉아 다스리고 계심을 담대하게 선포한다(묵시 1,12-18; 5,1-10; 7,9-17).

예수님의 지상 명령

예수님께서는 승천하시기 전, 제자들에게 마지막으로 하나의 사명을 맡기셨다. 예수님께서 주신 이 마지막 사명을 교회는 '지상 명령' 또는 '위대한 사명'이라 부른다. 그것은 당신의 복음을 온 세상에 전파하라는 것이었다(마태 28,18-20; 사도 1,8). 예수님 자신의 공생활은 이스라엘에 국한되어 있었지만, 이제 제자들에게 더 멀리, 이스라엘을 넘어 모든 민족에게 나아가 그들을 하느님의 새로운 백성, 새로운 이스라엘로 초대하라는 사명을 맡기신 것이다.

핵심 구절
"너는 나를 보고서야 믿느냐? 보지 않고도 믿는 사람은 행복하다."(요한 20,29)

예수님의 사도들

사명을 수행하는 사람들

예수님은 많은 제자들 중 열두 명을 뽑아 '사도(ἀπόστολος아포스톨로스, 파견된 이)'로 삼으시고 하느님 나라를 선포하도록 파견하셨다(마르 3,13-19). 이제 아버지께로 돌아가시기 전에 예수님께서는 이 사명을 다시 한번 확인시켜 주셨다. 그러나 이 마지막 사명은 단지 이스라엘만이 아니라 온 세상을 향해 나아가야 하는 것이었다(마태 28,18-20; 사도 1,8). 하지만 그들이 그 일을 하기 전에, 기다려야만 했다. 제자들에게 아직 무언가 부족한 것이 있었기 때문이다.

성령 강림으로 인한 변화

오전 9시, 제자들이 오순절 축제를 지내려고 하던 참이었다. 갑자기 거센 바람이 불고 불꽃 모양의 혀들이 각 사람 위에 내려앉자 모두 성령으로 가득 차 다른 언어들로 말하기 시작했다(사도 2,1-4). 이 광경을 본 사람들은 제자들이 술 취했다고 생각했다. 그러나 베드로는 요엘 예언자의 예언이 성취되었으며, 이는 십자가에 못 박혀 돌아가셨다가 부활하시고 이제 하느님 오른쪽에 올려지신 예수님께서 약속하신 대로 성령을 보내 주신 것이라고 설명했다(사도 2,16-39). 그날 베드로의 말씀을 받아들인 이들 3,000명이 세례를 받았다. 예수님께서 제자들에게 맡기신 사명이 힘차게 시작된 것이다.

기다림의 나날들

예수님께서 승천하신 후, 제자들은 예루살렘으로 돌아와 무엇을 해야 할지 몰라 그저 기도만 하였다. 그들은 스스로 목숨을 끊은 유다 이스카리옷을 대신해 새로 사도를 뽑을 필요를 느꼈다(마태 27,1-10; 사도 1,16-22). 이는 고대 이스라엘의 열두 부족의 성조들과 같이 열둘이라는 숫자를 다시 완성함으로써 예수님께서 세우려고 하신 '새로운 이스라엘'의 기초를 이루기 위함이었다. 예수님께 직접 여쭐 수 없었던 그들은, 하느님의 뜻을 알기 위해 그들이 알던 유일한 방법에 의지했다. 즉 그들은 예수님의 삶과 죽음과 부활의 증인이었던 두 후보자를 두고 '제비를 뽑았다'(사도 1,21-26). 제비에서 마티아라는 이름이 나오자, 마티아는 곧바로 다른 열한 사도와 함께 사도단에 속하게 되었다.

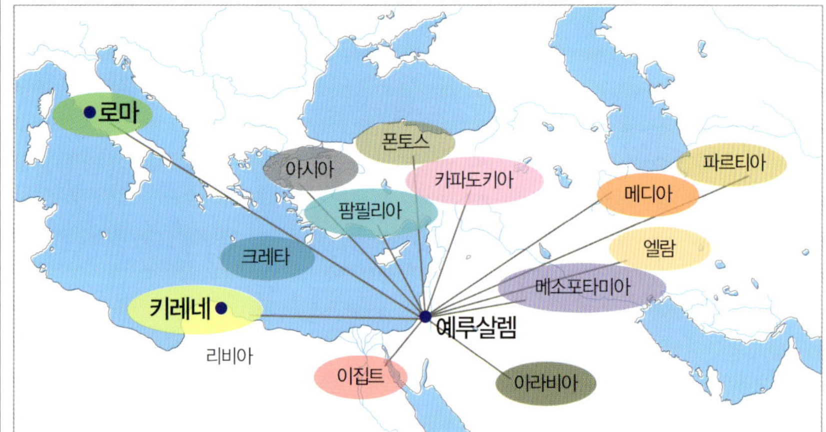

지도에서 보듯이, 오순절 성령 강림 때 베드로의 설교를 들었던 청중은 먼 지역에서 온 이들이었다. 이때 회심한 이들은 각자 고향으로 돌아가 예수님에 대한 메시지를 전했다. 바로 이들이 최초의 그리스도교 선교사가 된 것이다.

어디에서 일어난 일인가

성령께서 내리신 장소가 최후 만찬이 거행된 이 층 방이었다고 추측하지만, 사도행전은 그렇게 전하지 않는다. 이 일은 예루살렘 성전에서 일어났을 가능성이 크다.

- 제자들의 수가 120명이나 되어(사도 1,15), 일반 주택에 모이기에는 너무 많다.
- 제자들은 거대한 군중을 끌어모았는데, 예루살렘의 좁은 거리에서 이렇게 엄청난 군중을 끌어모으기는 불가능했을 것이다(사도 2,6).
- 그날 3,000명가량의 사람들이 세례를 받았는데(사도 2,40-41), 성전에는 정결 예식을 하는 곳이 있어 이들에게 쉽게 세례를 줄 수 있었을 것이다.
- 바람이 "온 집 안을 가득"(사도 2,2) 채웠다고 하는데, 성전은 하느님의 '집'으로 불린다.
- 오순절에는 모든 유다 남성이 성전에 참례해야 했으므로, 제자들이 두려움에도 불구하고 성전에 갔을 가능성이 높다. 또 오순절을 맞아 예루살렘은 수천 명의 사람들로 붐볐으므로, 다른 사람들의 눈에 띄지 않은 채 성전으로 갈 수 있었을 것이다.

하느님(예수님)께서 이처럼 공개적인 장소를 선택하신 것은, 성령의 은사가 처음부터 제자들이 복음을 선포하도록 힘을 주기 위한 것임을 분명히 보여 준다.

예루살렘 성전 내부 이방인의 뜰 남쪽 끝에 있는 왕실 행각 모형
행각은 넓은 열주들이 세워져 있는 구역으로, 성령이 제자들에게 내린 곳은 아마도 이곳일 가능성이 크다. 이곳은 이방인들도 출입할 수 있는 국제적인 교류의 장소로, 예루살렘에서 가장 활기찬 공공 광장이었다.

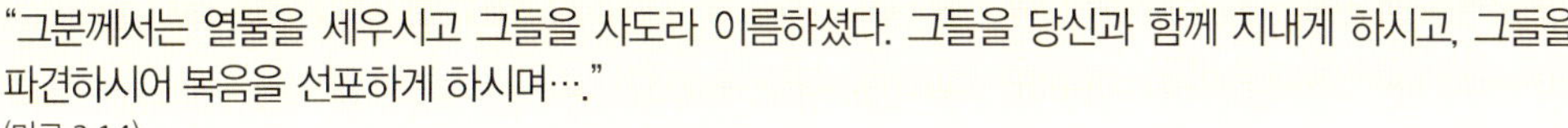

"그분께서는 열둘을 세우시고 그들을 사도라 이름하셨다. 그들을 당신과 함께 지내게 하시고, 그들을 파견하시어 복음을 선포하게 하시며…."
(마르 3,14)

● 관련 주제
승천: 109쪽
예수님의 교회: 112-113쪽
예수님의 제자들: 34-35쪽

왜 오순절이었나?

오순절은 성령을 받기에 특히 적합한 시기였다. 오순절은 두 가지를 기념하는 절기이기 때문이다. 하나는 율법을 받은 것을 기념하고, 다른 하나는 주요 추수를 기념한다. 이제 성령을 통해 예언자들이 약속한 대로 사람들의 마음속에 새로운 '율법'이 새겨졌고(예레 31,33; 에제 36,26-27), 사람들을 거두어들이는 새로운 수확이 시작되었다. 이 두 가지 모두 성령께서 하실 일의 핵심적인 측면이 될 것이었다.

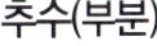

추수(부분)
빈센트 반 고흐, 1888년경, 이스라엘 박물관, 예루살렘, 이스라엘.

스테파노의 순교

사도들이 배척당하는 일이 곧 현실로 다가왔다. 베드로와 요한은 병자를 치유했다는 이유로 체포되었고, 그후 사도단 전체가 체포되어 예수님 이름으로 가르치지 말라는 경고를 받았다(사도 3,1-4,21; 5,17-42). 결국 그리스도인이 박해를 받는데(사도 8,1-3), 최초의 순교자는 스테파노였다(사도 6,8-8,1). 그는 대사제 카야파 앞에서 신성 모독죄로 고발당했지만, 담대하게 설교하면서 그들이 예수님에게 한 일을 비판했다. 그가 예수님에 대한 환시를 보고 예수님께서 하느님 옆에 서 계신 것을 보았다고 말했을 때, 유다인들은 의심할 수 없는 신성 모독으로 여겼고 결국 스테파노를 돌로 쳐 죽였다.

스테파노가 첫 순교자였지만, 마지막 순교자는 아니었다. 베드로와 바오로 역시 뒤이어 순교하였고, 그 뒤로도 수많은 그리스도인이 오늘날까지 신앙 때문에 목숨을 바치고 있다. 흥미로운 질문은 '왜 사람들은 그리스도인들의 믿음을 문제 삼으며 그토록 그들을 죽이고 싶어 하는가, 또한 무엇이 그리스도인들로 하여금 기꺼이 자신들의 목숨을 내어놓도록 만드는가?'이다.

바오로가 예수님을 만나다

그리스도교를 강력히 반대하던 바오로는(사도 8,1), 만일 그리스도교가 주요 교역로에 있는 다마스쿠스에 이르면 온 세상으로 퍼져 나갈 것을 알았다. 그래서 그는 그것을 막기로 결심했다. 최고 의회의 지원을 받아 그는 그리스도인들을 찾아내어 예루살렘으로 압송했다. 그러나 그는 자신이 반대하던 바로 그분을 만나게 될 줄은 예상하지 못했다. 다마스쿠스로 가는 길에서 빛에 눈이 멀게 된 바오로는, "왜 나를 박해하느냐?"는 소리를 듣고 "주님, 누구십니까?" 하고 묻자, 그 목소리는 "나는 네가 박해하는 예수다."(사도 9,5)라고 대답했다. 여전히 앞을 볼 수 없던 채로 다마스쿠스에 도착한 바오로는, 하나니아스라는 그리스도인의 기도를 받고 시력을 되찾았다. 그는 성령으로 가득 차 예수님의 제자로서 세례를 받았다(사도 9,17-19). 바오로는 훗날 이 체험(기원후 35년경)이 단순한 환시가 아니라, 부활하신 예수님과의 실제적 만남이었으며(1코린 9,1; 15,8), 이로 인해 그의 삶이 극적으로 바뀌어 가장 큰 박해자에서 가장 큰 복음 전파자로 변모했고, 사도들의 반열에 오르게 되었다고 주장했다.

성 바오로의 회심(부분)
바르톨로메 에스테반 무리요, 1675-1682년경, 프라도 미술관, 마드리드, 스페인.

핵심 구절

"예루살렘을 떠나지 말고, 나에게서 들은 대로 아버지께서 약속하신 분을 기다려라. 요한은 물로 세례를 주었지만 너희는 며칠 뒤에 성령으로 세례를 받을 것이다."(사도 1,4-5)

예수님의 교회

하느님의 새 백성

성령 강림 이후, 예수님께서 세우신 새로운 공동체는 폭발적으로 성장하기 시작했다. 이들은 "새로운 길을 따르는 이들"(사도 9,2), "신자들"(사도 2,44), "교회"(사도 8,1-3) 등 다양하게 불렸다. 성령 강림 대축일을 교회의 '탄생일'이라고 단정하기는 어려울 수 있다. 왜냐하면 예수님께서는 지상에 계실 때 이미 이 공동체의 기초를 닦기 시작하셨기 때문이다. 하지만 성령 강림일은 교회가 세상에 공식적으로 그 모습을 드러낸 '출범일'이라고 할 수 있다. 성령의 힘을 받은 교회는 예수님께서 준비시켜 주신 모든 것을 실현하며 이스라엘의 경계를 넘어 힘차게 뻗어 나갔다. 그리고 한 세대도 채 지나지 않아 로마 제국의 모든 주요 도시에 교회가 세워지게 되었다.

믿는 이들의 수가 늘어나다

예수님께서는 신앙이 하느님과의 인격적인 관계여야 한다고 가르치셨지만, 결코 공동체와 분리된 사적인 것이어야 한다고 말씀하지는 않으셨다. 예수님께서 제자들과 함께 모범을 보여 주신 것처럼, 하느님께 다가가게 하는 믿음은 반드시 서로를 더욱 가깝게 한다. 베드로는 오순절 설교에서, 회개하고 예수님께 믿음을 고백하는 모든 이가 자신들처럼 성령을 받고, 예수님의 죽음과 부활로 가능해진 '새 이스라엘'의 일부가 될 수 있다고 선포했다(사도 2,38-39). 이렇게 응답한 이들은 모두 '새 이스라엘'인 교회의 일원이 되었다(사도 2,41). 이것은 동시에 신약 성경의 관점에서 볼 때, 교회에 참여하지 않고 예수님을 따르는 것이 불가능하다는 것을 의미하기도 한다.

초기 교회의 삶

사도행전 2장 42-47절은 성령 강림 이후의 교회가 얼마나 활기차고 서로 돕고 나누는 관계 중심적인 공동체였는지를 생생하게 보여 준다. 그 주요 특징은 다음과 같다.

- 서로의 집에서 공동체 모임을 함(사도 2,46; 5,42)
- 사도들의 가르침, 친교, 빵을 떼어 나눔, 기도에 전념함(사도 2,42)
- 많은 기적과 표징이 계속 일어남(사도 2,43)
- 소유물을 아낌없이 나누는 너그러움(사도 2,44-45; 4,32-37)
- 기쁨이 넘침(사도 2,46-47)
- 주님께서 날마다 신자들의 수를 늘려 주심(사도 2,47)

요약하면, 예수님께서 그들 가운데 계실 때 보여 주신 삶의 연속이었다. 교회의 이러한 특징은 사도행전 전체에 계속 나타난다. 하지만 사도행전의 저자 루카는 이러한 교회의 모습이 항상 완벽했던 것은 아니고, 때로는 갈등도 있었음을 솔직하게 보여 준다(사도 5,1-11; 15,36-41).

교회란 함께 모인 사람들

오늘날 '교회'라는 단어를 종교적인 건물로 흔히 사용하지만(예를 들어, '성당에 가자.'라고 할 때처럼), 성경에서는 결코 그런 의미로 사용하지 않았다. '교회ἐκκλησία[에클레시아]'는 언제나 '사람들의 모임'을 의미했지 장소를 뜻하지는 않았다. 실제로 건물로서의 교회는 312년 콘스탄티누스 황제가 그리스도교로 개종하고, 이듬해 그리스도교를 합법화한 이후에야 발전하기 시작했다.

그러나 이러한 상황은 마치 양날의 검과도 같았다. 그리스도교가 로마 제국의 잔혹한 박해에서 벗어나게 된 것은 다행이었지만, 동시에 국가 종교로 변모하면서 제국의 제도를 본뜬 교회 조직이 발달하고 웅장한 건물이 세워지기 시작했다. 이로 인해 때로는 교회가 섬겨야 할 '사람들'보다 건물이나 조직 자체에 더 집중하는 경우가 생기게 되었다.

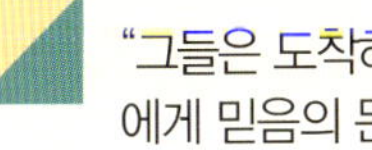

"그들은 도착하자마자 교회 신자들을 불러, 하느님께서 자기들과 함께 해 주신 모든 일과 또 다른 민족들에게 믿음의 문을 열어 주신 것을 보고하였다." (사도 14,27)

● 관련 주제
최후 만찬: 96-97쪽
예수님의 세례: 30쪽
새로운 공동체: 56-57쪽

교회를 나타내는 다양한 비유

성경에서는 교회를 표현하는 데 다양한 비유를 사용하는데, 각각은 예수님께서 교회를 세우신 목적과 교회의 본질적인 성격의 여러 측면을 드러낸다.

- **신부(νύμφη[님페], 묵시 21,2.9; 에페 5,25-33)**: 그리스도의 희생적 사랑과 그 사랑에 응답하여 신의를 지키는 교회 사이의 인격적이고 친밀한 계약 관계를 드러내는 비유이다.
- **집, 형제, 집안(οἶκος[오이코스], 1티모 3,15; 히브 2,11; 3,6)**: 교회가 하느님을 아버지로 모시고 예수 그리스도를 맏이로 삼는 하나의 가족 공동체임을 보여 주는 비유이다.
- **성전(ναός[나오스], 1코린 3,16; 에페 2,19-22)**: 교회가 하느님께서 계시는 거룩한 장소임을 강조하며, 각자는 성령께서 머무시는 살아 있는 성전임을 가르치는 비유이다.
- **백성(λαός[라오스], 1베드 2,9-10; 묵시 7,9)**: 교회가 하느님께서 친히 선택하시고 부르시어 계약을 맺은 공동체인 '하느님의 새 백성'임을 나타내는 비유이다.
- **사제단(ἱεράτευμα[히에라튜마], 1베드 2,4-5.9; 묵시 5,9-10)**: 교회는 '사제들의 공동체'로, 모든 이가 자신의 삶을 영적 제물로 봉헌하는 보편 사제직에 참여한다는 비유이다.
- **양 떼(ποίμνιον[포임니온], 사도 20,28; 1베드 5,2)**: 교회가 '착한 목자'이신 그리스도의 돌보심과 인도를 받는 양 떼임을 상징하는 비유이다.
- **몸(σῶμα[소마], 로마 12,4-5; 1코린 12,27)**: 교회가 '그리스도의 몸'이라는 가장 중요한 비유 중 하나이다. 교회가 그리스도를 머리로 모시고, 각 신자들은 그 몸을 이루는 다양한 지체肢體임을 의미한다. 다양성 안의 일치와 지체들의 협력 등을 잘 보여 주는 비유이다.

세례

구약에서 할례가 하느님과의 관계를 드러내는 외적 표지였듯이, 신약에서는 세례가 그 외적 표지가 되었다. 예수님께서는 몸소 세례를 받으심으로써 그 길을 열어 주셨고(마태 3,13-17; 마르 1,9-11; 루카 3,21-22; 요한 1,29-34), 제자들에게 주신 마지막 명령도 복음을 전하고 믿는 이들에게 세례를 주라는 것이었다(마태 28,19). 오늘날 교회들이 세례를 베푸는 방식은 다양하다. 어떤 교회에서는 신약 성경에는 유아 세례에 대한 예가 없다는 등의 이유로 유아 세례를 반대한다. 그러나 가톨릭 교회는 유아 세례가 사도 시대부터 이어져 온 합법적이고 타당한 전통이라고 가르친다. 비록 신약 성경에 "아기에게 세례를 주었다."는 명시적인 구절은 없지만, '온 집안'이 세례를 받았다는 기록(사도 16,15; 11,14; 1코린 1,16)은 그 안에 어린이가 포함되었다는 충분한 성경적 근거로 이해된다. 무엇보다 유아 세례는 구원이 인간의 공로나 의식적인 결단에 앞서 하느님께서 먼저 거저 주시는 은총의 선물임을 가장 분명하게 보여 주는 소중한 표지이기도 하다.

초기 교회가 겪은 어려움

초기 교회가 예수님의 가르침을 따르는 것이 늘 쉬운 것만은 아니었다. '서로 사랑해야 한다.'는 말은 간단하지만, 손을 씻는 등의 정결 예식과 안식일을 지키는 것을 그토록 중요하게 여겼던 유다계 그리스도인과 이런 행동이 어리석어 보일 뿐인 이방계 그리스도인이 함께 공동체를 이루는 것이 쉬운 일이었을까? 어떻게 모두가 불편함을 느끼지 않으면서 함께 성찬례(식사)를 할 수 있었을까? 이 문제는 해결되지 않고 점점 심각해졌다. 예수님께서 "너희는 가서 모든 민족들을 제자로 삼아라."(마태 28,19)라고 하신 말씀을 교회가 진지하게 받아들이면서 문제는 더 커졌다. 이방인들을 아무 조건 없이 받아들이는 것을 모든 사람이 편안하게 여기지는 않았다. 이방인 신자들도 유다인의 관습을 따라야 한다고 생각하는 이들이 있었다. 머지 않아 베드로 사도의 행동은 이런 사람들로부터 비난을 받게 되고(사도 11,1-3), 바오로 역시 반대자들에게 시달렸다(갈라 2,11-21). 이 문제는 기원후 50년경 예루살렘 공의회에서 마침내 해결된다(사도 15,1-35). 이때 사도들과 원로들은 유다계 그리스도인과 이방계 그리스도인 양측의 주장을 듣고, 모두가 받아들일 수 있는 해결책을 야고보 사도가 제시함으로써 마무리되었다. 이는 모두가 변화해야 함을 의미했지만, 동시에 공동체의 일치를 방해하는 장애물은 제거하는 결정이었다.

그리스도인

'그리스도인'(Χριστιανός크리스티아노스, '그리스도께 속한 사람들'이라는 뜻)이란 명칭은 아마 처음에는 다른 사람들이 예수님의 제자들을 부르던 별명이었을 것이다. "안티오키아에서 제자들이 처음으로 '그리스도인'이라고 불리게 되었다."(사도 11,26). 그러나 곧 그리스도인들 스스로가 이 명칭을 받아들이게 되었다. 이 명칭은 그리스도인이 된다는 것이 특정 단체나 가문 혹은 교회 건물에 속하는 것이 아니라, 예수 그리스도를 인격적으로 따르기로 선택한 사람이라는 사실을 분명하게 보여 준다.

핵심 구절

"너는 베드로이다. 내가 이 반석 위에 내 교회를 세울 터인즉, 저승의 세력도 그것을 이기지 못할 것이다."(마태 16,18)

예수님이 맡기신 사명

복음을 선포하다

거센 반대에도 불구하고 그 어떤 것도 예수님께서 맡기신 사명을 막을 수 없었다. 초기 교회에 가장 큰 위협은 유다교 지도자들이었다. 그들은 예수님에 관한 제자들의 주장을 배척하고, 그들을 박해하고 죽이기까지 했다. 그러나 복음이 다른 민족들의 세계로 퍼져 나가면서, 제자들은 다른 경쟁 종교들뿐만 아니라 로마 제국의 막강한 권력과도 정면으로 맞서게 되었다. 당시 스스로 자신을 신이라고 주장하던 로마 황제들은 예수님이 주님이라고 주장하는 그리스도인들을 배척했다. 로마인들은 오직 황제만이 주님이라고 인정했다. 그러나 이 모든 반대와 배척에도 불구하고 복음의 메시지는 멈추지 않고 퍼져 나갔다.

바오로의 선교 여행

팔레스티나의 경계를 넘어 다른 민족에게 복음을 전하는 데 있어 바오로 사도만큼 지대한 공헌을 한 인물은 없을 것이다. 아래 지도는 그의 네 차례에 걸친 선교 여행을 보여 준다. 그는 여정을 거듭할수록 이전의 경계를 넘어 더 멀리 나아갔으며, 그 과정에서 수많은 고초를 겪었다(2코린 6,3-10; 11,23-29). 바오로 사도는 결국 로마로 압송되어 로마 황제의 재판을 기다리며 2년 동안 가택 연금 상태에 있었다(사도 28,30-31). 후에 석방되어 선교 여행을 다시 나서서 스페인까지 갔을 가능성도 있다. 그러나 티모테오에게 보낸 둘째 서간에 의하면, 바오로 사도는 결국 다시 감옥에 갇혀 사형을 기다리게 되었다(2티모 4,6-8). 로마 시민권자인 그는 기원후 67년경에 로마에서 참수되어 순교한 것으로 전해진다.

급속한 성장

예수님 부활 후 30년 동안 교회는 급속히 확장되어 자신들의 뿌리였던 유다교를 훌쩍 넘어섰다. 그 시작은 거의 이방인 취급을 받았던 사마리아인들의 회심(사도 8,4-25)이었다. 이어서 아예 유다인일 수 없었던 에티오피아의 내시(사도 8,26-38), 로마 백인대장과 그의 가족을 넘어(사도 10,1-48), 마침내 안티오키아에서 다른 민족들에게 복음의 문이 활짝 열렸다(사도 11,19-21). 안티오키아를 기점으로 바오로 사도는 소아시아를 거쳐 그리스와 로마까지(사도 13,1-28,31) 복음을 전파했다. 예수님께서 제자들에게 약속하신 대로, 그분의 메시지는 온 세상에 전해졌고 모든 인종과 다양한 사회적 배경을 가진 이들이 예수님의 복음에 초대를 받게 되었다.

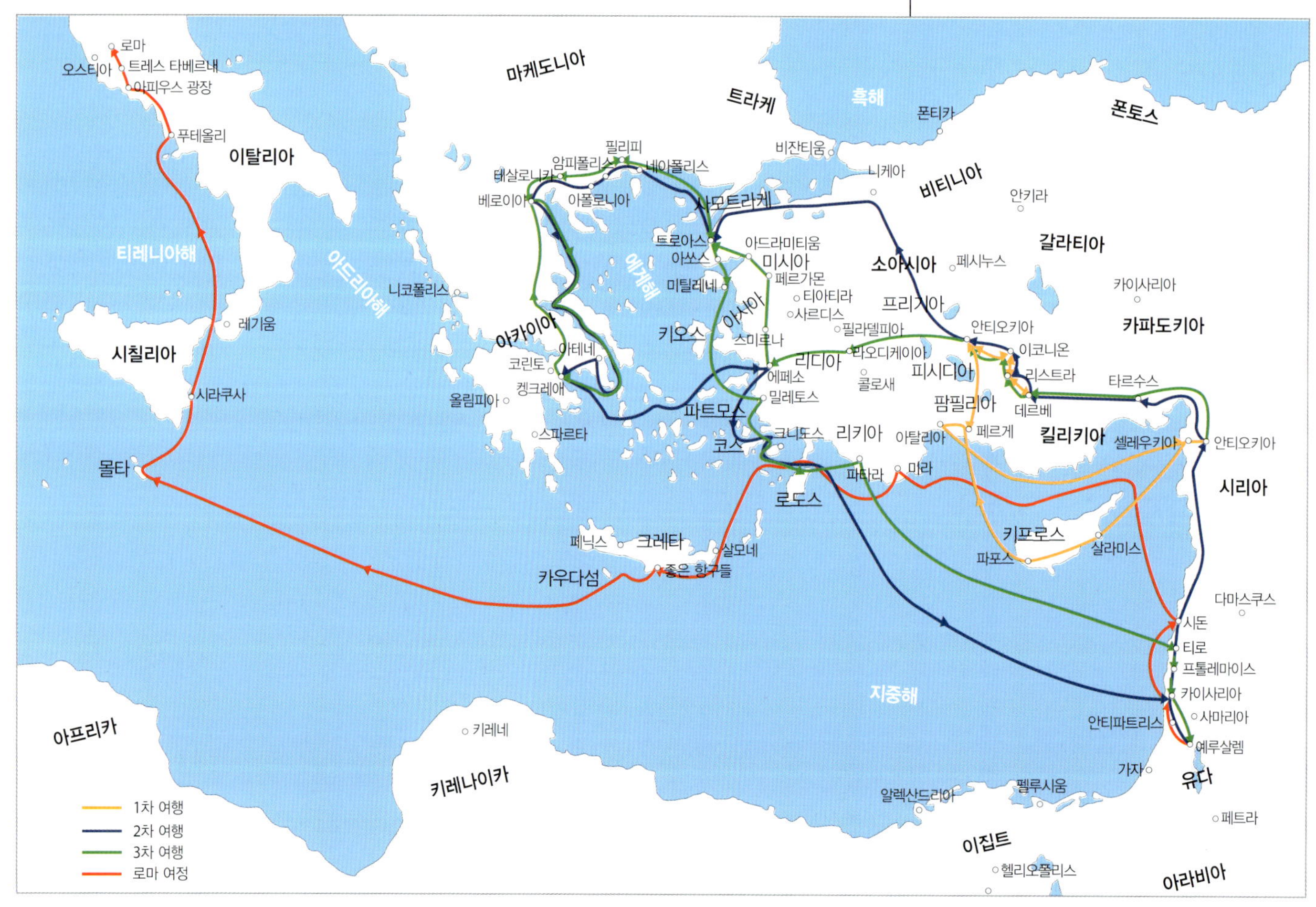

"그대는 우리 주님을 위하여 증언하는 것을 부끄러워하지 마십시오."
(2티모 1,8)

관련 주제
예수님의 사도들: 110쪽
교회: 112쪽
그리스도교의 반대자들: 93쪽

박해

사도들은 예수님께서 예고하신 대로(요한 15,18-25) 선교 사명을 수행하면서 수많은 박해에 직면했다.

- **베드로와 요한:** 병자를 치유했다는 이유로 체포됨(사도 3,1-4,21)
- **열두 사도:** 체포되어 예수님에 대하여 말하지 말라고 명령받음(사도 5,17-42)
- **스테파노:** 신성 모독죄로 체포되어 돌에 맞아 순교함(사도 6,8-7,60)
- **예루살렘 교회:** 큰 박해를 받음(사도 8,1-3)
- **야고보:** 헤로데 아그리파스 임금에게 살해됨(사도 12,2)
- **베드로:** 헤로데 아그리파스에게 체포되었으나 기적적으로 풀려남(사도 12,3-19)
- **바오로와 실라스:** 귀신 들린 하녀를 귀신에게서 해방시켜 주었다는 이유로 감옥에 갇힘(사도 16,16-40)
- **바오로:** 체포되어 재판을 받고 황제의 판결을 받기 위해 로마로 압송됨(사도 21,27-26,32)
- **요한:** 파트모스 섬으로 유배되어 강제 노역을 함(묵시 1,9)

네로

기원후 64년, 로마에 대화재가 발생하여 도시의 상당 부분이 파괴되었다. 그러자 네로 황제가 도시 재건 계획을 추진하려다 원로원의 반대로 좌절되자 일부러 불을 지르게 했다는 소문이 돌았다. 네로 황제는 그리스도인들을 희생양으로 삼았다. 그래서 수천 명의 그리스도인이 십자가에 못 박혀 처형당하거나, 사자의 먹이가 되거나, 검투사와 싸우도록 강요당했으며, 심지어 산 채로 몸에 불을 붙여 황제의 정원을 밝히는 횃불이 되어 타 죽는 경우도 있었다. 베드로와 바오로 두 사도 모두 이 네로 황제 시기에 순교한 것으로 전해진다.

사도들이 전한 메시지

어떤 이들은 '하느님을 사랑하고 이웃을 사랑하라.'는 예수님의 단순한 메시지를, 바오로 사도가 복잡한 종교로 변질시켰다고 비판한다. 이 비판의 핵심은, 바오로 사도가 예수님의 단순한 윤리적 가르침을 예수님의 신적인 정체성과 구원 행위에 대한 복잡한 신앙 고백으로 바꾸어 버렸다는 것이다. 그러나 이러한 주장은 예수님께서 친히 당신 메시지의 핵심이라고 말씀하신 바를 간과하는 것이다. 그 핵심은 바로 '하느님 나라'였고, 그 나라는 전적으로 예수님 자신에게 초점이 맞추어져 있었다. 다시 말해, 예수님 당신 자신이 곧 메시지였다. 사도들은 십자가, 부활, 승천의 빛에 비추어 이 메시지의 의미를 설명했던 것이다. 사도들은 특히 다음 두 가지에 집중했다.

1. 예수님은 누구이신가

십자가, 부활, 승천을 통해 초기 교회는 예수님께서 단지 위대한 라삐나 메시아일 뿐만 아니라, 하느님 자신, 지극히 높으신 주님이심을 확신하게 되었다.

- "하느님 영광의 광채이시며 하느님 본질의 모상으로서, 만물을 당신의 강력한 말씀으로 지탱하십니다."(히브 1,3).
- "그분은 보이지 않는 하느님의 모상이시며 모든 피조물의 맏이이십니다. … 만물이 그분을 통하여 또 그분을 향하여 창조되었습니다."(콜로 1,15-16).
- "그분은 만물 위에 계시는 하느님으로서 영원히 찬미받으실 분이십니다."(로마 9,5).

2. 예수님은 무엇을 하셨는가

유능한 유다교 라삐였던 바오로는 예수님께서 구약을 어떻게 완성하셨는지를 신속하게 깨달았다. 특히 예수님의 죽음이 우리의 용서와 직접적으로 연관되어 있음을 알게 되면서, 예수님의 죽음을 다음과 같이 해석했다.

- **희생 제물:** 예수님께서 우리를 위해 우리 대신 죽으심으로써 우리가 의롭게 되었다(로마 3,24; 5,6-7).
- **속량贖良:** 이스라엘이 이집트의 종살이에서 해방된 것처럼, 예수님께서 우리를 죄의 종살이에서 해방시키기 위해 그 대가를 치르셨다(로마 3,25; 에페 1,7).
- **의화義化:** 우리는 믿음으로 하느님의 최종 심판에서 의롭게 되었다. 예수 그리스도에 대한 믿음을 통하여 오는 하느님의 의로움은 믿는 모든 이에게 주어진다(로마 3,21-26; 5,1-2; 8,1-2).
- **화해:** 예수님께서는 우리와 하느님 사이를 분리시키는 장벽, 우리 서로의 사이를 떼어 놓는 장벽, 그리고 우리와 피조물 전체를 갈라놓는 장벽을 모두 허무셨다(로마 5,9-11; 에페 2,14-22).

로마 제국의 총독이었던 소플리니우스가 기원후 106년경 트라야누스 황제에게 그리스도인들의 처벌 문제를 조언받기 위해 보낸 편지에는, 당시 그리스도인들의 모습을 엿볼 수 있는 매우 흥미로운 내용이 담겨 있다.
"그들은 정해진 날 동트기 전에 모이는 관습이 있었습니다. 거기서 그들은 신에게 하듯 그리스도께 응답하는 형식으로 찬미가를 불렀습니다. 또한 그들은 엄숙한 맹세를 했는데, 이는 사회를 해치는 범죄를 모의하는 것이 아니라, 오히려 높은 윤리적 삶을 살겠다는 약속이었습니다. 맹세의 내용은, 사기나 절도, 간음 같은 죄를 짓지 않고, 언제나 정직하게 말하며, 한 번 한 약속은 반드시 지키고, 다른 사람이 신뢰하며 맡긴 돈이나 재산은 결코 떼어먹지 않고 온전히 돌려주는 것 등이었습니다. … 이 미신의 전염은 도시들뿐만 아니라, 온 마을과 농장에까지 퍼졌습니다."

핵심 구절

"성령께서 너희에게 내리시면 너희는 힘을 받아, 예루살렘과 온 유다와 사마리아, 그리고 땅끝에 이르기까지 나의 증인이 될 것이다."(사도 1,8)

예수님의 영향력

세상을 변화시키다

예수님께서 첫 제자들에게 주신 사명은 지난 2천 년 동안 계속해서 성장해 왔으며, 그 영향력은 실로 지대했다. 예술 · 건축 · 음악 · 문학 · 교육 · 법률 · 정치 · 윤리 · 의료 · 사회 개선 등 삶의 모든 영역에서 예수님을 따르는 이들은 영향을 끼쳤다. 그들의 신앙은 세상을 변화시키는 원동력이 되었다. 예수님은 이처럼 진정으로 세상을 변화시킨 분이시다.

음악

그리스도교는 수 세기에 걸쳐 모든 종류의 음악에 영감을 주었다. 작곡가들은 자신들의 시대와 문화 속에서 신앙을 표현하며 고전 합창곡 · 그레고리오 성가 · 레퀴엠 미사곡 · 복음 성가 · 컨트리 및 서양 음악 · 찬양 · 대중음악 등 다양한 장르의 음악을 만들어 냈다. 가장 유명한 작품 중 하나는 게오르크 프리드리히 헨델(1685-1759년)이 작곡한 「메시아」로, 예수님의 삶과 그 의미를 장엄하게 묘사한 걸작이다.

미술

역사상 예수님만큼 많이 그려진 인물은 없을 것이다. 수많은 예술가들이 시대를 초월해 예수님의 인성과 신성, 수난과 영광을 표현해 왔다. 레오나르도 다빈치, 라파엘로, 미켈란젤로 같은 거장들의 작품은 오늘날에도 여전히 깊은 감동을 준다. 만일 예술가들이 자신들이 이해하고 상상한 예수님 모습을 회화 · 프레스코화 · 성화 · 조각 · 스테인드글라스로 표현하지 않았다면 예술의 역사는 분명 훨씬 더 빈약했을 것이다.

크리스토스 판토크라토르(Χριστὸς Παντοκράτωρ, '만물의 지배자 그리스도'라는 뜻)
콘스탄티누스 황제의 개종 이후인 4세기부터 널리 쓰인 예수님의 칭호이다. 작품에서 그리스도께서는 오른손을 들어 축복하시고, 왼손에는 신약 성경을 들고 있다. 오른쪽 성화는 시나이반도의 카타리나 수도원에 있는 이콘이다.

건축

4세기에 그리스도인들이 자신들의 교회 건물을 가지기 시작한 이래, 건축은 그들의 신앙을 표현하는 중요한 수단이 되어 왔다. 그러나 성전에 웅장함을 부여한 것은 12세기에 등장한 고딕 건축 양식이었다. 공중 부벽(건축물을 외부에서 지탱해 주는 장치로, 고딕 건축에서 많이 볼 수 있다.) 덕분에 벽을 더 높이고 창문을 더 크게 만들 수 있었다. 그리고 스테인드글라스에 성경 이야기를 다채롭게 표현할 수 있었다. 높은 천장과 스테인드글라스를 통과해 들어오는 빛은 하느님의 위엄을 새롭게 느끼게 만들기에 충분했다. 석공들은 숨겨진 공신들로서 신앙에 이끌려 평생을 바쳐 걸작을 만들었다.

프랑스 샤르트르 대성당 내부 모습
끝이 뾰족한 기둥들이 하늘로 높이 뻗어 있고, 천장은 여러 개의 돌기둥이 얽혀서 받치고 있다. 이러한 고딕 양식은 성당 안을 더욱 웅장하고 성스럽게 느끼게 한다.

"빛의 자녀답게 살아가십시오."
(에페 5,8)

관련 주제
예수님의 윤리: 68-69쪽
사랑: 44쪽
산상 설교: 46-47쪽

문학

그리스도교는 직접적인 영성 서적뿐만 아니라, 시 · 소설 · 드라마 등에도 많은 영감을 주었다. 복음서는 예수님에 관한 글을 쓰려는 열정을 불러일으켰고, 초기 교부들은 이와 같은 열정으로 예수님에 대해 방대한 저술을 남겼다. 구텐베르크의 인쇄기 발명(1450년)으로 그리스도교 문학 작품들은 폭발적으로 확산되었고, 종교 개혁을 촉발하는 매개체가 되기도 했다. 가장 널리 알려진 그리스도교 문학 작품으로는 단테의 『신곡』(1308-1321년), 존 밀턴의 『실낙원』(1667년), 존 버니언의 『천로역정』(1678년) 등을 들 수 있다.

교육

그리스도인들은 교육 발전에 크게 기여했다. 수도자들은 기초 교육을 제공했고, 파리 · 옥스퍼드 · 케임브리지 대학은 수도회에서 교육을 제공하던 것에서 발전했다. 이 교육 발전에 힘쓴 초기 그리스도인들은 삶 전체를 하느님과의 관계로 이해하고자 했다. 체코 동부 지역인 모라비아 출신 요한 코메니우스(1592-1670년)는 보편 교육의 선구자로서, 자신의 저서 『대교육학』에서 보편 교육을 주장했다. 반면 로버트 레이크스(1736-1811년)는 교육이 사람들을 빈곤에서 벗어나게 하는 가장 좋은 방법이라고 생각해 영국에서 주일 학교를 최초로 시작했다. 당시 어린이들은 일주일에 6일 동안 일했기 때문에, 주일 학교에서는 성경을 교과서로 사용하여 아이들에게 읽는 법을 가르쳤다. 오늘날에도 여전히 그리스도인들은 전 세계의 교육에 크게 영향을 끼치고 있으며, 특히 개발 도상국에서 그리스도인들은 교육을 주도하고 있다.

그리스도교적 가치

서양의 법과 윤리 규범은 본질적으로 그리스도교적 가치를 토대로 한다. 하느님 앞에 모든 인간이 동등하다는 믿음에서 비롯된 자유 · 존엄 · 평등 · 용서 · 관용 · 양심에 따라 행동할 권리 같은 개념들 덕분에 오늘날 우리는 자유를 누린다. 만일 예수님의 제자들이 그분의 원칙을 받아들여 사회 구조의 근간으로 삼지 않았다면, 인류 보편적 인권 의식도 지금처럼 발전하지는 못했을 것이다. 종교가 역사 속에서 갈등의 원인이 되기도 했지만, 그 영향력을 해악으로만 규정하는 것은 편향된 시각일 수 있다. 종교가 없는 특정 이념을 내세운 20세기 전체주의 정권들하에서 수천만 명에 이르는 인명이 희생된 것 또한 역사적 사실이기 때문이다. 인류에게 큰 비극을 가져온 것은 종교의 유무보다 인간의 자유와 존엄을 억압하는 모든 형태의 극단주의라고 보아야 할 것이다. 그리스도교는 비판받을 과오의 역사도 있지만, 그 가르침은 수많은 이들에게 영감을 주어 세상의 선을 이루는 힘으로도 작용해 왔다.

사회 정의

그리스도인들은 사회 정의 실현의 최전선에 있었다. 엘살바도르의 성 오스카 로메로(1917-1980년) 대주교는 가난하고 억압받는 이들의 인권을 위해 군부 독재에 맞서 싸운 용감한 목소리였다. 그는 강론을 통해 정부의 폭력과 암살을 규탄하다가, 결국 미사를 집전하던 중 제대에서 총에 맞아 순교하였다. 브라질의 돔 헬더 카마라(1909-1999년, 사진) 대주교는 라틴 아메리카 '해방 신학' 운동의 주요 인물로서, 비폭력적인 방법으로 가난한 이들의 권리를 옹호하고 그들을 빈곤하게 만드는 사회의 불의한 구조에 도전했다. 한국 가톨릭 교회 역시, 사회 정의 실현에 중요한 역할을 했다. 특히 1970-1980년대 군부 독재 시절, 천주교정의구현전국사제단은 인권 유린의 실상을 폭로하며 민주화 운동을 이끌었고, 故 김수환 스테파노 추기경의 지도 아래 명동 대성당은 시위대를 보호하는 '민주화의 성역'이 되기도 했다. 이러한 활동은 한국 사회가 정의로운 방향으로 나아가는 데 큰 밑거름이 되었다.

가난한 사람들을 돌보다

알바니아 출신의 마더 데레사 성인(1910-1997년)은 인도의 가난한 이들, 병든 이들, 그리고 고아들과 죽어 가는 사람들을 돌보기 위해 콜카타의 빈민가에 '사랑의 선교회'를 설립했다. 마더 데레사가 선종할 당시 '사랑의 선교회'는 123개국에서 610개의 지부를 두고 호스피스 병원, 에이즈 및 한센병 환자를 위한 집, 무료 급식소, 고아원 및 학교 등의 시설을 운영했고, 현재는 더 많은 나라에서 더 많은 지부를 두고 활동하고 있다. 독일의 유명한 신학 및 철학자, 음악가, 선교사이자 의사인 알베르트 슈바이처(1875-1965년)는 1952년 '생명에 대한 경외'라는 사상과 실천으로 노벨 평화상을 받았다. 그는 프랑스령 적도 아프리카 가봉의 랑바레네에 자기 재산으로 병원을 설립했다.

노예제 폐지 운동가 윌리엄 윌버포스(1759-1833년)
그는 그리스도교 신앙에서 비롯된 신념으로 인해 평생을 노예제 폐지에 바쳤다. 영국 하원 의원으로 18년간 지칠 줄 모르고 노력한 끝에, 1807년 노예 매매를 금지하는 노예 무역 금지법이 통과되었다. 그로부터 26년이 더 지난 뒤, 윌버포스가 사망한 지 한 달 만에 대영 제국 전역의 노예들을 해방하는 노예제 폐지법이 통과되었다.

핵심 구절
"너희는 세상의 빛이다. 산 위에 자리 잡은 고을은 감추어질 수 없다."
(마태 5,14)

예수님을 존경한 이들

다른 종교와 예수님

오늘날 세계 인구의 3분의 1이 그리스도인이라고 하지만, 그리스도인이 아닌 수많은 사람 역시 예수님께 깊은 존경심을 표한다. 어떤 기준으로 보아도 예수님은 놀라운 분이셨다. 다른 종교나 신앙을 가진 사람이라 하더라도, 영적인 감수성을 지닌 이들은 예수님에게서 특별한 무언가를 느꼈음을 인정하게 된다. 그들은 그리스도교가 주장하는 예수님의 신성에는 동의하지 않을지라도, 예수님께는 분명 다른 누구와도 비교할 수 없는 독보적인 무언가가 있었다고 알아보게 된다. 오늘날과 같은 다원주의 사회에서 이러한 인식 자체만으로도 놀라운 일이다.

다원주의 종교 박람회

오늘날은 마치 종교 박람회와도 같이 많은 종교 중에서 자신이 원하는 종교를 선택할 수 있는 시대다. 그래서 그리스도교는 더 이상 과거 서구에서 한때 그랬던 것처럼 공통된 종교 문화나 공통된 도덕적 가치를 대표한다고 단정할 수 없다. 교회는 다시 한번 복음과 교회의 사명을 사람들 앞에 제시해야 하는 상황에 놓였다. 그러나 이는 어쩌면 그리 나쁜 일이 아닐지도 모른다. 예수님의 첫 제자들 역시 오늘날과 똑같이 다원주의적인 환경 속에서 복음을 전해야 했고, 상당한 성공을 거두었기 때문이다.

이슬람교

세계에서 두 번째로 큰 종교인 이슬람교는 예수님(그들은 '이사'라고 부른다)을 한 분이신 참하느님에 대한 믿음을 다시 불러일으킨 위대한 예언자로 인정한다. 이슬람교의 경전인 쿠란은 예수님을 "마리아의 아들", "메시아"(이슬람교에서는 다른 예언자에게는 쓰지 않는 칭호이다.), "하느님의 영", "하느님의 말씀" 등으로 예수님을 높이 평가한다. 그러나 쿠란은 예수님께서 '명확한 증거'(치유와 죽은 이를 살리는 기적 등)를 보여 주시긴 했지만, 그럼에도 그분은 '메신저'에 지나지 않는다고 한다. 이슬람교도들은 예수님의 계시를, 마지막으로 온 가장 위대한 예언자이자 하느님의 말씀을 있는 그대로 전해 쿠란에 남긴 무함마드의 계시보다 낮은 것으로 여긴다.

그리스도교와의 공통점

그리스도인과 이슬람교도가 예수님에 관해 공통적으로 동의하는 점도 많다.

- 예수님이 동정녀 마리아에게서 태어났다는 동정녀 탄생
- 예수님의 죄 없으심
- 예수님은 메시아이시며 하느님의 말씀이심
- 하느님 오른편에 오르심
- 예수님의 재림

그리스도교와의 차이점

예수님에 대한 성경과 쿠란의 가르침이 일치하지 않거나 서로 부딪치는 차이점도 있다.

- **예수님의 강생:** 이슬람교는 예수님의 동정녀 탄생은 인정하지만, 그분이 하느님이심은 받아들이지 않는다. 예수님을 하느님의 아들로 보게 되면 한 분이신 하느님의 유일성을 훼손하고 다신교로 회귀하는 것으로 본다. 그래서 그들은 '하느님께는 어떤 동반자나 동등한 존재도 없다.'라고 강조한다. 이와 대조적으로 그리스도교 가르침의 핵심은 예수님께서는 하느님이시며, 강생을 통해 이 세상에 오셨다는 것이다.
- **예수님의 죽음:** 쿠란은 예수님의 죽음에 대해 언급하지만, '그들은 예수를 죽인 것도 아니고 십자가에 못 박은 것도 아니다. 다만 그들에게 그렇게 보였을 뿐이다.'라고 말한다. 즉 하느님께서 예수님을 하느님 나라로 데려가기 위해 십자가에서 예수님을 다른 사람으로 대체시켰다는 것이다. 하지만 이는 복음서의 증언과 완전히 다르다.
- **예수님의 부활:** 이슬람교는 예수님의 부활을 십자가 죽음을 거치지 않고 하늘로 직접 올라간 승천의 개념으로 이해한다. '알라는 예수를 자신에게로 데려갔다.' 이렇게 이슬람교는 예수님의 죽음과 부활이라는 그리스도교 신앙의 핵심을 받아들이지 않는다.
- **예수님의 재림:** 쿠란 자체에는 예수님께서 최후 심판 전에 다시 오신다는 내용이 없다. 하지만 많은 대중적인 이슬람교 문헌(하디스)에는 이 내용이 등장한다.

아기 예수님과 함께 계신 성모님

그리스 정교회 안나 스쿠부르디스 수녀의 2020년 작. 무슬림도 그리스도인과 같이 예수님이 동정녀였던 마리아에 의해 기적적으로 잉태되셨다는 것을 믿는다.

관련 주제
예수님은 누구인가?: 52-53쪽
강생의 신비: 24쪽
삼위일체: 25쪽

힌두교

세계에서 세 번째로 큰 종교인 힌두교는 인도의 베다 경전에 뿌리를 두고, 다양한 형태로 발전했다. 힌두교도들은 궁극적으로 신은 오직 한 분뿐이라고 믿지만, 그 신이 3,300만에 이르는 신들을 통해 자신을 드러낸다고 본다. 이로 인해 다양한 이야기, 관습, 축제 및 제사가 있다. 힌두교는 윤회를 믿는다. 사람이 죽으면 몸은 죽지만 영혼은 계속 살아서 새로운 몸으로 갈아입는다고 한다. 이러한 과정은 우리가 이전 생을 어떻게 살았는지에 따라 삶의 사다리를 오르내리며 계속되다가, 마침내 목샤(해탈解脫)에 이를 때 끝난다. 반면 그리스도인들은 이 세상에서 오직 한 분이신 하느님과 한 번뿐인 삶을 믿는다.

힌두교는 종교를 표현하는 방식이 다양하기 때문에 그리스도교에 대한 반응도 다양하다. 일부 힌두 무장 세력은 그리스도교를 서구 문화가 자신들의 힌두 문화를 침략한 것으로 간주하여 그리스도인들에 대해 극도로 적대적이다. 반면 대부분의 힌두교도는 예수님을 받아들이고 예수님의 이름으로 기도를 받는 것도 꺼리지 않으며, 예수님을 힌두교가 지향하는 이상적 인물의 전형으로 여기기도 한다. 이런 이유로 많은 인도 그리스도인들은 예수님의 초자연적 능력과 치유 기적을 그 예로 들어 그분이 단순히 그들의 구루 이상의 존재라는 것을 동포에게 증명할 수 있다고 믿는다.

힌두교도들은 정결을 유지하기 위해 의식적으로 목욕을 한다. 반면에 그리스도인들에게 정결(정화)은 십자가에서 단 한 번 이루어진 예수님의 희생을 통해 이루어진다.

현대 영성

20세기 후반 서구 사회에서는 오랫동안 사상을 지배해 온 지성주의와 과학적 세계관에 대한 반작용으로 다양한 종류의 영성에 대한 관심이 폭발적으로 증가했다. 이러한 영성은 수많은 새로운 종교와 영성 운동으로 나타났는데, 종종 어느 한 종교에 소속되는 일 없이 오직 자기 자신에게만 초점을 맞추며 믿음을 수행해 나가는 특징을 보였다. 이러한 흐름 속에서 많은 서구인들은 예수님을 새로운 방식으로 재조명하는 데 열린 태도를 갖게 되었다. 이런 이유로 많은 '뉴에이지' 사상가들은 예수님과 그분의 가르침을 존중하지만, 제도권 교회에 대해서는 어려움을 느끼는 경우가 많다. 이는 교회 공동체에 속한 이들에게 하나의 도전 과제가 된다.

모든 길이 하느님에게로 이르는가?

다원주의 사회에서는 모든 종교가 결국 같고, 각 종교는 모두 하느님께로 이르는 다양한 길일 뿐이라고 주장한다. 물론 여러 종교 사이에는 실제로 비슷한 점도 있지만, 하느님에 대한 이해, 하느님을 찾는 길, 하느님을 기쁘게 하는 방법, 하느님과 올바른 관계를 맺는 방법, 사후에 일어나는 일 등과 같이 핵심적인 부분에서는 확연히 다른 것이 사실이다. 이런 현상에 대한 그리스도교의 대답은 예수님의 말씀에서 분명하게 찾을 수 있다. "나는 길이요 진리요 생명이다. 나를 통하지 않고서는 아무도 아버지께 갈 수 없다." (요한 14,6).

핵심 구절

"찾아라, 너희가 얻을 것이다."(루카 11,9)

예수님이 주신 희망

영원한 빛 속에서 살아가는 것

우리의 삶이 나아지고 있는가, 아니면 더 나빠지고 있는가? 진실은 아마 둘 다일 것이다. 위대한 의학적 발견이나 놀랍도록 용기 있는 행동에 대해 들을 때면 인류가 얼마나 잘하고 있는지 뿌듯해진다. 하지만 곧이어 터지는 위험한 일이나 잔혹한 사건에 대한 소식을 접하면, 인류가 가야 할 길이 얼마나 요원한지 절감하게 된다. 그러나 이 모든 우여곡절 속에서도, 그리스도인이 예수님의 사명에 계속 헌신하도록 이끌어 주는 원동력은 바로 예수님께서 주신 미래에 대한 희망이다.

예수님의 가르침

예수님의 많은 비유, 예를 들어 포도원 소작인 · 혼인 잔치 · 종 · 열 처녀 · 탈렌트 · 양과 염소 비유 등은 당신을 따르는 이들에게 주어질 미래의 희망뿐만 아니라, 당신을 거부한 이들이 받을 미래의 심판에 관해서도 이야기한다. 예수님께서는 십자가에 달리시기 전날 밤 제자들의 불안을 감지하시고 이 희망을 다시 한번 강조하며 그들을 안심시키셨다. "내 아버지의 집에는 거처할 곳이 많다. 그렇지 않으면 내가 너희를 위하여 자리를 마련하러 간다고 말하였겠느냐? 내가 가서 너희를 위하여 자리를 마련하면, 다시 와서 너희를 데려다가 내가 있는 곳에 너희도 같이 있게 하겠다."(요한 14,2-3). 이처럼 예수님께서는 자신에게 닥칠 운명뿐 아니라 당신을 믿는 모든 사람들이 맞이하게 될 운명에 대해서도 확신하고 계셨다.

예수님의 재림

예수님께서는 자신이 이 세상에 다시 돌아올 때 하느님의 궁극적인 계획이 실현될 것이라고 말씀하셨다. 그때 그분은 모든 악을 파괴하고 죄인들을 심판하실 것이며, 하느님의 새 창조를 이룩하실 것이라고 하셨다. 성경에는 예수님 재림에 대한 체계적인 가르침이 없지만, 마르코 복음서 13장 24-37절에는 재림에 대한 네 가지 핵심 사항이 언급돼 있다.

- **예수님 친히(마르 13,26)**: 예수님의 재림은 죽음에 대한 비유가 아니라, 그분이 떠나가신 모습 그대로 다시 오시리라는 약속이다(사도 1,11).
- **공개적으로(마르 13,24-27)**: 예수님의 재림은 비밀스럽게 일어나지 않고, 임금의 공식 방문처럼 모든 이에게 공개적으로 이루어질 것이다.
- **승리자로(마르 13,26)**: 예수님의 재림은 강생하실 때처럼 조용하지 않고, 영광스러운 승리자의 모습일 것이다(1테살 4,13-18).
- **예상치 못한 방식으로(마르 13,32-37)**: 일상을 살아가는 중에 예수님은 밤중에 도둑처럼(1테살 5,2; 2베드 3,10) 나타나실 것이다.

그리스도인은 종종 예수님께서 다시 오심을 '재림'이라 부르지만, 성경은 이 용어를 전혀 사용하지 않고, 다음 세 가지 그리스어로 표현한다.

- **파루시아παρουσία**: '도착', '현존'이라는 뜻. 황제나 임금이 공식적으로 방문할 때 도시의 모든 사람이 그를 맞이하러 나가야 했던 상황에 사용되던 단어이다(야고 5,7-8; 2베드 3,4).
- **아포칼립시스ἀποκάλυψις**: '계시', '드러남'이라는 뜻. 극장에서 막이 오를 때 사용되었는데, 예수님의 오심으로 모든 것이 환히 드러난다는 뜻이다(루카 17,30; 2테살 1,7).
- **에피파네이아ἐπιφάνεια**: '나타남', '현현'이라는 뜻. 예수님께서는 모든 영광 중에 나타나시게 될 것이다(2테살 2,8; 티토 2,13).

"명령의 외침과 대천사의 목소리와 하느님의 나팔 소리가 울리면, 주님께서 친히 하늘에서 내려오실 것입니다. 그러면 먼저 그리스도 안에서 죽은 이들이 다시 살아나고, 그다음으로, 그때까지 남아 있게 될 우리 산 이들이 그들과 함께 구름 속으로 들려 올라가 공중에서 주님을 맞이할 것입니다. 이렇게 하여 우리는 늘 주님과 함께 있을 것입니다."(1테살 4,16-17).

"보라, 이제 하느님의 거처는 사람들 가운데에 있다. 하느님께서 사람들과 함께 거처하신다."
(묵시 21,3)

관련 주제

하느님의 심판: 58-59쪽
부활한 몸: 109쪽
예수님의 묵시: 122-123쪽

마지막 때

성경은 역사의 종말 이전에 큰 환난이 있을 것이라고 말한다(마태 24,29; 2티모 3,1-5). 이 때문에 그리스도인들은 박해나 위기 때마다 세상 종말인 '마지막 때'가 되었다고 생각했다. 그러나 성경은 예수님의 승천과 재림 사이의 모든 시기를 '마지막 때'로 본다. 그래서 우리는 '끝'을 향해 걸어가는 것이 아니라, 언제든 끝이 올 수 있는 벼랑 끝을 따라 걷고 있는 셈이다. 언제라도 미끄러져 떨어질 수 있기 때문에 항상 조심하면서 걸어가야 하는 때인 것이다. 이런 이유로 예수님께서는 제자들에게 항상 준비하고 있으라고 당부하셨다(마태 24,44).

이 종말 시기의 특징적 현상은 배교 · 거짓 종교 · 무신론 · 불경 · 박해 · 재난 등이 될 것이다. 또한 예수님께서 재림하시기 직전에 '그리스도의 적'(1요한 2,18-22; 4,3; 2요한 1,7), '무법자'(2테살 2,3), 그리고 (일부 해석자들에 따르면) '짐승'(묵시 13,1-10)으로 표현되는 마지막 그리스도의 반대자가 나타날 것이라고 한다. 그러나 그들은 결국 마지막 때에 패배하고 파멸될 것이다(묵시 19,19-20).

예수님께서는 모든 사람에게 희망을 주셨지만, 믿지 않는 사람들의 운명에 대해서도 분명하게 말씀하셨다(요한 3,36). 그들은 인생의 쓰레기장, 곧 게헨나에 가게 될 것이라고 말씀하셨다. 게헨나(*γέεννα* 게엔나)는 보통 '지옥'(마르 9,43)으로 번역되지만, 실제로는 예수님 시대 예루살렘의 쓰레기장(힌놈 골짜기)이었다. 가톨릭 교회는 지옥이란 하느님으로부터 영원히 결정적으로 분리되는 상태라고 가르친다(『가톨릭 교회 교리서』 1033항). 현대 영성가 리처드 로어 신부는, 지옥은 하느님이 내리는 형벌의 장소가 아니라, 인간이 스스로 선택하는 영적 상태에 대한 '은유'라고 해석했다.
사진은 북쪽에서 본 힌놈 골짜기. 게헨나Gehenna는 히브리어 '게힌놈(גיא הנם 힌놈 골짜기)'의 그리스어 음역인 게엔나의 변형이다.

죽음 후에는 어떻게 되는가?

죽음은 생명의 끝이 아니라, 이 세상에서의 삶이 하느님 안에서 새로운 형태로 변화하는 문이다. 예수님께서는 십자가 위에서 한 죄수에게 "너는 오늘 나와 함께 낙원에 있을 것이다."(루카 23,43)라고 하셨다. 이는 죽음이 절망이 아니라 구원의 희망임을 보여 준다. 은총 안에서 삶을 마친 이들은 그분과의 온전한 합일에 들어가기 전, 마지막 내적 정화 과정을 거쳐 궁극적으로 "그리스도와 함께 있는"(필리 1,23) 기쁨을 누리게 될 것이다.

현대 생태학적 구원의 이해

현대 생태학적 종말론에서는 구원의 범위를 인간에게만 한정하지 않는다. 신학자 엘리자베스 존슨의 통찰처럼, 그리스도의 구원은 고통받는 모든 피조물을 포함하는 우주적 차원을 지닌다. 그리스도는 단지 '죽은 이들 가운데 첫째'가 아니라 "모든 피조물 가운데 맏이"(콜로 1,15)이시기 때문이다. 따라서 우리의 최종 희망은 인간 영혼만의 구원이 아니라, 신음하는 모든 피조물이 해방되어 하느님 안에서 온전한 조화를 이루는 '새 하늘과 새 땅'(묵시 21,1)이다. 천국은 인간 중심적 구원을 넘어, 변모된 온 우주가 하느님 안에서 영원한 평화를 누리는 생명 중심적이고 우주 중심적인 잔치라 할 수 있다.

하늘 나라의 이미지

성경은 미래의 삶에 대해 세세하게 알려 주지 않는다. 그래서 예술가들은 종종 자신이 살았던 시대를 반영한 상상력을 동원해 미래의 삶을 묘사했다. 위의 이미지인 프라하 성 비투스 대성당의 스테인드글라스는 하늘 나라를 행복하고 아름다운 곳으로 묘사한다.

핵심 구절

"깨어 있어라. 너희의 주인이 어느 날에 올지 너희가 모르기 때문이다."(마태 24,42)

예수님의 묵시

역사의 막후를 보다

예수님의 마지막 말씀은 요한 묵시록에서 발견된다. 파트모스섬으로 유배된 요한은 어느 주일에 갑자기 나팔 소리처럼 울리는 큰 목소리를 들었다. 요한이 돌아보니, 거기 예수님이 계셨다(묵시 1,9-18). 요한이 예수님을 마지막으로 본 것은 60여 년 전이었다. 늘 친절하셨던 예수님께서 이제 요한의 물음에 답을 주시기 위해 오신 것이다. '이 모든 박해는 왜 일어나는가?', '하느님께서는 언제 개입하실 것인가?' 이에 예수님께서는 마치 연극 무대의 막을 열어 그 뒷편을 모두 보여 주듯이, 요한에게 그동안 감추어져 있던 역사를 영원에 이르기까지 보여 주셨다. 그는 예수님께서 역사를 주관하시고 그 절정을 향해 이끌어 가시는 모습을 볼 수 있었다. 요한 묵시록이 보여 주듯이, 정말 눈에 보이는 것이 전부가 아니었다.

편지는 보통 훼손되지 않도록 밀랍으로 잘 봉인되곤 했다. 요한은 자신이 환시에서 본 역사를 일곱 차례 봉인하고 (완전히 안전하게 봉인했다는 의미이다.) 오직 예수님만이 이것을 열어 확인할 수 있도록 남겨 두었다(묵시 5,1-8,1). 오직 예수님만이 인류 역사를 온전히 이해하고 계시고 그 마지막 운명을 알고 계신 것이다. 사진은 독일 라인란트팔츠주 프륌에 있는 구세주 대성당의 '일곱 번 봉인된 책 위의 어린양'.

그리스도교에 대한 박해

초기에는 그리스도교가 유다교(당시 로마 제국에서 공인된 종교였음)의 작은 분파로 여겨졌기 때문에 로마 당국은 별다른 간섭을 하지 않았다. 그러나 그리스도교가 독립된 종교로 자리를 잡자 적대감이 커졌다. 황제들은 자신들이 곧 신이라고 주장했는데, 그리스도인들이 그들을 신으로 숭배하기를 거부하자 그들의 적개심은 본격적으로 박해로 바뀌게 된다. 사실 그리스도인들은 예수님께만 드렸던 '하느님의 아들'이나 '세상의 구원자'와 같은 칭호를 황제들이 사용하는 것을 받아들일 수 없었다. 이런 이유로 특히 네로 황제(54-68년 재위)와 도미티아누스 황제(81-96년 재위)는 그리스도인들을 극심하게 박해했다. 이러한 상황이 바로 요한 묵시록이 쓰일 당시의 배경이었다.

로마의 콜로세움(플라비우스 원형 극장)

5만 석 규모의 이곳에서 많은 그리스도인들이 로마인들에게 볼거리를 제공하기 위해 맹수에게 던져지거나 검투사들의 칼날에 희생되어야 했다.

요한 묵시록 해석의 다양한 관점

요한 묵시록 해석에는 다양한 관점이 있지만 크게 세(네) 가지 유형으로 나눌 수 있다.

- **과거주의:** 요한 묵시록에 묘사되거나 예언된 모든 것이 기원후 1세기에 이미 성취되었다는 입장이다(초기 교회의 관점).
- **미래주의:** 일부 사건은 1세기에 성취되었지만, 대부분 예언은 종말에 일어날 것이라는 입장이다(19-20세기에 발전된 관점).
- **상징(이상)주의:** 요한 묵시록의 모든 사건이 선과 악의 영원한 싸움을 상징한다는 입장이다(성 아우구스티노의 관점).
- **혼합주의:** 위의 세 관점을 통합해 해석하는 입장을 말한다.

요한 묵시록 이해의 열쇠

요한 묵시록은 다음 세 가지를 기억하면 이해에 도움이 된다.

- **묵시의 책:** 책 이름처럼 감추려는 것이 아니라 드러내고자 하는 책이다. 예수님의 재림 날짜 등을 풀어야 하는 암호서가 아니라, '세상에는 영적 전투가 벌어지고 있으며 그로 인해 그리스도인들이 때로 고난을 겪지만, 사탄은 이미 패배했고 그 최후는 확정되었다.'라는 단순한 진리를 드러내는 책이다.
- **묵시 문학:** 묵시 문학은 그림, 상징, 숫자 등을 풍부하게 사용하는 문학 양식이다. 오늘날 우리에게는 낯설지만, 요한 묵시록의 첫 독자들은 당시 유행했던 이 문학 양식을 쉽게 이해했을 것이다. 이런 이유로 우리가 묵시록을 읽을 때, '요한의 첫 독자들은 이것을 어떻게 이해했을까?'라고 늘 묻는 것이 핵심이다.
- **편지:** 요한 묵시록은 소아시아(현재의 튀르키예)에 있는 일곱 교회에 보낸 편지로, 본래 이 편지의 목적은 박해받고 있는 그들에게 즉각적인 희망을 주기 위한 것이었다. 그래서 요한 묵시록이 미래에 대해 무엇을 말하든, 이 책의 일차적인 목적은 그들에게 희망을 주려는 것이었다.

"악마가 한 일을 없애 버리시려고 하느님의 아드님께서 나타나셨던 것입니다."
(1요한 3,8)

관련 주제
예수님이 주신 희망: 120-121쪽
하느님의 심판: 58-59쪽
부활한 몸: 109쪽

요한 묵시록의 구조

요한 묵시록은 숫자 '일곱(7)'을 중심으로 구성되어 있다.

- **머리글(1,1-20):** 요한을 격려하기 위해 오신 예수님
- **일곱 편지(2,1-3,22):** 소아시아의 일곱 교회에 보내는 예수님의 편지
- **일곱 봉인(4,1-8,1):** 하늘 어좌에 앉으신 예수님께서 역사의 두루마리를 여심
- **일곱 나팔(8,2-11,19):** 하느님께서 세상을 향해 경고하심
- **일곱 전투(12,1-15,4):** 사탄이 예수님과 하느님의 백성을 파괴하려 하지만, 하느님께서 그들을 보호하심
- **일곱 대접(15,5-16,21):** 하느님께서 세상을 심판하심
- **바빌론 멸망에 관한 일곱 환시(17,1-18,24):** '바빌론'(로마 또는 유다교를 상징)이 무너짐
- **예수님의 승리에 대한 일곱 환시(19,1-21,4):** 사탄의 몰락과 최후의 심판
- **맺음글(21,5-22,21):** 하느님의 새로운 창조

그리스도의 천 년 통치(천년 왕국)

요한 묵시록에는 예수님께서 1,000년 동안 다스리신다(묵시 20,1-7)는 내용이 나오는데, 이에 대한 해석은 다양하다.

- **후천년설:** 문자 그대로의 1,000년 통치 기간이 지난 후에 예수님이 재림하신다는 견해이다.
- **전천년설:** 예수님의 재림으로 문자 그대로의 1,000년 통치가 시작되며, 이 기간 동안 사탄은 일시적으로 결박된다. 1,000년 후 사탄은 반란을 일으키지만 최종적으로 멸망당하고, 그 후에 최후의 심판과 영원한 하느님 나라가 완성된다는 견해이다.
- **무천년설:** 1,000년을 상징적으로 해석하여, 예수님의 처음 오심과 재림 사이의 교회 시대 전체를 뜻한다고 보는 견해이다.

황제들이 하느님을 대적하여 최후의 저항을 펼칠 것이라고 전해지는 므기또 유적지(묵시 16,16). 실제로 이스라엘 역사에서 이곳에서 많은 전투가 일어나기도 했다. 그러나 상징으로 가득한 요한 묵시록에서 요한이 묘사하는 전투는 실제로 발생했던 어떤 전쟁을 가리키는 것이기보다 상징적인 의미에서의 전쟁을 표현했을 것이다.

요한 묵시록의 숫자

묵시 문학은 당시 사람들이 익히 잘 아는 방식으로 숫자를 사용한다는 점을 고려하면 요한 묵시록을 이해하는 데 도움이 될 것이다.

- **7: 완전함, 하느님의 숫자**(하느님께서 완벽한 세상을 창조하신 후 일곱째 날에 쉬신 것에서 유래). 일곱 교회는 하느님의 교회 전체를 상징한다.
- **6: 거의 완벽함, 인간의 숫자**(인간이 여섯째 날에 창조된 것에서 유래). 따라서 짐승의 숫자는 '666'(묵시 13,18)이다. 그는 아무리 애써도 '7'에 도달할 수 없다. 그는 단지 인간일 뿐, 결코 하느님이 될 수 없다.
- **3과 1/2: 7의 절반, 불완전함.** 3년 반의 고난(묵시 11장)은, 혹독하지만 언젠가 끝나게 될 고난을 상징한다.
- **10: 완전함.** 숫자 1,000은 10×10×10으로 절대적인 완전함을 뜻한다. 따라서 1,000년(묵시 20,4)은 하느님께서 정하신 완전한 때를 상징한다.
- **12: 하느님의 백성**(이스라엘의 12지파에서 유래). 24명의 원로(묵시 4,4)는 이스라엘 12지파의 지도자들과 교회의 12사도를 합친 숫자이다. 이는 역사 전체를 통틀어 하느님의 백성 전체를 상징한다.

때때로 숫자들이 서로 결합하여 나오는 경우가 있다. 144,000은 12×12(모든 하느님의 백성)×10×10×10(절대적으로 완전하다는 의미)으로, 하느님 나라에 들어갈 정확한 숫자가 아니라, 모든 하느님의 백성을 상징한다(묵시 7,4). 그들 중 단 한 명도 빠지지 않는다는 뜻이다.

오른쪽은 로마의 고대 카타콤(무덤 밑에 조성한 방들). 도시 아래의 땅은 채석장과 하수구를 파서 만든 터널들로 벌집 모양으로 이루어져 있고, 유다인들은 죽은 사람을 이곳에 묻곤 했다. 카타콤은 로마 제국이 그리스도인들을 극심하게 박해하던 때 일시적인 피신처로 사용되기도 했다. 왼쪽 물고기 그림은 박해 시대의 그리스도인들이 공유했던 비밀스러운 표시를 연상시킨다. 물고기가 이런 상징을 갖게 된 것은 '예수 그리스도, 하느님의 아들, 구원자'(Ἰησοῦς Χριστός, Θεοῦ Υἱός, Σωτήρ이에수스 크리스토스, 테우 휘오스, 소테르)'의 그리스어 첫 글자를 따서 만든 단어 IXΘYΣ(익투스, 물고기라는 뜻) 때문이다.

핵심 구절
"보라, 내가 곧 간다."
(묵시 22,7)

예수님의 현존

우리 현실에서 예수님 발견하기

네 복음서는 모두 열린 결말로 끝난다. 마태오 복음서는 예수님께서 제자들을 세상에 파견하시는 모습, 마르코 복음서는 여인들이 부활하신 예수님을 발견한 모습, 루카 복음서는 예수님께서 하늘로 돌아가시는 모습, 요한 복음서는 예수님께서 베드로에게 다시 임무를 맡기시는 것으로 끝난다. 그 이후의 이야기는 기록되지 않았다. 이는 우연이 아니라, 예수님께서 당신을 따르는 이들 안에 살아 계시며, 그들의 삶을 변화시키는 방식으로 그분의 이야기가 계속된다는 것을 보여 주기 위해 선택한 표현 방식이다. 그래서 2,000년이 지난 오늘도 그리스도인들은 같은 고백을 이어 가고 있다.

그리스도인이란?

예수님께서는 하느님을 아는 것은, 특정 가족 · 민족 · 문화에서의 탄생에 달린 것이 아니라, 새로운 영적인 탄생(요한 3,1-16)을 통해 새로운 관계를 맺고, 날마다 예수님을 따르는 것임을 거듭 강조하셨다. 예수님을 따르는 제자가 된다는 것은 필연적으로 예수님께서 믿으셨던 바를 믿고, 그분이 말씀하신 다음의 내용들을 받아들이는 것을 포함한다.

- **예수님 자신에 대해:** 예수님께서는 하느님과 같은 분이시며, 하느님이시다.
- **그분의 사명에 대해:** 예수님께서는 우리의 죄를 대신하여 우리를 위해 십자가에서 돌아가셨다.
- **그분의 부르심에 대해:** 예수님께서는, 하느님을 기쁘게 해 드리고 다른 사람들을 돕는 삶을 살도록 우리를 부르신다.
- **그분의 백성에 대해:** 예수님께서는 하느님 나라를 드러내 보여 주는 새로운 공동체(교회)를 모으신다.
- **그분의 희망에 대해:** 예수님을 통해, 죽음이 끝이 아니고 하느님 나라를 얻게 될 것이며 지옥을 피하게 될 것이다.

그리스도인들은 자신들이 완벽하다거나 하느님 마음에 드는 이들이라고 주장하지 않는다. 다만 아주 실제적인 변화가 일어났고 예수님과 함께하는 삶의 모험이 시작되었다고 고백할 뿐이다.

많은 교회에서는 세상의 빛이신 예수님께서 그리스도인들과 함께 계시다는 것을 기억하기 위해 초를 밝힌다.

'구세주 그리스도' 조각상
리우데자네이루 시내를 내려다보는 이 상은 모든 이를 향한 축복의 표시로 두 팔을 벌리고 있다.

"예수님을 뵙고 싶습니다."
(요한 12,21)

관련 주제
우리는 진짜 예수님을 찾을 수 있을까?: 8쪽
제자됨: 40쪽
예수님 이야기: 8-9쪽

변화된 삶

필자는 BBC 신앙 프로그램을 진행하면서 다양한 배경의 놀라운 사람들을 만났다. 그들은 모두 예수님께서 친히 자신들을 찾아오셨고(종종 자신이 예수님을 찾지 않을 때조차), 자신들의 삶이 변화되었다고 고백했다.

- 자녀 부양을 위해 부유층 상대의 성매매를 하게 된 한 여성은 그리스도인들이 자신이 필요할 때 도움을 주면서도 비판하지 않는 것에 감동을 받아 그리스도교를 알게 되었고, 마침내 삶을 변화시키는 발견의 여정을 시작했다.
- 한 젊은이는 강력하고 두려운 악령을 체험하게 되었으나, 한 그리스도인 친구의 기도를 통해 해방되었고 완전히 다른 사람으로 변화되었다.
- 가족이 학살당했던 한 르완다 난민은 '원수를 사랑하라.'라는 예수님의 메시지를 발견하고 내면의 평화를 찾았다.
- 만성 류마티스 관절염을 앓던 한 여성은 예수님을 증오했으나, 바로 그분께서 치유해 주셨고, 예수님의 관대함에 반해 그리스도인이 되었다.
- 한 무신론자 철학자는 연구 끝에 예수님의 철학만이 삶의 의미를 설명할 수 있음을 깨달았고, 나아가 영국 최고의 철학 교수가 되었다.

이처럼 변화된 이들을 '의지할 목발이 필요한 약한 이들'이라고 폄하하는 이들도 있지만, 그리스도인들은 이 주장이 설득력이 없다고 본다. 물론 일부 그리스도인은 의지가 필요한 약한 사람일 수 있다(무신론자나 불가지론자 중에도 약한 사람이 있을 수 있듯이). 그러나 사회적으로 성공하고 많은 성취를 이루었으며 지적인 사람들 역시 그리스도인이 된다. 이들은 단지 진리를 보았을 때 그것을 인정하고, 예수님과 삶을 나누는 과정을 통해 훨씬 더 큰 만족과 삶의 목적을 발견한 사람들이다. 내 프로그램에 출연한 이들 중에는 옥스퍼드대 교수, 정부 고문, 생태 · 금융 · 경영 · 과학 분야의 세계적 전문가들뿐만 아니라, 평범한 사람들도 많았다. 이들 모두 자신들의 믿음을 누군가에게 의지하려는 수동적 태도가 아니라, 삶 속에서 작동하는 능동적 힘으로 경험했다고 말한다. 즉 예수님은 2,000년 전과 마찬가지로 오늘날에도 여전히 삶에 의미를 부여하고 삶을 변화시키는 힘을 주시는 분이라는 것이다.

일상에서 예수님을 발견하는 법

예수님께서는 제자들을 홀로 내버려두지 않겠다고 약속하셨고(요한 14,18), 그 약속은 지금도 유효하다. 예수님을 처음 찾는 이든 오래된 교우든, 예수님께서는 우리가 일상에서 그분을 찾고 발견할 수 있도록 도와주고 싶어 하신다. 예수님께서 우리를 돕는 방식은 다음과 같다.

- **성경:** 그리스도인에게 성경은 단순한 역사책이 아니라, 성령의 영감으로 쓰인 하느님의 진리와 계시의 책이다. 예수님을 찾는 이에게 특히 네 복음서는 그분의 삶과 가르침을 전하므로 가장 좋은 출발점이다.
- **교회:** 교회는 결코 완벽하지는 않지만(왜냐하면 우리와 같은 사람들로 구성되어 있기 때문에!), 예수님을 발견하려는 여정에서 도움을 얻고, 자신의 질문에 대한 답을 찾을 수 있는 중요한 장소이다. 교회는 전례 중심의 전통적인 형태부터 비공식적 공동체 모임, 대형 교회에서 작은 교회에 이르기까지 매우 다양한 형태로 존재한다.
- **성령:** 예수님께서는 우리를 진리로 인도하시기 위해 성령을 보내시겠다고 약속하셨다(요한 16,13). 그리스도인들은 일상 속에서 예수님을 발견하며, 끊임없이 이어지는 신앙 여정에서 도움을 청하기 위해 성령께 간구할 수 있다.

진심으로 일상에서 예수님을 발견하고 그분을 따르려는 모든 이를 위해, 예수님께서는 "나는 … 너희에게 다시 오겠다."(요한 14,18)라고 약속하셨다. 오늘날에도 수많은 사람들이 예수님의 이 약속이 참되다는 사실을 체험하고 있으며, 이 놀라운 한 분, 즉 사람이 되신 하느님의 현존 그 자체이신 예수님께서 참으로 삶의 근본적인 변화를 일으키신다는 사실을 깨닫고 있다.

핵심 구절

"나는 살아 있는 자다. 나는 죽었었지만, 보라, 영원무궁토록 살아 있다."(묵시 1,18)

색인

ㅈ

ㅊ

ㅋ

ㅌ

ㅍ

ㅎ

이미지 저작권

생활성서사(지도 및 일러스트): Page 12, 14, 15, 16, 26, 32, 43, 46, 60, 79, 87, 102, 110, 114

AP:
Page 57(©Ariel Schalit, cropped)

Flickr:
Page 28 right(© Lonnie Riley, 2019, "Nazareth Village-Synagogue"), 56 lower(© Caritas Internationalis), 71 right(© Catholic Diocese of Grand Rapids), 97 center(© Catholic Diocese of Grand Rapids, cropped), 97 bottom left(© Catholic Diocese of Grand Rapids, cropped), 97 bottom right(© Jake Brusha, cropped), 99 lower(© Dan Foust, cropped), 107(© Catholic Diocese of Grand Rapids 3, cropped), 112 right(© Catholic Diocese of Grand Rapids 5, cropped), 113 left(© sydneykcc, cropped)

Simon Emery:
Page 95,101

Unsplash:
Page 39 right(© Jonathan Castañeda, cropped), 41 lower left(© Vlad Savan, cropped), 43 left(Nahid Hatami(@i_am_nah), cropped), 50(John Rodenn Castillo© nightcrawler1986, cropped), 52 lower(Martijn Vonk (@vonkm737)), 67 lower(Erik Gazi (@stewie012), cropped), 81(John Fowler (@wildhoney), cropped), 113 right(© Josh Applegate, cropped)

Vecteezy:
Page 24(© Vecteezy.com)

Wikimedia Commons:

CC-BY-2.0: Page 13(© dronepicr, cropped), 27 upper(© Eli, cropped), 41 lower right(© Johan Neven, cropped), 44 left (© incidencematrix, cropped), 51 upper(© Christina Hendricks, cropped), 61 lower(© British Province of Carmelites, cropped), 72 upper(© Grant Barclay), 76 lower(© Trócaire, cropped), 83 lower(© Bill Rice, cropped), 89(© Joseph Kranak), 94 right(© James Emery, cropped), 119 lower(© Betty Nudler, cropped)

CC-BY-2.5: Page 17 upper(© Giovanni Dall'Orto, cropped), Page 20(© Grandmaster, cropped), 26 lower(© Tal Oz), 34(© Roded Shlomo Pikiwiki Israel), 35 top(© Roded Shlomo Pikiwiki Israel, cropped), 91(© Roded Shlomo Pikiwiki Israel), 97 top(© Roded Shlomo Pikiwiki Israel, cropped), 99 upper(© זאב שטיין Pikiwiki Israel, cropped), 108 right(© Zeller Zalmanson Pikiwiki Israel, cropped)

CC-BY-3.0: Page 15 lower(© Chmee2, cropped), 31 upper(© Tamar Hayardeni, cropped), 58 lower(© Steerpike, cropped), 82 lower left(© Jörg Bittner Unna, cropped), 88 lower(© Velq1958, cropped), 109 left(© Sailko, cropped), 115(© Sailko)

CC-BY-4.0: Page 63 lower(© Abraham), 70 left(© Bukvoed), 95(© Hannah Stitt)

CC-BY-SA-2.0: Page 18 left(© Dennis G. Jarvis, cropped), 19 upper(© Adam Jones, cropped), 27 lower(© Carole Raddato, cropped), 35 center(© Konrad Summers, cropped), 49 lower right(© 401(K) 2012), 64(© Veganbaking.net), 71 lower(© 401(K) 2012, cropped), 75 lower(© Carole Raddato), 78(© Dafna Tal for the Israeli Ministry of Tourism), 98 lower left(© brionv, cropped), 98 lower right(© Ian W. Scott, cropped), 110(© Edmund Gall, cropped), 117 lower(©John Mathew Smith, cropped), 125 upper(© Julien Harneis)

CC-BY-SA-2.5: Page 75 upper left(© Водник at ru.wikipedia, cropped)

CC-BY-SA-3.0: Page 8(© Walters Art Museum, cropped), 10 upper(© Marsyas, cropped), 23 top(© Mujaddara, cropped), 23 bottom(© Badener, cropped), 29 lower(© Roy Lindman), 30(© Deror Avi, cropped), 38 lower(© Yelkrokoyade, cropped), 41 upper(© stephanemat, cropped), 47(© Arne Hückelheim, cropped), 48(© sailko, cropped), 49 lower left(© Jjron), 53(© H. Zell, cropped), 58 upper(© Jan-Herm Janßen, cropped), 59 upper(© Victorgrigas, cropped), 60(© Daniel Case, cropped), 65(© Gilabrand, cropped), 66 lower(© Yaakov, cropped), 70 right(© Christopher Bain, cropped), 88 upper(© Gfreihalter, cropped), 94 left(© Wolfgang Sauber), 119 upper(© Davi1974d, cropped), 120(© Nevit Dilmen, cropped), 121 upper right(© Michal Levinsky, cropped), 121 lower(© Ввласенко, cropped), 122 right(© Danbu14, cropped), 123 right upper(© GerardM, cropped), 124 upper(© Nahefoto, cropped),

CC-BY-SA-3.0-DE: Page 124 lower(© Arne Müseler / www.arne-mueseler.com, cropped)

CC-BY-SA-3.0-IGO: Page 33 lower(© Eddie Gerald, cropped)

CCC-BY-SA-4.0: Page 9 lower(© RylandsImaging, cropped), 12(© Livioandronico2013, cropped), 15 upper(© Zachi Evenor, cropped), 16(© Suicasmo, cropped), 17 lower(© York Museums Trust Staff), 18 right(© ProtoplasmaKid, cropped), 19 lower(© Andrew Shiva, cropped), 22 upper(© Paris Orlando, cropped), 25(© Mboesch, cropped), 28 left(© Onceinawhile, cropped), 32(© DeFacto, cropped), 35 bottom(© Warfieldian, cropped), 37 upper(© Johann Jaritz, cropped), 37 lower(© Prasan Shrestha), 38 upper(© Domino721, cropped), 40(© Klaaschwotzer), 42 upper(© Yywilk, cropped), 42 lower(© Ovedc, cropped), 43 right(© Yelkrokoyade, cropped), 49 top(© Bahnfrend), 54 lower(© Zoltán Joó, cropped), 63 upper(© AVRAHAM GRAICER, cropped), 73(© Sailko, cropped), 77 lower(©Dosseman, cropped), 79(©Ovedc, cropped), 82 upper(© José Luiz Bernardes Ribeiro, cropped), 82 lower right(© SwarmCheng), 86(© Alvesgaspar, cropped), 87 upper(© Zairon, cropped), 87 lower(© Hichamelzein, cropped), 96 upper(© José Luiz Bernardes Ribeiro, cropped), 101 top(© Reinhard Dietrich, cropped), 101 bottom(© Fallaner, cropped), 105 upper(© Bahnfrend, cropped), 105 lower(© Michael Kranewitter, cropped), 112 left upper(© D0a5l0e6, cropped), 112 left lower(© Pasztilla aka Attila Terbócs), 116 lower(© Chabe01, cropped), 117 upper right(© Stephencdickson, cropped), 118(© Omer Karacic), 122 left(© Thomas Hummel, cropped), 123 left(© AVRAMGR, cropped), 123 bottom(© Fernando de Gorocica), 125 lower(© Smorteza, cropped)